Behavioral economics

分析者のための
行動経済学入門

プロスペクト理論からナッジまで、
人間行動を深く網羅的に解明する

関西学院大学
経済学部准教授 **黒川博文**

ソシム

はじめに

　本書は「人間行動をより深く理解することで得られる知見をデータ分析に活かす」ことを目的とした、行動経済学の解説書です。

　データ分析においては、各種手法やプログラミングスキルを身につけることはもちろん重要ですが、それ以上に「人間行動の理解」が不可欠でしょう。なぜなら、私たちが扱うデータの多くは「人々の行動や選択の結果」として生み出されたものだからです。「なぜ、人はそのような行動をとるのか？」について知ることは、分析方針の検討や結果の解釈に大きく役立ちます。

　根本的な話になってしまいますが、なぜ「行動経済学」なのでしょうか？

　それは、行動経済学が「非合理」な人間行動を分析するための学問だからです。「非合理」とは、合理的な行動からのズレを意味します。そしてそれは、思考のクセによって生じる予測可能な「体系的なズレ」でもあります。そしてこうした思考のクセは、心理学などの研究によって明らかにされています。

　行動経済学は、経済学という「合理的な人が、どのように行動するのかを研究する学問」に心理学等の知見を組み込むことで、「非合理な行動をとってしまう、現実的な人間の行動」を分析することができる学問なのです。

　ここで、データ分析と行動経済学の関係を整理しておきましょう。

　データ分析には、「記述」「予測」「因果」という3つの目的があります。

・記述：既存のデータのパターンを記述する

・予測：将来、何が起こるかを予測する

・因果：2つの変数の関係が、原因と結果の関係であるかを明らかにする

　一方で、行動経済学は「なぜ、そのような結果になるのか？」についての仮説を立てられることが強みです。つまり、分析対象のドメイン知識に加えて、行動経済学のような人間行動に関する理論を理解しておけば、「記述された結果に対する深い解釈」や「予測精度を高めるための重要な変数の特定」が可能

はじめに

になるわけです。また、行動経済学の知見を活用することで「行動を変えるための介入策を設計し、結果指標を改善する」ことも可能になります。行動経済学では「人にはどのような特性があり、何によって人が動くのか」を明らかにしているので、人々の行動変容を促すことができるのです。

　ところで、行動経済学を正しく理解するには、そして分析に深く活かすためには、ある程度の経済学の知識も必要です。そのため本書では、「経済学の考え方」についても随所で紹介しています。複雑な人間行動をシンプルにモデル化する経済学の考え方を理解することで、行動経済学をどのような場面で応用すべきかがよりクリアになることでしょう。

【本書の構成】
　本書は2部構成になっています。
　第1部では、「分析者のための行動経済学」という前提での基礎知識を身につけていただきます。標準的な経済学と行動経済学の違いを理解しつつ、行動経済学ではどのようにして人間行動を深く分析していくのかについて見ていきましょう。更に、分析者に求められる行動経済学的思考として、原因と結果の関係を分析する「因果分析」と、人間行動をシンプルに記述する「経済モデル」の考え方についても言及します。

　第2部では、「分析者のための行動経済学」という前提での考え方と実践法を身につけていただきます。行動経済学で最も有名な「プロスペクト理論」から、行動経済学の知見を活用して行動変容を後押しする「ナッジ」まで、重要な概念について網羅的に説明していきます。また、損失回避、現在バイアス、利他性、ヒューリスティックスなど、行動経済学的な人間特性についても、複数の事例を通じて言及します。

　本書を読むことで、「人間行動への理解」がより深まることは間違いありません。そしてそれは、データ分析を行う際の「精度の高い仮説の組み立て」から、「利益をもたらす改善策の提案」への流れを容易に生み出すための第一歩となることでしょう。

目次

はじめに 2

分析者のための行動経済学
基礎知識
第 1 部

第 1 章

人間行動を読み解く行動経済学：分析者への導入

1.1 行動経済学とは 012

1.2 行動経済学のエッセンス 016

1.3 分析者に行動経済学が必要な理由 029

column 行動経済学の知見を活用して成果を改善した成功事例 034

第 2 章

分析者に求められる行動経済学的思考：①因果分析

2.1 人間行動の決定要因を明らかにするのに欠かせない「因果分析」とは ... 036

2.2 因果推論:データから因果関係を推論する ……… 043

2.3 行動経済学で用いられる様々な実験 ……… 056

2.4 分析結果の再現性を高める ……… 074

第3章

分析者に求められる行動経済学的思考：
②経済モデル分析

3.1 人間行動を単純化して示唆を得る経済モデル ……… 088

3.2 予測可能なズレをモデルに組み込む行動経済学 ……… 097

column 行動経済学をより深く理解するために/標準的な経済モデルの表現
……… 108

分析者のための行動経済学
考え方と実践　第2部

第4章

不確実性下の意思決定を分析：
期待効用理論とプロスペクト理論

4.1 期待効用理論 ……… 114

column 行動経済学をより深く理解するために/期待値と期待効用 ……… 122

005

4.2	リスク選好	123
4.3	プロスペクト理論	129
4.4	プロスペクト理論を応用した分析例	145

第5章

時間を通じた意思決定を分析：現在バイアスとコミットメント

5.1	割引効用モデル	158
5.2	現在バイアス	171
5.3	コミットメント	181
5.4	異時点間選択の分析例	192

第6章

他者を考慮した分析：社会的選好

6.1	利己的とは限らない人間行動：独裁者ゲーム	206
6.2	やられたらやり返す人間行動：最後通牒ゲーム	217
6.3	ただ乗りしない人間行動：公共財ゲーム	229
column	人々の協力行動を促進するには？	236
6.4	他人の目を気にした人間行動：社会的イメージへの関心モデル	237
6.5	社会的選好とインセンティブ	248

第7章
体系的に誤る意思決定：
限定合理性

- 7.1 経験則による体系的誤り ······ 258
- column 自然災害と利用可能性ヒューリスティックス ······ 267
- 7.2 推論における体系的誤り ······ 268
- column 裁判官も陥るギャンブラーの誤謬 ······ 279
- 7.3 評価に対する体系的誤り ······ 280
- 7.4 判断における体系的誤り ······ 287

第8章
ナッジ：
洞察を活用して行動変容を後押しする

- 8.1 ナッジとは ······ 300
- column 世界各国で設立されるナッジユニット ······ 306
- 8.2 ナッジの作り方 ······ 316
- 8.3 ナッジに関する注意点 ······ 326

行動経済学的分析の応用事例：
ビジネス・向社会的行動・向環境的行動

9.1 ビジネスの場で行動経済学を応用している事例 ……………………… 338
9.2 向社会的行動を行動経済学の視点で応用した分析事例 ……………… 348
9.3 向環境行動を後押しする行動経済学の事例 …………………………… 356

おわりに ……………………………………………………………………… 367
参考文献 ……………………………………………………………………… 368
索引 …………………………………………………………………………… 379
著者紹介 ……………………………………………………………………… 383

分析者のための
行動経済学

基礎知識

本書では、「行動経済学」と呼ばれる経済学の一分野について、「分析に活かす」という視点から説明していきます。

経済学や心理学は、人間行動について分析するための学問分野です。中でも、行動経済学は標準的な経済学の人間行動モデルをベンチマークとして、心理学などの要素を組み込むことで、より現実的な人間行動を理解しようとしています。

第1章では、標準的な経済学と行動経済学の考え方の違いを、様々な分析事例と共に紹介します。第2章では、行動経済学的な分析において重要な因果関係を明らかにする「因果推論」について説明します。そして第3章では、分析仮説を構築する際に必要な「経済モデル」の概念について説明します。

第 **1** 部

第1章

人間行動を読み解く行動経済学：分析者への導入

　人間の行動によって生まれたデータを分析する際には、人間行動についての深い理解が欠かせません。行動経済学は、このような「人間行動の理解」へ洞察を与えてくれます。そして行動経済学を理解するためには、標準的な経済学の知識も必要です。

　そこで本章では、少し遠回りに感じるかもしれませんが、標準的な経済学と行動経済学の考え方の違いについて具体的な事例を通じて説明し、その重要性を示していきます。分析者にとって行動経済学がいかに必須の知識なのかが、あらためて認識できることでしょう。

1.1

行動経済学とは

━━ 様々な行動を分析する経済学

　行動経済学の理解には、「経済学」についてもある程度は学んでおく必要があるのですが、経済学にはなじみが無いという方も多いでしょう。そこで、まずは経済学について説明させてください。

　経済学と聞いて、皆さんに最もなじみがあるのは、需要と供給の話ではないでしょうか。需要とは「ある商品を買おうとすること」であり、供給とは「ある商品を売ろうとすること」です。このような需要と供給によって市場価格がどのように決まるのか、また、政府は消費税のような税金をかけるべきなのか、といった世の中の経済の仕組みを研究するのが経済学です。

　その経済学ですが、一見、分析とは関係ないように見えるでしょう。ですが、実は非常に密接な関係があるのです。需要は、消費者の「いくらの価格の時に、商品をどれくらい買うか」という消費行動を分析することにより導出されます。また、供給は企業のような生産者の「いくらの価格の時に、商品をどれくらい売るか」という生産行動を分析することにより導出されます。

　このように説明すると、経済学の分析対象は、企業の生産行動や消費者の消費行動で、需要予測やダイナミックプライシングのような価格設定などの分析のみに活きるように感じるかもしれませんが、それだけではありません。

　例えば、次のような「行動」も経済学の分析対象なのです。

> ・1日24時間の内、何時間働くのか。どの程度のやる気を出して働くのか
> ・納税遵守するか、節税するか、それとも脱税をするか
> ・選挙で投票をするかしないか

・環境のことを考えて、節電や節水のような省エネ行動を行うかどうか
・将来のことを考えて、勉強をするかしないか
・老後のことを考えて、貯金や投資をするかどうか
・健康のことを考えて、運動や禁煙・禁酒をするかどうか

　以上はほんの一例です。経済学では、非常に多くの種類の行動が分析対象となります。つまり経済学とは、様々な選択に対して人間がどのような意思決定をしているのかを分析している学問なのです[1]。

経済学で想定する人間像とは

　行動経済学の話を始める前に、もう少し経済学の話をさせてください。経済学の前提を知っておくことは、行動経済学的な考え方の重要性をより明確に認識できるようになるからです。

　経済学は、人間がどのような意思決定をしているのかを、つまり人間行動を分析する学問だと前述しましたが、その際、経済学では以下のような仮定を置きます。

・人間は、自分の利得のみに関心を持ち、最終的な自己利益による満足度を最大にするように行動する
・人間は、一度計画を立てたことは計画通り実行する
・人間は、高い計算能力を持って意思決定する

　経済学では、このような利己的で自制的な計算能力の高い「ホモエコノミカス」と呼ばれる人間像（経済人）を想定して、その個人の満足度を最大化するような数理モデルを組み立てて分析を行います。

　では、現実ではどうでしょうか？

---

[1] 経済学の分析対象は、市場分析や、このような「個人の意思決定」だけではありません。オークションのように、自分の行動と他人の行動が相互に影響しあう「複数人が相互作用する場面での意思決定」も経済学の分析対象です。

- 寄付のように、自分の利益を減らしてでも、他人の利益を増やすような行動が観察される
- 投資をしている時、もともと買った価格よりも低くなって損をし続けていても売ることができない
- ジムに入会したけど全く行っていないというように、計画を立てても実行を先延ばしにする
- 同じ値段の商品でも、税込み価格で表示されている時には買わないが、税抜き価格で表示されていると安く感じて買ってしまう

このように、現実の人間「ホモサピエンス」は、経済学が想定している人間「ホモエコノミカス」とはズレた行動をとることがしばしばあるのです。

図1.1.1 経済人と現実の人間の比較

経済人	現実の人間
利己的： 自己利益の最大化を目指す	**利他的：** 自己利益を犠牲にして、他者利益になることもする
自制的： 立てた計画は計画通り実行する	**衝動的：** 計画通りには実行せず、先延ばしすることもある
高い計算能力： 計算間違いをしない	**限りある計算能力：** 計算間違いもする

経済学に心理学等の知見を組み込んだ行動経済学

さて、ここからは行動経済学の話です。

経済学が想像している人間は、現実の人間の行動としばしばズレることを見てきました。しかし、このズレは心理学や社会学、人類学など、経済学以外の学問分野で明らかにされてきた知見を応用することで、体系的に説明することができます。例えば、人間には他人のことを慮る利他性があることや、他者の存在を気にすること、自制心や計算能力には限りがあることなど、経済学以外の分野で明らかになった知見を利用することで、これらの人間行動は説明することが可能です。

経済学の分析モデルにこのような知見を応用する方法、それが行動経済学です。経済学が想定している人間像に、他の学問領域で分析されてきた知見を応用することで、より現実的な人間像の下、行動経済学では分析を行います。

　次の1.2節では、具体的なケースを通じて行動経済学の分析事例を紹介していきます。

図1.1.2 経済学に心理学の要素を加える行動経済学

Point!

- 標準的な経済学では、自制的で計算能力の高い人間が最終的な自己利益のみを最大化すると想定されている
- しかし、現実の人間に完全な計算能力が無かったり、先延ばしをしてしまうこともあり、他者の利益を考えることもある
- 行動経済学では、経済学のフレームワークに心理的要素を付け加えて分析することで、より現実的な人間行動の説明が可能となる

1.2 行動経済学のエッセンス

● 変化を気にする損失回避

　行動経済学の本格的な説明は第2部以降で行いますが、その前にもう少し行動経済学のイメージを深めておきましょう。ここでは行動経済学が活かせる分析事例を紹介するとともに、重要な概念な概念について説明していきます。

　標準的な経済学では、実に様々な意思決定や人間行動を分析します。意外に思われるかもしれませんが、例えばスポーツも分析対象です。
　図1.2.1をご覧ください。これは、1970年から2013年に実施された世界各国のフルマラソン大会の、9,789,093名の完走記録のヒストグラムを示しています。

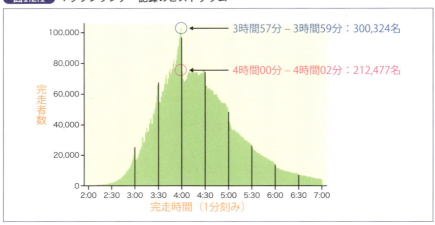

図1.2.1　マラソンランナー記録のヒストグラム

出所：Allen et al. (2017) のFigure 2を元に筆者作成。

ギリギリ4時間（3.57時間-3.59時間）を切った人が300,324名もいたのですが、ギリギリ4時間（4.00時間-4.02時間）を超えてしまった人は212,477名しかいませんでした。ほんの数分の違いで、こんなに完走者の数が違うのは不思議ですよね。

970万件という非常に膨大な数のデータがあれば、ヒストグラムは正規分布になりそうです。ところが正規分布ではなく、30分毎に明らかに分布がギザギザになっています

　なぜ、このような分布になるのでしょうか？ それは、**参照点（reference point）** に依存した意思決定を、マラソンランナーがしているからです。参照点とは「価値判断をする基準」のことを言います。今回のマラソンの例では、「サブ4（4時間を切って完走）」や「サブ3.5（3時間30分を切って完走）」といった「目標」が当てはまります[2]。

　この目標を達成できなかった時は「悔しく」、達成できた時は「嬉しい」でしょう。そして、利得よりも損失を約2倍大きく感じるという**損失回避（loss aversion）** の性質によって、嬉しさという利得よりも、悔しさという損失の方が心理的インパクトが大きいのです。だから、目標未達成という損失を避けるためにランナーは一生懸命走ったのでした。

図1.2.2 サブ4を目標としたランナーの心の中

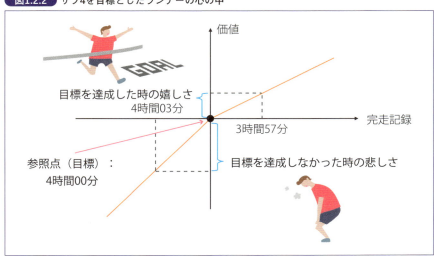

この図は「4時間を切る」という目標を持っている人のケースを示しています。「目標を達成しなかった時の悲しさ」は「目標達成した時の嬉しさ」よりも大きな心理的なインパクトを与えます。だから、何としても4時間を切ろうとランナーは頑張って走るわけです。

---

2) 「サブ（sub）」とは「下」や「副」を意味する英語ですが、ここでは「〜時間以内」を意味します。

このように、人間は参照点を基準として、プラスかマイナスかという差も意識した行動を取ります。ところが、標準的な経済学では、最終的な自己利益による満足度を最大化するように意思決定をするので、マラソンの例では目標に関係なく、早く完走できればできるほど嬉しいと考えます。

　一方、行動経済学では「参照点に依存した相対的な結果」も考慮して意思決定をするため、目標を達成できなかった場合はすごく悔しいので、目標達成できるように力を振り絞ると考えます。

　実際のデータは、標準的な経済学の人間像ではうまく説明できず、損失回避の性質を持った行動経済学の人間像でうまく説明できるようになるのです。

　このような「損失回避を伴った参照点に依存した性質」は、非常に多くの人間行動を説明することができます。例えば、次のような行動です。

- 雨の日はタクシーがつかまりにくい
- 競馬の最終レースでは大穴狙いをしてしまう
- 投資において損切ができない
- 返品無料の商品を買ったとしても、実際には返品しにくい
- 目標達成後にボーナスをもらうという給与体系よりも、ボーナスは先にもらって、目標達成しなければ後に没収されるという給与体系の方が生産性が高くなる
- 同じ金額であっても、エコバック割引きよりもレジ袋有料化の方が、レジ袋の使用量が減る

　雨の日にタクシーがつかまりにくいのは、タクシー運転手が損失回避の行動をしているからです。タクシー運転手はその日に稼ぐ収入目標を持っていて、それが参照点になっています。雨の日は多くの人がタクシーに利用するため、収入目標に早く到達し、その日の仕事を早めに切り上げることができます。その結果、運転しているタクシー数自体も少なくなってしまうため、雨の日はタクシーがつかまりにくくなるのです。

1.2 行動経済学のエッセンス

このような参照点に依存した、**プロスペクト理論**（**prospect theory**）と呼ばれる行動経済学の最重要理論については、第4章であらためて説明します。

━━ 今を気にする現在バイアス

経済学では、「今行動するのか、後で行動するのか」や「今の行動が、将来にどのような影響を及ぼすのか」といった、時間を通じた行動について分析します。例えば、将来のための金融投資だけでなく健康投資や教育投資など、様々な分野における投資のような「将来のことを考えた行動」です。

このような時間を通じた行動では、計画を立てて実行することが一般的だと思うでしょう。ですが、「立てた計画を計画通りに実行する」という標準的な経済学の想定と、「計画を立てても先延ばしをしてしまう」という行動経済学の想定では、行動が異なってくるのです。

ここでは、ジムへ通うという健康投資に関する事例を通じて、標準的な経済学と行動経済学の予想がそれぞれどのようなものになり、どちらの予想がデータをうまく説明できるのかについて見てみましょう。

Case!

あるアメリカのジムでは、毎月70ドル支払えば何回でも通える「月額制」と、利用したい時に1回10ドル支払えば良い「都度払い」の2つのオプションを提供していました。
月額制を選んだ利用者のデータを分析したところ、1ヶ月当たり平均4.3回、ジムに通っていたことがわかったそうです。

出所：DellaVigna et al. (2006) を元に著者作成。

自制的で自己利益を最大にする、という標準的な経済学の人間像では、月に7回以上行く人は月額制を選択し、月に7回未満しかジムに行かない人は都度払いを選択すると予想されます。というのも、月に7回以上ジムに行くことができれば、1回あたりの料金を10ドル以下に抑えることができるからです。

ところが、月額制を選択した人は、平均的に月に4.3回しかジムにしか行っていません。つまり、1回あたりのジムの料金は16.3ドル（＝70ドル÷4.3回）です。もちろん、これは「平均」の話ですので、標準的な経済学の想定通り、実際に7回以上ジムに行くことができた人もいます。しかし、多くの人が7回未満しかジムに行けていません。1回あたりの料金を10ドル以下に抑えようと計画を立てていたとしても、計画通りには実行できず、損をしてしまっていることがわかります。

　この結果を見るに、どうも行動経済学の人間像の方が多くの人に当てはまりそうです。

　このような計画を立てても計画通りに実行できないという現象は、**現在バイアス（present bias）**と呼ばれる行動経済学的な性質によって引き起こされています。現在バイアスとは、将来の価値よりも今の価値を重視する、逆に言えば、今の価値よりも将来の価値を割り引いて考える性質のことです。

　契約をした時点では、ジムに行って疲れるデメリットと、後で健康になるメリットを比較すると、メリットの方が大きく感じたのかもしれません。そのため、「週に2回、月8回以上は通えるだろうから月額制にしよう！」と楽観的な計画を立てたと考えられます。

　ところが、いざジムに行くかどうか考える時点になると、「今」ジムに行って疲れるデメリットの方が後に健康になるメリットよりも大きく感じて、ジムに行くことを先延ばししてしまい、計画よりも少ない頻度しかジムに行けず損をしてしまったのでした。

　ポイントは、「契約した時点」と「いざ、ジムに行くかどうかを考える時点」では、デメリットが生じるタイミングが異なるという点です。契約した時点では、メリットとデメリットが生じるのはどちらも「将来」の話です。どちらも将来の話なので、メリットもデメリットも価値を割り引く程度はほとんど同じで、メリットの方が勝っていました。一方、いざジムに行くかどうかを考える時点では、メリットが生じるのは「将来」の話で、デメリットが生じるのは「今」の話です。将来生じるメリットのことは割り引いて考えるのに対して、今生じ

るデメリットは割り引かずに考えるため、デメリットの方が大きく感じ、計画した時点とは非整合的な行動をしてしまったわけです。

図1.2.3 ジムへ行くことの先延ばし行動

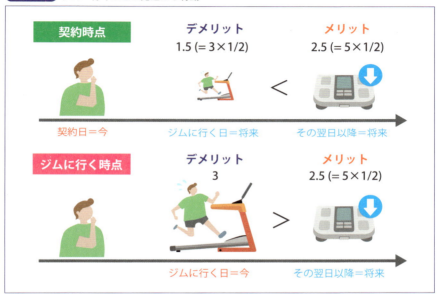

この図では、将来の価値は今の価値の1/2と考える人を想定しています。またここでは、ジムに行って疲れるデメリットは3、健康になるメリットは5としています。

このような非整合的な行動は、現在バイアスを考慮することで、次のような人間行動を説明することができます。

- 貯金をすることはできないが、借金はしてしまう
- 禁煙や禁酒を考えても、実際にはやめられない
- ギャンブルをやめたくてもやめられない
- ダイエットの計画立てても、先延ばしをしてしまう
- 夏休みの宿題を早く終わらせる計画を立てても、実際には夏休み終盤に終わらせる
- 仕事を後回しにして、深夜残業をしてしまう

第5章では、「今行動するか、後で行動するか」というような時間を通じた選択、**異時点間選択（intertemporal choice）**と呼ばれる意思決定場面における行動経済学の考え方について説明します。先に見たように、計画を立てても計画通りに実行できないという非整合な行動がしばしば生じますが、こうした非整合的な行動を防ぐ方法についても紹介します。

⬤ 他人を気にする社会的選好

標準的な経済学では、自己利益を最大にするという「利己的」な人間像を想定していることを説明しました。たしかに、多くの人は「自己利益を最大にする」という行動をとりますが、他人の利益も考えて行動する「利他的」な人もいます。次の事例を見てください。

📍 Case!

スウェーデンでは、環境保護のために興味深い取り組みが行われています。例えば、1984年からは、缶やペットボトルにデポジット制が導入され、リサイクルが促進されてきました。スーパーマーケットに設置されたリサイクルマシーンに使い終わった容器を入れると、0.50～2.00スウェーデン・クローナ（約10円）のデポジット代金が戻ってきます。

そして2004年には、スウェーデンで2番目に大きな小売りチェーン店であるCoopが、リサイクルマシーンに新たに「慈善団体に寄付する」ボタンを追加しました。

2006年から2015年までの約5,000万件のデータを分析した結果、7.7%が「寄付する」ボタンを押され、慈善団体に寄付されていたことが明らかになっています。

出所：Ekström (2018) を元に筆者作成。

この事例では、92.3%という大多数の人が標準的な経済学の想定通り、デポジットで戻ったお金を寄付せず自分の利益として受け取ったことが示されています。しかし、7.7%の人はデポジット代金を寄付したわけなので、利他的な人が存在することも示されています。

このように、現実の人間は他人や社会のことも考えて行動をするのです。行動経済学では、他者の存在を配慮する性質のことを**社会的選好（social preference）**、もしくは、他者配慮選好（other-regarding preference）と言います。

ところで、行動経済学では自分の行動が他人にも影響を与えたり、他人の存在や行動から自分が影響を受けたりと、お互いに影響し合うような意思決定での分析も行います。

・寄付やクラウドファンディング、ふるさと納税をする
・普段は寄付をしない人でも、直接お願いをされると寄付をする
・生産性の高い同僚がいれば、自分の生産性も高くなる

図1.2.4　社会的選好の考え方を用いて分析する意思決定場面

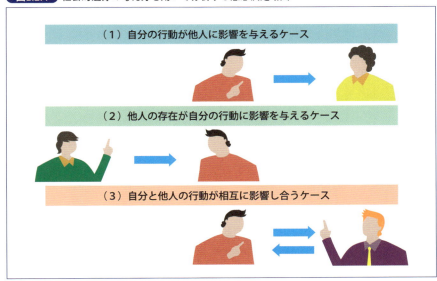

第6章では、このような他者の影響を踏まえた社会的選好に関する人間行動モデルについて説明します。

間違った判断をしてしまう限定合理性

標準的な経済学では「高い計算能力を持った人間像」を想定していますが、皆さんも経験があるように、現実の人間は計算間違いをすることや、不注意な判断をしてしまうこと多々があります。

図1.2.5をご覧ください。これは、アメリカの中古車オークションでの取引価格についてのデータです。

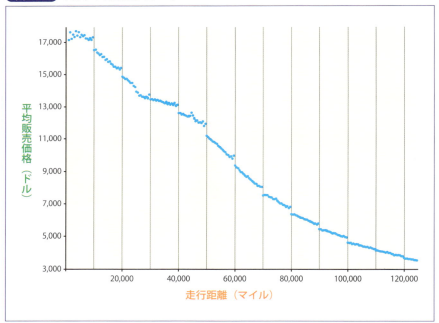

図1.2.5　中古車の取引価格のデータ

出所：Lacetera et al. (2012) の Figure 2。

この図では、2002年1月から2008年9月における2,200万件以上の取引データを利用しています。縦線は10,000マイル（約16,000キロメートル）ごとに引いてあります。例えば、走行距離79,900〜79,999マイルの中古車は、80,000〜80,100マイルの中古車よりも約210ドル高く販売され、79,800〜79,899マイルの中古車よりも約10ドルだけ安く販売されていました。

中古車市場には、走行距離が長ければ長いほど販売価格は低くなるという関係があります。ですが、100マイル（160キロメートル）ぐらいの差では極端

に性能が落ちることはないため、中古車の価値も大きな差は無いと考えていいでしょう。実際、走行距離79,900〜79,999マイルの中古車と、79,800〜79,899マイルの中古車の販売価格の差は約10ドルです。

しかし、取引データを詳しく見ると、走行距離10,000マイルごとに販売価格が150-200ドルほど急落していることがわかります。走行距離79,900〜79,999マイルの中古車と80,000〜80,100マイルの中古車の販売価格の差は、約210ドルも開いていました。

100マイルぐらいの走行距離差では、性能に大きな違いが出ないはずです。標準的な経済学で考えると、走行距離79,900〜79,999マイルの中古車と79,800〜79,899マイルの中古車の販売価格の差が約10ドルであれば、同様に、走行距離79,900〜79,999マイルの中古車と80,000〜80,100マイルの中古車の販売価格の差も約10ドルとなると予想されます。しかし、そうはなっていないのです。

この非対称な価格差の背景には、**左桁バイアス**（**left-digit bias**）と呼ばれる性質があります。これは、数字の一番左の桁にしか注意を向けないといったように、人間の計算能力には限りがあり、不注意（inattention）な判断をするという行動経済学的な特性です。

走行距離79,900〜79,999マイルの中古車と79,800〜79,899マイルの中古車では、左桁の数字が同じであるため、走行距離にそこまで違いが無いと感じます。売り手も買い手も、両者については同じ程度の価値を見出すため、両者の販売価格には大きな差はありません。

一方、走行距離79,900〜79,999マイルの中古車と80,000〜80,100マイルの中古車では、左桁の数字が異なるため、かなり走行距離が違うと感じます。その結果、売り手は走行距離79,900〜79,999マイルの中古車を、80,000〜80,100マイルの中古車よりもできるだけ高い価格で売りたいと感じ、買い手は走行距離79,900〜79,999マイルの中古車の価値を高く見出しているため、高い価格で買っても良いと感じて、高値で販売されることになるわけです。

このように、合理的に行動しようとしても、認知能力に限界があることにより限定的な合理性に基づいて判断してしまうことを、**限定合理性**（limited rationality）と呼びます。「合理性」については第3章で詳しく説明しますが、ざっくり言うと、首尾一貫した好みのもと、自分の満足度を最大にするように行動することを言います。

現実の人間は認知能力に限りがあるため、計算間違いをすることがあり、自分の満足度を最大にするような合理的な行動がとれるとは限りません。以下に示すように、不注意な判断をしてしまったり、直感で答えることで間違った判断や誤った推論をしてしまうといった、限定合理的な行動をすることがあるのです。

- 198円のように価格が98で終わる物の方が、200円のように価格が00で終わる物よりも売り上げが非常に高い
- 自然災害が起きると、人は保険に加入しやすい
- PM2.5が多い日には、人は保険に加入しやすい
- 暑い日にはオープンカーが売れ、寒い日にはセーターが売れる
- 雨が降った日に遊園地に行った人は、再訪しにくい

例えば、雨の日に遊園地に行った場合は屋外で遊ぶことができず、楽しい思い出が少ないかもしれません。そのため、再度その遊園地に行くか考えた際には、あまり楽しめないと考えてしまい再訪しにくくなります。天気が違うと遊園地の楽しみ方も変わるにも関わらず、前回雨が降った時のように楽しめないと推論してしまうのです。

第7章では、限定合理性によって説明できる様々な人間行動について、更に紹介していきます。

━━ より良い行動を後押しするナッジ

以上のように、現実の人間の行動は心理的な「クセ」のようなものの影響で、標準的な経済学が想定する人間像から体系的にズレることがわかります。そし

て、行動経済学ではこのような「クセ」をうまく取り入れることで、人間行動についてより良く説明することができるのです。

更に、行動経済学ではこのような性質を踏まえて、人々の行動に変容をもたらす策である**ナッジ（nudge）**や行動インサイト（behavioral insight）を考案することがあります。

有名な例を見てみましょう。図1.2.6は、「ホームエナジーレポート」と呼ばれる節電を促すナッジです。電気料金の使用明細は通常、自分の電気使用量しか掲載されていません。ですが、アメリカのある電力会社では節電を求めるために、電気料金明細書に「自身の電気使用量」だけでなく「ご近所さんの電力使用量」と「省エネ上手なご近所さんの電気使用量」を載せた、ホームエナジーレポートも同封しました。

図1.2.6 節電を促すナッジの例：ホームエナジーレポート

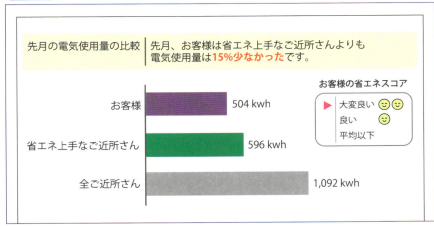

出所：Allcot (2011) のFigure 1を元に筆者作成。

このホームエナジーレポートが送られた家庭は、自身の電気料金の明細書のみが送られた家庭と比べて、約2%の電気使用量の削減効果がありました。

これは、他者の存在が影響する社会的選好の性質を活用したナッジです。他人の電気使用量と自身の電気使用量の比較することができるため、使いすぎて

いる家庭は節電を心がけるようになります。実際、電気使用量が多い家庭ほど、このレポート送付による節電効果は大きかったそうです。

　このような行動変容を促すナッジは、健康、食事、環境、ファイナンス、寄付など様々な分野で活用されています。第8章では、ナッジの作り方から留意点までを説明し、正しくナッジを使用するための指針についても紹介します。

Point!

・標準的な経済学では説明しきれない人間行動があるが、損失回避、現在バイアス、社会的選好、限定合理性といった行動経済学的な特性を考慮すると、その行動をうまく説明できるようになる

・行動経済学的な特性を理解することは、人間行動をより深く理解するだけでなく、より良い行動の後押しをする「ナッジ」と呼ばれる行動変容の介入策を考える重要な手掛かりとなる

1.3 分析者に行動経済学が必要な理由

記述から始まる分析

　ここまでの説明で、何となく「行動経済学は分析に活かせる学問だ」と思っていただけたのではないでしょうか。本節では更に、「臓器提供への同意」という事例をもとに、分析のステップに応じて行動経済学をどのように活かすことができるのかを説明します。

　分析においてまず必要なのは、「人々の行動パターンを観察し記述すること(description)」です。図1.3.1をご覧ください。この図は、世界各国の臓器提供同意率を示しています。

図1.3.1　世界各国の臓器提供同意率

出所：Johnson and Goldstein (2003) のデータに、日本のデータ加える形で筆者作成。日本のデータは内閣府「移植医療に関する世論調査（2021年度）」による。

　この図から、臓器提供同意率は「10％前後の国」と「ほぼ100％に近い国」の2パターンに分類されることが読み取れます。

このように、平均値のような要約統計量を計算したり可視化したりして、データのパターンを記述し集団間で比較することや、時系列での推移を確認することは分析の第一歩です。

● 説明に深い洞察を与える行動経済学

次のステップは、「人間行動やデータのパターンをどのように説明できるのかを考える」です。

臓器提供同意率の例では、臓器移植に対する価値観や医療制度、教育水準などの違いが、各国の提供同意率の違いに関係しているのではないかという仮説をすぐに思いつくことでしょう。

しかし、これらの要因では、臓器提供同意率の違いをうまく説明することができません。実は、この同意率の違いを説明できるのは、**デフォルト**（**default**）、つまり初期設定の違いだと言われています。

同意率が低い国は、日本と同様に「臓器を提供しない」がデフォルトとなっており、臓器提供を行うためには明示的に同意する必要があります。一方、同意率が高い国は、「臓器を提供する」がデフォルトとなっており、臓器提供を拒否する場合には「臓器を提供しない」ことを明示することが必要です。

この「デフォルトに依存して行動が変わる」という現象は、行動経済学で明らかにされた知見の1つです。人々はデフォルトからの変化を嫌ったり、デフォルトが社会全体で受け入れられているものと感じたり、あるいは単に先延ばしをしてデフォルトのままにしていたなど、いくつかの行動経済学的な理由や仮説が考えられています。

説明を考える際には、分析対象とするドメイン知識を活用することが有益ですが、行動経済学の知見があると人間行動の分析に対してより深い洞察を与えることができるようになります。

図1.3.2. 臓器提供意思表示カードの例

臓器提供の意思がある場合、
署名してください

署名：＿＿＿＿＿＿＿＿＿＿＿＿

デフォルト：臓器を提供しない
臓器の提供を承諾するなら、署名する必要がある
（オプトイン）

臓器提供の意思がない場合、
署名してください

署名：＿＿＿＿＿＿＿＿＿＿＿＿

デフォルト：臓器を提供する
臓器の提供を拒否するなら、署名する必要がある
（オプトアウト）

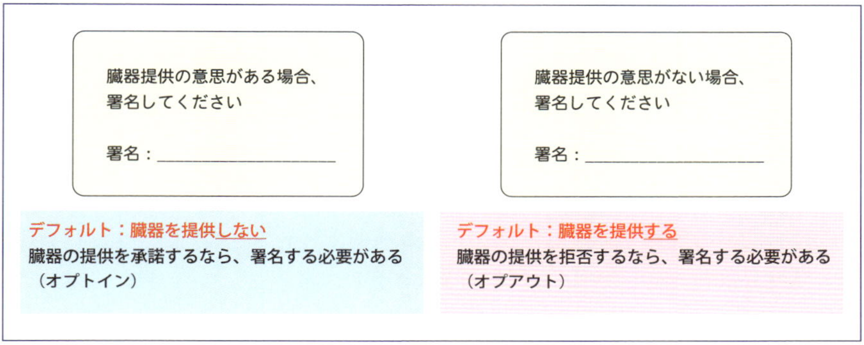

左図は「臓器を提供しない」がデフォルト、右図は「臓器を提供する」がデフォルトの国の臓器提供意思表示カードの例です。「臓器を提供しない」がデフォルトの国（左図）の場合、署名が無ければ「臓器を提供しない」と意思表示していると見なされ、署名があれば「臓器を提供する」と意思表示していると見なされます。

指標の改善策にヒントを与える行動経済学

分析という作業においては、人間行動を観察したりデータを記述するだけではなく、「データから将来を予測する(prediction)」こともあるでしょう。需要予測であったり、クーポン配布による購買確率の予測、ローンのデフォルト確率の予測、税収予測など、データから様々な指標について予測することは、将来のビジネス戦略や判断、政策的意思決定などの支援に役立ちます。

更に言うと、予測だけでなく「指標を改善する」方法もわかれば、ビジネスでは売り上げが上がり、政策では人々の福祉の向上が期待できるでしょう。これはデータ分析の中でも、「ある策が結果に変化をもたらすか」という因果関係(causality)を明らかにする、**因果推論**（**causal inference**）と呼ばれるものです（因果推論については第2章で詳しく説明します）。またナッジを活用することは、結果指標の改善に役立ちます。

ここで、臓器提供のドナー登録者数を増やすことに成功した実験を見てみましょう。イギリスでは、自動車税の更新や運転免許の登録完了をした後に表示されるウェブページに、臓器提供のドナー登録の勧誘するページが追加されま

した。そしてその際、単純な登録勧誘ページ①だけでなく、ナッジを活用したメッセージも含む複数のページが用意されました。以下がそのメッセージです。

②他者の存在からの影響を受ける性質を利用する規範メッセージ：
「毎日、数千人が登録しています」

③損失回避の性質を利用した損失メッセージ：
「臓器提供が十分に無いと、毎日3人が死にます」

④自他の行動が相互作用する特性を応用した互恵性メッセージ：
「過去に提供してもらったら、お返しをしよう」

　これらのナッジメッセージを含まない勧誘ページと、メッセージがランダムに表示されるページを訪問者に提示し、その後のドナー登録率を比較しました。なお、このような実験はランダム化比較試験と呼ばれます（詳細は第2章で説明します）。その結果が、図1.3.3です。

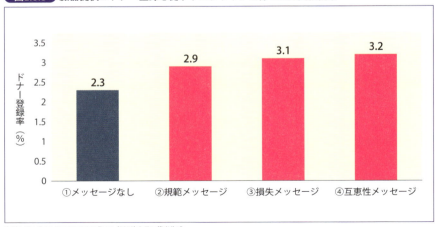

図1.3.3　臓器提供のドナー登録を促すウェブサイトで行われた実験結果

出所：The Behavioral Insights Team (2013) を元に筆者作成。

登録サイト上で何もメッセージを載せないグループ①と比べて、ここで示した3つのメッセージ②③④は臓器提供の同意率を統計的に有意に向上させることができました。また、特に互恵性メッセージ④が掲載されたページを見た人たちのドナー登録率が、最も高くなりました。

このように、行動経済学の知見を活用した策を実施することで、成果指標の改善が可能となるのです。

分析者が行動経済学の知識を身につけることで、分析結果の説明により深い洞察を与えるだけでなく、人々の行動変容を促す策を考え出すこともできるようになります。更に、予測にとどまらず結果の改善をもたらすような策を提案できるようにもなれば、分析者としてのレベルが上がることになるでしょう。

Point!

・行動経済学は、「なぜ、人はそのような行動をとるのか？」といった、人間行動の背後にある現象の説明に役立てることができる

・行動経済学は、行動変容を促す施策の考案にも役立ち、結果、指標の改善に寄与することができる

行動経済学の知見を活用して
成果を改善した成功事例

◆ ◆

　2012年に行われたアメリカ大統領選は、「最初のビックデータ選挙」と呼ばれました。

　民主党のオバマ陣営と共和党のロムニー陣営は激しい選挙戦を展開し、両陣営とも選挙運動のボランティア労働力を最適化するための予測モデルを活用しました。例えば、オバマ陣営では「選挙運動員からの説得があった時に説得されやすい人」を中心に有権者への訪問を優先するモデルを構築し、効率的な選挙運動を行いました。更に、具体的な日付を指定させて実行意図を高めるという行動経済学の知見を活用して、「いつ選挙に行くか」を計画させて投票を促していました。

　結果、選挙はオバマ陣営の勝利となっています。

　どちらの陣営も予測モデルを活用することで、ボランティアという限られた資源を効率的に活かすことができていました。しかし、オバマ陣営は予測モデルの活用にとどまらず、このような行動経済学の知見を活用した策を実施することで、得票率という選挙の結果に直結する指標を改善することができ、選挙を制したのでした。

出所：Guszcza (2015) を元に筆者作成。

第2章

分析者に求められる行動経済学的思考：

①因果分析

　行動経済学では、原因と結果の関係を明らかにするために「因果推論」という考え方が用いられます。因果推論を用いれば「特定の行動が何の原因で起こったのか」を解明することも、「原因を変えることで行動も変える」ことも可能となるのです。因果推論はその特性から、データ分析の現場でも非常に有益な考え方として重宝されています。

　本章では、因果推論について「相関関係と因果関係の違い」や「因果関係を明らかにするための実験」、更には最近注目を集めている行動経済学の「再現性」についてまで、一歩踏み込んで説明していきます。

2.1

人間行動の決定要因を明らかにするのに欠かせない「因果分析」とは

━━ 分析者に求められる行動経済学的思考

本章および次の第3章では、「分析に活かす」という視点から考える行動経済学においては特に重要な、以下2つの考え方について説明します。

・因果推論と呼ばれる「原因と結果の関係を推論する」ための考え方
・経済モデルに基づく人間行動から生じる「予測可能なズレ」を組み込むという考え方

後述しますが、分析には「記述」「予測」「因果」という3つの目的があり、中でも因果推論、つまり「因果関係を明らかにする分析」は特に重要です。なぜなら、「何が原因となって、そのような結果が生じたのか？」ということがわかれば、その原因を操作することによって「人の行動」を変えることができるからです。

例えば、ビジネスの文脈では「広告の効果を検証する」という場面がありますよね。つまり、広告を打つことで消費者の購買行動を促進できるかどうかという分析を行うわけです。広告が無ければ買わなかった消費者が、広告によって商品を購入してくれるようになるのであれば、広告を打つことで会社の利益を高めることができます。しかし、その因果関係を明らかにすることは容易ではありません。だから本章では、因果関係を明らかにすることの難しさと、いかにして因果関係を明らかにしていくのかについて詳しく説明していきます。

データから観察できることは、人々が選択した最終的な結果、つまり「どの

ような行動を取ったのか」ということのみであり、「なぜ、人がそのような行動をとったのか？」まではわかりません。そして、この「なぜ？」に答えるためには、仮説を立て検証することが重要なのです。

このような仮説構築の際には、経済モデルに基づく人間行動の予測が役立ちます。第1章で説明したような標準的な経済学の人間像、つまり、利己的かつ自制的で計算能力の高い人間を想定すれば、「人々がどのような行動をとるか」という仮説を立てることが可能です。

ただし、1.2節で見たように、現実の人間行動は、標準的な経済学から導き出される仮説とはズレることがしばしばあります。そして、このズレは「説明できないズレ」ではなく「予想可能なズレ」です。標準的な経済学に利他的、衝動的、限定的な計算能力といった心理的要素を組み込むことで、うまく説明できるようになります。こうした予測可能なズレを仮説に組み込むのが、行動経済学なのです（詳細は第3章で）。

━━ データ分析の3タイプ：記述・予測・因果

ここで、分析の目的について一度整理しておきましょう。因果関係を明らかにする分析は「人の行動変容の要因」を明らかにできるため、人間行動の分析には特に重要です。とはいえ、因果関係を明らかにすることだけが分析の目的ではありません。目的に応じて分析方法が異なるため、どのような分析がしたいのかを明確にしたうえで、適切な分析方法を選択する必要があります。

データ分析は、記述、予測、因果の3タイプに分類されます。

（1）記述分析：データの特徴を把握する
（2）予測分析：観察されたデータを用いて、未知のデータを予測する
（3）因果分析：2つの変数の関係が原因と結果の関係であるかを推論する

それぞれの分析について、詳しく見ていきましょう。

（1）記述分析

1つ目は、観察されたデータがどのようなものであるかを記述することによって、データの特徴を把握する**記述分析**（descriptive analysis）です。生のデータは数字の羅列で、数字を見ただけでは、そのデータから何が言えるのかすぐにわかりません。1つの変数に着目して平均値や分散のような要約統計量を計算したり、グループ間での平均値を比較したりすることで、データの持つ意味を理解します[1]。

例えば、「現在、あなたはどの程度幸せですか？」という質問に対して0点（最も不幸）から10点（最も幸せ）で回答してもらった、主観的幸福度に関するアンケートデータを手にしているとしましょう。このデータには、主観的幸福度の他に、回答者の性別、所得についての変数も含まれています。幸福度の平均値や分散を計算したり、ヒストグラムを描くといったように、データを定量的に要約したり可視化することで、データの特徴をつかむことができるわけです。

図2.1.1 記述分析

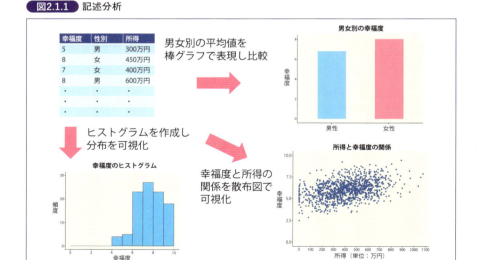

[1] 要約統計量の計算といった初歩的な分析だけでなく、クラスター分析のような教師なし機械学習も記述分析に該当します。

2つの変数の関係性に着目して、データの特徴を記述することもあります。男性と女性では、どちらの性別の方が幸福度が高いのか。ある変数の値が大きいと、別の変数の値も大きいのか、それとも小さいのか、はたまた関係無いのか。2つの変数がどのような関係になっているのかを明らかにします。

特に、2つの変数に何らかの関係があることを「**相関関係（correlation）**がある」と言います。例えば「所得が高い人ほど、幸福度も高い」というように、所得という変数と幸福度という変数に正の関係がある場合、正の相関関係があると言われます。

（2）予測分析

2つ目は、観察されたデータを基に未知のデータを予測するという**予測分析（predictive analysis）**です。予測分析では、予測したい変数と予測に使用する変数の2つを設定します。予測に使用するインプット変数と予測したいアウトプット変数の関係を、回帰分析のような何らかの関数という形で表現するこ

図2.1.2 予測分析

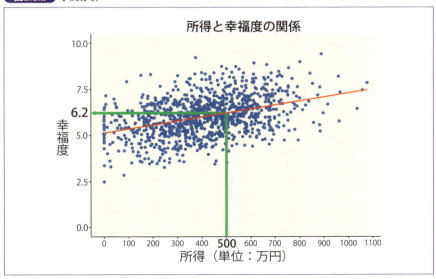

データは筆者が作成した架空のものです。このデータの元では、所得が500万円の時、幸福度は6.2と予測されます。

とが一般的です[2]。

先ほどの幸福度に関するアンケートデータから所得と幸福度の関係がわかるので、「ある所得の時は、幸福度がどの程度なのか」という予測を立てることができます。

(3) 因果分析

3つ目は、興味のある2つの変数の関係が原因と結果の関係になっているかどうかを推論する**因果分析**（causal analysis）です。ある1つの変数（原因）が変化した結果として、別の変数（結果）が変化するかどうかという因果関係（causality）を明らかにするような分析です。原因となる変数と結果となる変数の、2つの変数の関係を分析します。具体的には、2.2節以降で説明するA/Bテ

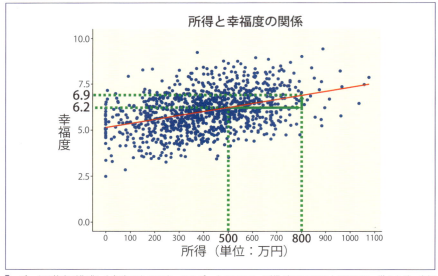

図2.1.3 因果分析

データは筆者が作成した架空のものです。このデータの元では、所得が500万円から800万円へ増えた時、幸福度は6.2から6.9に増加するというように、所得が増えると幸福度も増加するというような因果関係があるように見えます。

---

[2] 回帰分析以外にも、ランダムフォレスト、ニューラルネットワークのような教師あり機械学習が予測分析に含まれます。

ストやランダム化比較試験と呼ばれる実験に基づく因果推論を行います。

所得と幸福度の関係で言えば、「所得が増えれば幸福度が高くなるのかどうか」を検証するような分析になります。

● 因果分析の重要性

記述分析や予測分析は、過去のデータから傾向を把握するものです。記述分析ではデータを要約することで、「何が起こったのか」という現状把握から洞察を得ることができます。そして予測分析では、「今後どうなるか」という将来予測が可能です。これは将来の意思決定を行う際の判断材料として役立ちます。

予測分析の目的は予測なので、良い予測を行うためには予測精度の高いモデルを構築することが不可欠です。ただし、予測分析は過去から現在までの傾向が将来も続くという仮定に基づいています。そのため、状況が変われば、これまでの予測がそのまま当てはまるとは限りません。

一方、因果分析では施策の実施など何らかの生じた変化による影響を把握することができるので、「何が人々の行動を変えるのか」ということがわかります。予測分析は「今と同じ状況で、将来どのようになるのか」を予測するのに対して、因果分析では「今と異なる状況では、将来どのようになるのか」という予測に答えることができるのです。

例えば、これまでクーポンを配布してきていて、今後もクーポンを配布するかどうか、その意思決定が求められるビジネス上の課題を考えてみましょう。今後もクーポンを配布するのであれば、予測分析によって「将来どの程度の売り上げになるのか」を予測することができます。しかし予測分析では、クーポンを配布しなかった時に、どのような売り上げになるのかを予測することはできません。クーポンが配布されていた過去と、クーポンが配布されない将来では状況が異なるため、予測分析は不適切なのです。

むしろ、次節で説明をするような実験を行い、因果分析を用いることが適切です。詳細は後述しますが、クーポンを配布するユーザーとクーポンを配布しないユーザーをランダムに2つのグループに分けて、両グループの購買行動を把握することで、クーポンが売り上げに与える影響を検証することができます。

　もし、両グループに売り上げの差が無いのであれば、クーポンによって人々の購買行動に変化は無いことがわかります。クーポン効果が無いことがわかれば、売り上げに直結する新たな策を考える必要が出てくるわけです。

　このように、人間行動の変化を捉える因果分析は、成果指標の改善に直結します。

Point!

・データ分析は記述分析、予測分析、因果分析の3つのタイプに分類される
・記述分析では「何が起こったのか」ということがわかり、予測分析では「将来何が起こるのか」ということがわかる
・因果分析では「何が人々の行動に変化をもたらすのか」ということを明らかにする

2.2

因果推論： データから因果関係を推論する

相関関係と因果関係の混同は損失をもたらす

2つの変数に何らかの関係があるということを「相関関係がある」と言い、ある2つの変数の関係が原因と結果の関係であるということを「因果関係がある」と言います。どちらも2つの変数の関係性を考察していますが、実は意味合いが全く異なります。

次の事例は、「相関関係と因果関係を混同することは、ビジネス上の損失をもたらしうる」ということを示しています。

Case!

2013年、インターネットオークションサイト「eBay」は、Googleの検索広告に年間約5,000万ドルを費やしていました。広告料を支払うことで、検索キーワードに「eBay」と入っていれば、eBayのサイトが上位に表示されることになります[3]。

検索データと売り上げの関係を分析したところ、広告が多く掲載された地域では売り上げが高いことがわかりました。だから、マーケティングチームは「広告と売り上げの関係は因果関係である」と信じていました。

しかし、「ある一定期間、検索広告を出さない」という実験を経済学者のチームが行ったところ、売り上げには変化が見られませんでした。つまり、「広告と売り上げの関係は、因果関係ではなく単なる相関関係」だったのです。

検索広告に費用を支払うことは無駄であることが判明したので、eBayは検索広告への出費を取りやめました。

出所：Luca et al. (2020) を元に筆者作成。

---

[3] このような検索広告には「スポンサー」と表示されています。

043

「広告が多く掲載された地域では売り上げが高かった」という分析結果は、広告と売り上げには正の相関関係があることを示しています。一方、「広告が無くても売り上げには変化が無かった」という実験結果は、広告を出したことで売り上げが上がったという「原因と結果の関係」ではなかったことを意味しています。

　なぜ、そのような結果になったのでしょうか？
　それは、広告が表示されるのはそもそもeBayで購入しようとしている人たちであって、広告が表示されなかったとしても、通常の検索結果からeBayのサイトにアクセスし購入するからです。売り上げに直結する真の要因は「購買意欲」であって、広告ではなかったのでした。

　このように、相関関係と因果関係を区別することは非常に重要です。そこで、あらためて相関関係と因果関係の違いについて整理してみましょう。
　まず、相関関係とは以下のような関係でした。

相関関係：2つの変数に何らかの関係があること

　特に、ある変数Xが高い時に別の変数Yも高ければ**正の相関**（positive correlation）がある、変数Xが高い時に変数Yが低ければ**負の相関**（negative correlation）があると言います。また、ある変数Xが高い時に、別の変数Yが高かったり低かったりして明確な関係が無い場合は、**無相関**（**no correlation**）と言われます。

　一方で、因果関係とは次のような関係でした。

因果関係：2つの変数の関係が原因と結果の関係があること

　ある変数Xが変化した時に別の変数Yも変化した場合、変数Yの変化を生じさせた原因は変数Xの変化であると推論できます。この場合、2つの変数の関

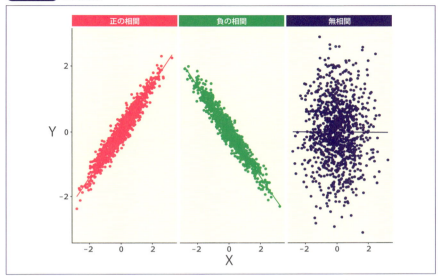

図2.2.1 相関関係

係に因果関係があると言います。変数Xが変化しても変数Yに変化が見られなかった場合、2つの変数の関係には因果関係はありません。

つまり、因果関係には原因から結果に向かった方向性が示されますが、相関関係にはこのような方向性までは示されていないのです。相関関係は、あくまで2つの変数に関係があるということを示しているだけということで、因果関係と相関関係には「2つの変数の方向性まで示しているかどうか」という点に違いがあります。

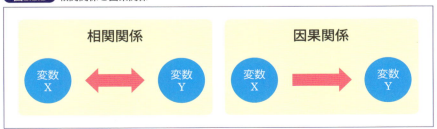

図2.2.2 相関関係と因果関係

相関関係がある時に疑うべき3つの可能性

　相関関係があると因果関係もあると思ってしまいがちですが、必ずしもそうではありません。ここでは、プールの溺死者数を「結果」変数Yと想定して、どのような変数Xが原因なのかを考えてみます。

　様々なデータを観察すると、プールの溺死者数と相関を持つ変数Xがいくつか見つかります。その時、観察された相関関係が因果関係でもあるかどうかを判断するには、以下3つの可能性を疑うことが重要です。[4]

- (1) 全くの偶然
- (2) 変数Xと変数Yの両方と関係している第3の変数Zの存在
- (3) 逆の因果関係（reverse causality）

　「(1) 全くの偶然」とは、本来XとYには全く関係が無いにもかかわらず、たまたまXとYに相関関係が見られることを指します。有名な例は、米軍の情報アナリストであるタイラー・ヴィーゲンがウェブサイト「Spurious correlations」

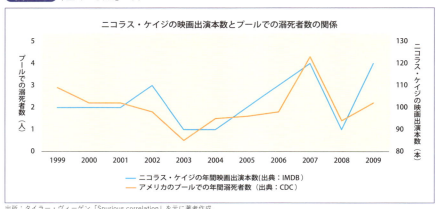

図2.2.3　「全くの偶然」の例

出所：タイラー・ヴィーゲン「Spurious correlation」を元に著者作成。

---

4) 特に、(1) と (2) の2つのケースは見せかけの相関（spurious correlation）と呼ばれます。

で紹介している数々の図です[5]。

図2.2.3は、このサイトで紹介されている「ニコラス・ケイジ映画出演数とプールでの溺死者数の相関関係」を示したものです。両者には全く関係が無いはずですが、両者には正の相関が見られます。

このように、時間を追って2つの変数の関係を観察すると相関関係が見られることがしばしばありますが、「全くの偶然ではないか？」と疑いの目を持つことが必要なのです。

「（2）変数Xと変数Yの両方と関係している第3の変数Zの存在」ですが、第3の変数Zが存在していた場合、変数Xと変数Yに相関関係が見られます[6]。例えば、アイスクリームの消費量もプールでの溺死者数と正の相関関係があります。だからといって、アイスクリームの消費を増やす（原因）と、プールでの溺死者が増える（結果）わけではないことにはすぐに気づくでしょう。

両者に正の相関関係が見られたのは、アイスクリームの消費量とプールでの溺死者数の両方に関係している「気温」という第3の変数が存在していたからです。気温が高いほどアイスクリームの消費量が増えるという正の相関関係

図2.2.4 変数Xと変数Yの両方と関係している第3の変数Zの存在

今回の例では、変数Xがアイスクリームの消費量、変数Yがプールでの溺死者数、第3の変数Zが気温に該当します。

---

5) https://www.tylervigen.com/spurious-correlations
6) このような第3の変数は、交絡因子（confounder）と呼ばれます。

と、気温が高いほどプールに行く人が増えるので溺死者の数も増えるという正の相関関係があります。アイクリームの消費が増える裏には、気温が高くなるという現象が隠れており、気温が高くなるとプールでの溺死者も増える関係にあるため、その結果、アイスクリームの消費量とプールでの溺死者数に正の相関関係が見られたというわけです。

2つの変数の関係だけを眺めていると、第3の変数の存在を忘れてしまいがちです。「興味のある2つの変数とそれぞれ関連するような、別の変数が存在しないか？」と、第3の変数の存在にも目を向けることを心がけましょう。

「(3) 逆の因果関係（reverse causality）」とは、変数Xが原因で変数Yが結果と想定していたが、実は変数Yが原因で変数Xが結果であったというように、想定とは逆の方向性のことを指します。

例えば、プールの監視員数とプールの溺死者数には、正の相関関係があると考えられます。これはプールの監視員を増やす（原因）と溺死者数が増える（結果）という関係ではなく、プールでの溺死者数が多い（原因）ので、安全対策を強化するため監視員を増やす（結果）という関係です[7]。

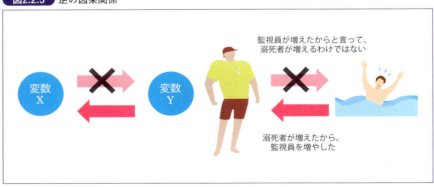

図2.2.5 逆の因果関係

今回の例では、変数Xがプールの監視員、変数Yがプールでの溺死者数に該当します。

---

[7] 溺死者数が増える（原因）と監視員を増やす（結果）という正の因果関係以外にも、監視員を増やす（原因）と安全性が強化されて溺死者数が減る（結果）という負の因果関係も考えられます。原因と結果が相互に影響しあうケースは、同時性（simultaneity）と呼ばれます。

「想定している原因と結果をはき違えていないか？」ということを考えることは、相関関係から因果関係を読み解こうとする上では重要な視点なのです。

事実と反事実から因果関係を推論する

2つの変数に何らかの関係があることはわかっても、その関係が原因と結果の関係であるかどうかは、単純にはわかりません。

ここでは、所得と幸福度の関係を考えてみましょう。一般に、「所得が高い人ほど幸福度が高い」ということが知られています。つまり、所得と幸福度には正の相関関係があると言えるわけです。では、この2つの変数の関係には「所得が増えると幸福度も高くなる」という因果関係はあるのでしょうか？

まず、先ほど説明した3つの可能性を疑ってみましょう。

1つ目の「全くの偶然」の可能性は低そうです。所得と幸福度は直感的にも正の相関関係があることは不思議ではなく、この相関は全くの偶然ではないと考えられます。

2つ目の「第3の変数の存在」はどうでしょうか？ 例えば、健康的な人ほど、しっかり働けて所得が高くなるでしょう。また、健康的な人ほど充実した生活が送れるため、幸福度も高い可能性があります。この場合、所得が原因ではなく「健康」が原因で、所得と幸福度の関係は因果関係ではないことになります。

3つ目の「逆の因果関係」はどうでしょうか？ 幸せな人ほど生産性が高いことが知られています。生産性が高い結果、所得が高くなるということを考えると、所得と幸福度の関係には逆の因果関係の可能性もあります。

このように、相関関係があるからと言って因果関係もあるとは言い切れないのです。では、どうすれば「因果関係があるのか無いのか」を明らかにできるのでしょうか？

原因が生じたという事実における結果と、原因が生じなかったという**反事実**[8]（**counterfactual**）における結果を比較することで、因果関係の有無を明

---

8) 反実仮想とも言われます。

らかにできます。所得と幸福度の関係の例における事実と反事実は、以下の通りです。

事実：所得が増えた時の幸福度
反事実：所得に変化が無かった時の幸福度

　事実と反事実の唯一の違いは、「所得が増えたかどうか」です。もし、事実と反事実で幸福度に違いがあれば、それは唯一の違いである「所得が増えた」ことが原因であると推論できます。事実と反事実における幸福度の差は、所得の増加が幸福度に与えた影響を表すので、**因果効果**（causal effect）と呼ばれます。

　しかし、事実と反事実の両方を同時に観察することはできません。なぜなら、「所得が増えた」時には、所得が増えたという事実の元での幸福度はわかりますが、所得に変化が無かったという反事実の元での幸福度は観察のしようがな

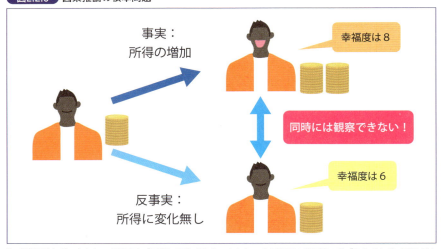

図2.2.6　因果推論の根本問題

「所得が上がった」という事実と「所得に変化が無かった」という反事実の幸福度の差「8−6=2」が、所得が上がったことによる幸福度の増加分、因果効果です。しかし、事実と反事実は同時に観察できないため、因果効果の推定はできません。

いからです。これは**因果推論の根本問題**（fundamental problem of causal inference）と呼ばれています。事実と反事実の結果を同時に比較することはできませんので、ある同一個人についての因果効果を推定することは不可能です。

ランダム化比較試験

同一個人内で因果効果を推定することや、因果関係を明らかにすることはできませんが、「比較可能な集団間」での平均的な因果効果を推定したり、因果関係を明らかにすることはできます[9]。そして、このような「比較可能な集団」を作り出す最も理想的な方法が、**ランダム化比較試験**（RCT: Randomized Controlled Trials）です。

ランダム化比較試験とは、実験の参加者を募集して「原因となる変数を操作するという処置を受ける**処置グループ**（treatment group:処置群）」と「処置を受けない**比較対照グループ**（control group: 対照群）」に実験参加者をランダムに分けて、結果を比較検証するという方法です[10]。これは、新薬の開発や治験など医学の領域で標準的に行われており、因果関係を明らかにするための手法です。ビジネスの現場では、「A/Bテスト」と呼ばれることもあります。

では、所得と幸福度の関係が因果関係であるかどうかを明らかにするには、どのような実験を行えば良いのでしょうか？

まず、実験参加者をできる限り多く集めます。次に、所得を増やすという処置を受けるかどうかをランダムに決定します。例えば、コイントスをして表が出た参加者にはお金を与え、裏が出た参加者にはお金を与えないというように、処置群と対照群にランダムに割当てれば良いのです。その後、幸福度に関するデータを取得して、両群で比較をします。

所得が増えた処置群と所得に変化が無かった対照群は、ランダムに振り分け

---

9) 平均的な因果効果（平均処置効果：Average Treatment Effect, ATE）を推定するには、SUTVA（Stable Unit Treatment Value Assumption）や交換性（exchangeability）、正値性（positivity）と呼ばれる仮定が必要です。

10) 処置群は介入群（intervention group）と呼ばれることもあります。また、対照群は統制群や比較群と呼ばれることもあります。

られていますので、両群の平均的な属性は同じです。第3の変数として疑っていた健康水準は平均的に同じだと考えられます。したがって、この2つのグループは「比較可能な集団」です。両群の唯一の違いは、「所得が増えたかどうか」です。所得の変化の後に幸福度のデータを取得しますので、逆の因果関係の可能性も排除されています。そのため、両群で幸福度に違いがあれば、唯一の違いである所得の増加が原因であるということが推論できるわけです。

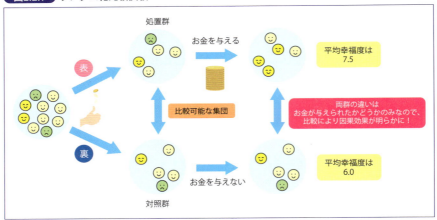

図2.2.7 ランダム化比較試験

お金が与えられて「所得が上がった」処置群と、お金を与えられず「所得に変化が無かった」対照群の幸福度を比較すると、「7.5 − 6.0 = 1.5」となっています。この1.5という数値が、所得が上がったことによる幸福度の平均的な因果効果です。

では、実際に「所得と幸福度の関係」には因果関係があるのでしょうか？

「宝くじ」はまさしくこのような実験ですので、当選者と落選者の幸福度を比較することで因果関係の有無を明らかにできます。

スウェーデンの宝くじ購入者約3,000名に対して、宝くじ購入から5〜22年後に調査を行った研究があります。この研究では、宝くじに当選して所得が増えた人たちは、宝くじに当たらなかった人たちと比べて幸福度が高くなっていたことがわかりました。幸福度の中でも特に、「あなたは全体として、現在の生活にどの程度満足していますか？」という質問で計測される「生活満足度」と呼ばれる指標について、因果効果が大きかったようです。

実験データと観察データ

　ここで、冒頭のeBayの事例を振り返ってみましょう。広告と売り上げの関係は、マーケティングチームは「因果関係である」と主張していましたが、実験を行った経済学者のチームの主張は「因果関係ではない」というものでした。なぜ、両者の主張が違ったのでしょうか？

　実は、分析に使用したデータに答えがあります。

　マーケティングチームが分析したデータは**観察データ（observational data）**です。これは、実験的な操作は行われていない、ありのままを観察したデータだと考えてください。アンケート調査や日常の業務で生成されるビッグデータが、観察データの代表例です。彼らは、多くの広告が掲載された地域と、あまり掲載されない地域の売り上げを比較して、前者の方が売り上げが多かったため、広告を出すことで売り上げが上がるという因果関係を主張しました。

　たしかに、正の相関関係はあります。しかし、第3の変数「購買意欲」の存在を忘れてしまっています。購買意欲が高い人ほど「eBay」と検索をするため検索広告が表示されやすいですし、広告の有無に関係なく商品を買う可能性も高いです。つまり、広告が多く掲載された地域のユーザーは購買意欲が高く、あまり表示されなかった地域のユーザーの購買意欲がそもそも違っていた可能性があるのです。

　このような状態を、「**セレクションバイアス（selection bias）**がある」と言います。セレクションバイアスがある状態では、広告が原因で売り上げが上がったのか、購買意欲が高いから売り上げが高いのかを判断することができません。

　一方、経済学者が分析したデータは、実験的な操作が行われた**実験データ（experimental data）**です。ある地域では広告を出すという処置をそのままにし、別の地域では広告を止めて対照群と設定しました。処置群と対照群の割当は実験者がランダムに決定をするため、両群での「購買意欲」は平均的には

図2.2.8 観察データとセレクションバイアス

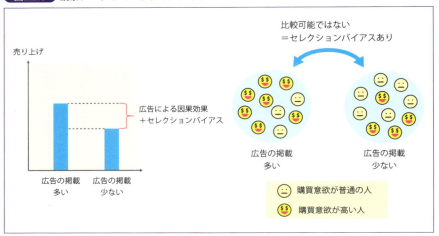

同じであり、セレクションバイアスは無くなります。購買意欲に差は無いので、両群の唯一の違いである広告の有無が売り上げに影響を与える要因となります。

このように、実験では意図的に原因を操作することができるため、原因が直接、結果に与えた影響を観察できるわけです。

図2.2.9 実験データとセレクションバイアス

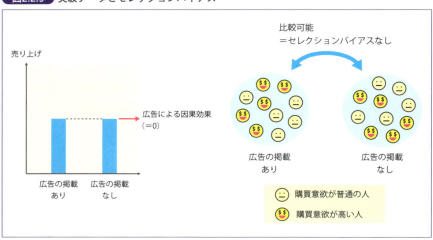

実験を行い、相関関係が見られた時に疑うべき3つの要因を排除することで、比較可能な集団を作り出すことができます。個々人の因果効果を推定することはできませんが、平均的な因果効果の推定も可能になります。実験は、因果関係を明らかにするパワフルなツールなのです。

Point!

・相関関係があったとしても、必ずしも因果関係もあるわけではない
・相関関係が見られた時は、「全くの偶然」「第3の変数」「逆の因果関係」の3つの観点から疑うことが必要
・因果関係を明らかにするための最も理想的な方法は、ランダム化比較試験を行うこと

2.3

行動経済学で用いられる
様々な実験

━━ 実験の特性を理解して分析に役立てる

　ここまでで「因果関係を明らかにするには、実験を行うことが重要である」ということが、何となく理解できたのではないでしょうか。

　本節では、行動経済学で用いられている様々な実験について説明します。分析者が実験の特性を理解しておくことは、自身で実験を計画する場合のみならず、分析結果を解釈する際にも役立ちます。また、本書で後述する様々な実験結果の妥当性を理解するためにも必要な知識です。

　ところで、「妥当性」とは何でしょうか？

　データ分析、特に因果推論において重要な妥当性の概念には、以下の2つがあります。

・内的妥当性（internal validity）
・外的妥当性（external validity）

　内的妥当性とは、分析された因果関係の確かさに関する妥当性です。

　正しく設計されたランダム化比較試験では、因果関係の内的妥当性は確実なものです[11]。一方、観察データでは疑うべき3つの可能性を統計的に制御できたとしても、実験データのように完全に統制できているわけではないので、内的妥当性は劣ります。

---

[11] ただし、ランダム化比較試験であったとしても、脱落サンプル（attrition）があったり、因果推論における仮定が満たされなかったりする場合は、推定結果にバイアスが生じるので内的妥当性が低くなります。

外的妥当性とは、分析に使用したサンプル以外にも適用できるかどうか、つまり**一般化可能性（generalizability）**です。実験では実験参加者をサンプルにしているので、分析対象者が興味のある対象者の集団、母集団（population）を代表していないことがあります。そのため、実験参加者以外にも同様の結果が当てはまるかどうかには注意が必要です。

実験データであっても、母集団からランダムに抽出してきた場合、分析サンプルは母集団を代表しているので、外的妥当性はあると考えられます。観察データでは、母集団からランダムに分析対象を抽出することだけでなく、分析対象者自体が興味のある対象者の集団全体であることもあるでしょう。こうした観点から見ると、実験データよりも観察データの方が、外的妥当性が高いこともあり得るわけです。

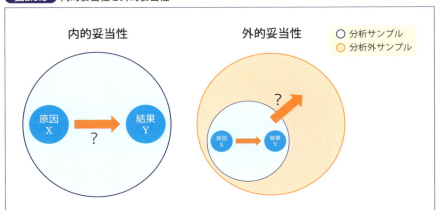

図2.3.1　内的妥当性と外的妥当性

一般化可能性について考える際には、分析対象とする集団を変えたり、状況や文脈を変えたりしても同様の結果が得られるのかという視点も重要です[12]。

例えば、2.2節で説明したeBayの実験は「広告と売り上げの関係」と言いましたが、正しく言えば「Googleにおけるebayの Web検索広告」と売り上げの

---

[12] 分析対象とする集団を他の母集団にした時にも同様の結果が得られるのかどうかということは、移設可能性（transportability）とも言われます。

関係です。同様の実験をBingで行うというように分析対象者の集団を変えたら、同じ結果が得られるかはわかりません。また、eBayのようなネットオークションではなく、AmazonのようなオンラインショッピングでのWeb検索広告について同様の実験を行ったとしても、同様の結果が得られるとは限らないでしょう。

分析結果の評価や解釈の際には、内的妥当性や外的妥当性を意識することが重要です。だから本節では、妥当性の観点も交えながら、様々な実験手法について紹介していきます。

ラボ実験

行動経済学の中で最も多く行われてきた実験は、大学に設置された実験室に大学生を実験参加者として集めて実験を行うという**ラボ実験**（laboratory experiment）です。パソコンを使って、次のような行動を分析する実験が行われています。

・宝くじの購買行動に関する実験
・オークションのような商品の売買を観察する実験
・金銭的報酬に対する人々の労働意欲を測る実験
・人々の協力行動を促進する制度を検証する実験

ここに挙げたのはほんの一例であり、他にも様々な行動を対象にした実験が行われています。そして実験では、現実社会の問題を抽象化したタスクに取り組んでもらいます。例えば「幸福度が高まると生産性が上がる」という因果関係を検証したラボ実験は、次のようなものです。

Case!

大学生約100名を集めて、「できるだけ多くの計算問題を解く」という実験が行われました。制限時間は10分で、正解1問につき0.25ドルもら

> えるという条件です。そして、この実験タスクに取り組む前に、半数の学生にはコメディを見てもらい幸福度を高める処置を行い、残りの半数の学生には幸福度には影響を与えないような動画を見てもらいました。
>
> 結果ですが、コメディを見た処置群は対照群に比べて幸福度が上昇していることが明らかになっています。また、正答数は対照群よりも処置群の方が多かったようです。

出所：Oswald et al. (2015) を元に筆者作成。

　この実験では、「計算問題を解く」ことを「働く」ことと捉え、「正答数」を「生産性」と解釈しています。正解に応じてもらえる金銭的報酬が増えるので、学生はできる限り多くの正答を目指すわけです[13]。お金をたくさんもらえるために一生懸命努力するというのは、「働く」を模していると言えるでしょう。また、処置群と対照群はランダムに振り分けられているので、正答数の違いは幸福度の変化によるものだと言えます。つまり、幸福度と正答数、生産性の関係は因果関係だということです。

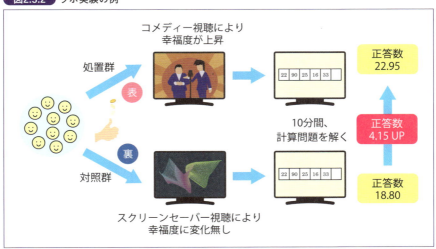

図2.3.2　ラボ実験の例

---

13) 固定報酬ではなく、成果に応じた成果報酬を支払うというインセンティブのつけ方は、心理学の実験と経済学の実験で異なる特徴です。また虚偽（deception）の説明を行わないという点も、経済学の実験の特徴です。

ラボ実験は自然科学の実験と同じように、実験者が実験条件や実験環境を制御できるメリットがあります。そのため、注意深く設計されたラボ実験を、妥当な統計手法で分析した結果の内的妥当性は高いと考えられます。

　とはいえ、しっかりと設計されたラボ実験であっても、外的妥当性には注意が必要です。例えば、「ある一部の大学に所属している大学生を対象としている」だったら、世間一般の人々を対象とした時にも同様の結果が得られるかはわかりません。また、ラボ実験のサンプルは"WERID"（奇妙）な人を対象しているという批判もあります。

　WERIDとは、「欧米の（Western）啓蒙され（Educated）産業化された（Industrialized）裕福で（Rich）民主的な（Democratic）国」の頭文字を取ったものです。世界には欧米以外の国や途上国もあったりと、文化や社会背景の異なる様々な国があるにもかかわらず、WERIDな国の大学生というごく一部の集団の人たちを対象にした実験結果から一般化することは難しいのではないかという指摘です。

　もちろん、大学生であるかどうかに関係無いような行動や、文化や社会背景に依存しない行動についての分析結果については、外的妥当性が担保されると考えられでしょう。しかし、こうした背景によって結果が異なりうる可能性がある場合は、外的妥当性が低くなります。したがって、分析結果をどこまでの人に適応できるかを考えておくことが重要です。

　また、ラボ実験はあくまでも「実験」なので、実験結果を現実社会において一般化できるとは限らないという点にも注意が必要です[14]。「実験結果を日常生活における自然な状態に一般化できるかどうか」は、**生態学的妥当性**（ecological validity）と言われます。現実の職場は、実験的な環境で統制されたものではありません。また、仕事の前にコメディ動画を見てもらうということも、あまり現実的ではないかもしれません。

---

[14] 一方で、実験的な環境は現実の文脈に依存しないため、実験結果を様々な文脈にも適用できる可能性があるというメリットもあります。

以上のことを踏まえると、ラボ実験は内的妥当性が高いですが、外的妥当性については注意が必要だということがわかります。

フィールド実験

ラボ実験の限界点に対処したのが、**フィールド実験**（**field experiment**）です。フィールド実験には、**人工フィールド実験**（artifactual field experiment）、**枠組みフィールド実験**（**framed field experiment**）、**自然フィールド実験**（**natural field experiment**）の3種類があります。

人工フィールド実験とは、実験参加者を大学生ではなく世間一般の人にして行う、ラボ実験と同じような実験のことです。実験参加者を大学生限定ではなく一般人を対象とすることで、実験参加者の観点から、実験結果の一般化をより進めることが可能です。とはいえ、人工フィールド実験の実験内容はあくまで「実験」であるため、現実場面に応用できるとは限らないでしょう。

この限界に対処するのが、枠組みフィールド実験です。一般人を実験参加者として募集し、節電行動や健康行動、寄付行動、報酬体系など様々な現実場面での課題で実験が行われます。社会実験のような形で現実的な場面での実験を行うことで、実験結果の一般化可能性を高めます。

例えば、次のような枠組みフィールド実験があります。

⚲ Case!

スペイン語を学習するカリフォルニアの大学生を対象として、Duolingoという言語学習アプリを使用した枠組みフィールド実験が行われました。このアプリは、世界中で3億人以上のユーザーを持っています。

参加者は5つのグループにランダムに分けられ、実験は4週間続きました。それぞれのグループは、32、48、64、80、96回のレッスンを最低限行うように指示されます。

実験終了後、参加者が完了したレッスン数を調べたところ、各グループ

の中央値が割り当てられたレッスン数と同じであることがわかりました。つまり、学生たちは指示されたレッスン数をこなすために努力したということです。更に分析すると、アプリを通じた学習の効果は対面学習と同等であることも明らかになりました。

出所：Ersoy (2021) を元に筆者作成。

　この事例は、実際のアプリを通じた語学学習という場面でユーザーの学習行動を分析したものなので、ラボ実験や人工フィールド実験よりも一般化可能性が高く現実的でしょう。

　ところで、ここまで説明してきた実験には2つの欠点があります。
　1つは、実験参加者は自身で実験の参加を希望しているため、実験の参加を希望しなかった人とは異なる特徴を持っているかもしれないという**参加者バイアス（participant bias）**です[15]。実験に協力するような人は、世の中のごく一部の人間かもしれません。そのような場合、実験に参加した人の結果を「実験に参加しなかった人」にまで一般化できるかどうかは注意が必要です。

　もう1つは、参加者が「実験に参加している」ことを自覚しているという点です。それを自覚している場合、実験実施者がしてほしい行動を参加者が感じ取って、その行動を参加者が行うといった**実験者要求効果（experimenter demand effect）**や、実験に参加しているという環境の変化自体が人々の行動に影響を与える**ホーソン効果（Hawthorne effect）**、そして**ジョンヘンリー効果（John Henry effect）**が出る可能性があります。

　ホーソン効果とは、実験が成功するように参加者がやる気を出すといったように、実験で評価されるという行為自体が人々の行動に影響を与えるものです。対してジョンヘンリー効果とは、対照群に割り当てられたことで処置群に対する対抗意識が芽生え、よりやる気を出すといったように、対照群の行動に

---

[15] 実験参加が自発的な選択がなされる場合、割当とは異なる処置を選択する「選択の非遵守（non compliance）」の問題や、実験から去っていく脱落の問題もあります。

影響を与えるものです。

　実験者要求効果やホーソン効果、ジョンヘンリー効果があることによって、結果にバイアスが含まれてしまう可能性があるわけです。つまり、これらは内的妥当性を脅かすものなのです。

図2.3.3　ホーソン効果とジョンヘンリー効果

ホーソン効果では、実験という環境で観察されているという意識が実験参加者の行動に影響を与えてしまっています。実験環境が無くなれば、こうした行動の変化が観察されない可能性があります。なお、ホーソン効果は処置群と対照群のどちらにも生じうることですが、ジョンヘンリー効果は対照群特有の行動変化です。

　そして、こうした欠点に対処したのが自然フィールド実験です。これは、企業や政府等の通常業務の一環として行われる実験ですので、参加者を募集するわけではなく、また実験中であるという認識も無い中で人々の行動を観察します。

　例えば、Amazonを利用していて、表示画面がいつもと違う時があり、でもいつの間にかいつもの画面に戻ったという経験はないでしょうか？　これは自然フィールド実験の一例です。

　このような現実世界の状況で行われる自然フィールド実験は、他の種類の実験と比べると結果の一般化可能性が高いと言えます。

● 自然実験

　ところで、「処置群と対照群をランダムに割り当てる実験」が常にできると

は限りません。費用や倫理的な観点から、このような実験ができないということもあるでしょう。では、実験が行えず、観察データしか分析できない時は、因果関係を明らかにすることは無理なのでしょうか？

そんなことはありません。実験ができない場合でも、あたかもランダムに処置群と対照群が割り当てられるという状況ができれば比較可能な集団ができるので、因果関係を明らかにすることが可能です。これを、**自然実験**（natural experiment）と言います。

例えば、地震や洪水のような自然災害の発生はランダムだと考えられるので、自然災害の影響を受けるグループと受けないグループはランダムに割り当てられたと見なすことができます。また、宝くじのような「くじ」による当選・落選で処置を受けるかどうかが決まる場合もランダムです。

処置群と対照群への参加が自分で選択できる場合、セレクションバイアスが生じてしまいます。このようにして発生するセレクションバイアスは、自己選択によるバイアスですので、**セルフセレクションバイアス**（self–selection bias）とも言われます。ランダム化比較試験や自然実験では、処置群と対照群への割当が本人の意図とは関係なく行われるので、セレクションバイアスの除去ができるのです。

ここで、自然実験の考え方を利用して、幸福度が生産性に与える因果関係を明らかにした事例を見てみましょう。

📍 Case!

イギリスのある大手通信会社のコールセンターでは毎週、従業員に対して幸福度に関する調査が行われていました。そして、ここで得られた幸福度のデータと、売り上げに換算された通話数などを生産性の指標として定義し、幸福度と生産性の関係を研究者らが分析しました。

その際、セレクションバイアスを除去するため、研究者は「天気」と職場の「窓」に着目しました。天気が悪いと気分も悪く、天気が良い時は気分が良くなるものです。そして、天気の良し悪しはランダムだと考えられ

ます。全面ガラス張りのようなタワービルでは視覚的にも天気の影響が受けやすく、倉庫型のビルのような窓が少ない職場では天気の影響を受けにくいため、これらの従業員の生産性を比較すれば、幸福度が生産性に与えた影響の検証が可能です。

分析の結果、窓が少ない職場では悪天候による生産性の影響は観察されませんでした。一方、視覚的に天気の影響を受けやすい職場では、天気が悪いと幸福度が低く、生産性も低くなることが判明しました。[16]

出所：Bellet et al. (2024) を元に筆者作成。

自然実験では現実の観察データを使用した分析を行うため、実験データ、特にラボ実験よりも一般化可能性が高いです。幸福度が生産性に与えたラボ実験の結果は、内的妥当性は高いですが外的妥当性には留意が必要でした。しかし、このような自然実験の結果からも、幸福度が生産性に与えるといった因果関係は一般的に確認できる関係だと判断できるようになります。

このように、データの特性を踏まえながら「この分析結果からどこまで言えるのか」ということを考え結果を解釈していくことは、分析者にとって必要なスキルなのです。

ところで、「実験ができないから、因果関係を明らかできない」と結論付けるのは早計です。状況をじっくり観察して、処置を受けているグループと受けていないグループが、あたかもランダムに分かれている状況が無いかを考えてみましょう。

● 準実験

自然実験は**準実験**（**quasi-experiment**）とも呼ばれます。処置群か対照群かを自身で選べないような事象が起こった場合でも、統計的な分析手法を工夫することで因果関係を明らかにすることができます。

---

16) 天気は人々の気分に影響を与えます。気分が変わると人々の行動にも影響が出るため、天候や気温は分析の際に考慮すべき重要な変数になるかもしれません。

ここでは、準実験的手法の代表である**回帰不連続デザイン**（regression discontinuity design）、**操作変数法**（instrumental variable method）、**差の差**（difference–in–differences）について説明していきます[17]。

（1）回帰不連続デザイン

　回帰不連続デザインとは、制度によって処置を受けるか受けないかが決まり、処置を受けるか受けないかどうかの基準（分断点(cut off point)と言われます）付近の人を比較することによって因果関係を明らかにする手法です[18]。分断点を超えるかどうかで不連続が生じ、そのジャンプしている部分が因果効果になります[19]。

　音楽ストリーミングサービス「Spotify」のデータから、「再生回数上位100位以内に入ると新規視聴者が約12％増加し、その結果、ストリーミング数が約3％増加する」ことを示した研究事例を用いて、回帰不連続デザインについて具体的に見てみましょう。

　Spotifyでは、1時間ごとに更新される再生数に応じたランキングを作成していて、上位100位内はトップページに表示され多くのユーザーの目に留まります。ある時点で惜しくも101位など、100位圏外になった曲はトップページに表示されず、ユーザーの目に留まりにくくなります。

　図2.3.4をご覧ください。図左で示したように、上位100位以内の楽曲はトップページに掲載される処置群、100位圏外の楽曲はトップページに掲載されない対照群と分類されます。つまり、「100位」という基準が分断点となるのです。分断点付近の楽曲、100位の曲と101位の曲の再生回数には大きく違いはないため、楽曲の人気度などはほぼ同じと考えられるので、比較可能な集団と捉えることができます。唯一の違いは、トップページに掲載されるか、されないか、

---

17) 回帰不連続デザインや操作変数法、差の差以外にも、合成統制法（synthetic control method）や傾向スコアマッチング（propensity score）などが準実験的手法に該当します。

18) 基準を決める変数は割当変数（running variable）と言われます。回帰不連続を推定するには、(1) 分断点に処置を受けるかどうかが決まらない場合、結果変数の値はジャンプすることはない、(2) 分断点周辺で結果変数に与える要因は処置以外存在しない、(3) 割当変数の値を自分自身で選ぶことができない、という仮定が必要です。

19) 推定される因果効果は、分断点付近の人のみという局所的なものであることに注意が必要です。このような因果効果は、局所平均処置効果（LATE: Local Average Treatment Effect）と言われます。

つまり、ユーザーの目に留まりやすいかどうかのみとなります。図右で示したように、分断点付近ではストリーミング数に差が見られます。この不連続なジャンプしている部分が因果効果です。

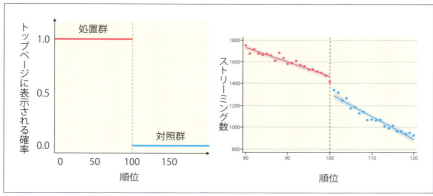

図2.3.4 回帰不連続デザイン

出典：Sim et al.(2022)を元に筆者作成。

ランキング上位100位以内の楽曲はトップページに表示される処置群となり、100位圏外はトップページに表示されない対照群となります。

このように、何らかのルール（過去の行動履歴や所得、テストなどの点数、年齢などの基準）によって処置を受けるかどうかが決まる場合、その基準前後の人たちを比較することで、因果効果の推定が可能です。観察データから因果関係を明らかにできるきっかけを探すためにも、分析者は分析対象の制度について詳しくなる必要があります。

（2）操作変数法

操作変数法とは、結果には直接影響を与えることはないけれど、原因に影響を与えることを通じて間接的に結果に影響を与える変数（操作変数）を利用して、因果関係を明らかにする手法です[20]。そのような変数は滅多に無いように

---

[20] 操作変数法を推定するには、(1) 操作変数と原因変数に相関があるという関連性（relevance）、(2) 操作変数と誤差項は相関しないという外生性（exogeneity）、(3) 操作変数は原因変数を通してのみ結果変数に影響を与えるという除外制約（exclusion restriction）、(4) 操作変数とは逆の反応をするような天邪鬼な人は存在しないという単調性（monotonicity）、といった仮定が必要です。操作変数法で推定される因果効果も、ATEではなくLATEであることに注意が必要です。

思われるかもしれませんが、ランダム化比較試験における処置群への割当が操作変数として使用可能な時があります。

　実験を行った際に、処置群に割り当てた人が処置を受けなかったり、対照群に割り当てた人が処置を受けてしまうというように、処置割当と処置を受けたかどうかの状態（処置受取）が一致しないことがあります。このような場合、処置群の中では実際に処置を受けた人がいないわけなので、処置群と対照群を比較すると正しい因果効果を推定することはできません[21]。ただし、操作変数法を用いることで、処置の割当によって行動を変えた人のみですが、因果効果を推定することが可能です。

　ここでは、中国のBtoB ECサイトであるAlibaba.comで行われた「実店舗のポップアップストアへの来店経験が、その後のオンラインでの購買行動に与えた影響を検証したフィールド実験」の事例を見てみましょう。

　ポップアップストアへ来店するような人は購買意欲が高く、オンラインで購買する可能性も高いというセレクションバイアスが考えられるため、観察データから因果推論を行う際には注意が必要です。ランダムに選ばれたある人にはポップアップストアへ来店させ、別の人には来店させないという実験ができれば良いのですが、現実的ではありません。来店させるかどうかを強制的に割り当てたとしても、都合によって来店できなかったり、来店させない群に割り当てられた人が来店してしまうケースもあるでしょう。

　そこで、操作変数法の登場です。このフィールド実験では、ランダムに選ばれた一部のユーザーにはポップアップストアの案内メッセージを送付し、残りの人にはメッセージを送信しませんでした。このメッセージの送付が操作変数となります。メッセージを受けるかどうかは、購買意欲とは関係ありません。メッセージを受けたことによって、ポップアップストアの認知度が高まり、ポップストアへの来店がしやすくなります。

---

21) このような因果効果は、処置割当（Intention-to-Treat: ITT）効果と言われます。

実際にポップアップストアに来店したかどうかはwi-fiを用いて計測し、その後のオンラインでの購買行動を分析したところ、ポップストアへの来店によってオンラインでの購買に大きく影響を与えていることがわかりました。

図2.3.5 操作変数法のイメージ

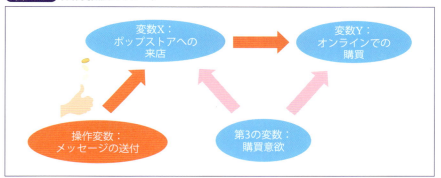

ポップストアへの来店（変数X）はランダムではありませんが、メッセージの送付（操作変数）がランダムです。このランダム性を利用して、ポップストアへの来店がオンラインでの購買（変数Y）に与える因果効果を推定するのが操作変数法です。

操作変数法は、観察データであっても、うまく操作変数を見つけることができれば因果関係を明らかにできる手法です。回帰不連続デザインと同様に、分析対象の制度や知識を深めることで操作変数を探し出すことが可能です。また、ある一部の人に処置を行い、別の人には処置を行わないというような実験が難しい場面でも、ある一部の人にのみ処置への勧誘を行うといった**ランダム化奨励設計（randomized encouragement design）**よって、操作変数法は処置の効果推定に有効となります。

（3）差の差

差の差とは、処置を受けることになった「処置群の処置を受ける前と後の差」と、処置を受けなかった「対照群の前後の差」の2つの差を取ることで、因果関係を明らかにする手法です。処置群と対照群がランダムに割り当てられた実験の状況でなければ、処置群と対照群は比較可能な集団ではないため、両群の差から因果関係を明らかにすることはできません。また、処置群の単純な前後

の比較も、処置とは別に、同時に変化した様々な時間変動要因の影響が含まれる可能性があるため、処置前の処置群と処置後の処置群は比較可能な集団ではないのです。

　しかし、時間変動要因は対照群も共通に受けていると考えれば、対照群の前後差は時間変動要因のみを表していると考えることができます。そこで、処置群の前後の差だけでなく、処置を受けていない対照群の前後の差を取ることで、時間変動要因を取り除き、純粋な処置の影響と因果効果を取り出そうとするのが差の差のアイディアなのです[22]。

図2.3.6 差の差のアイディア

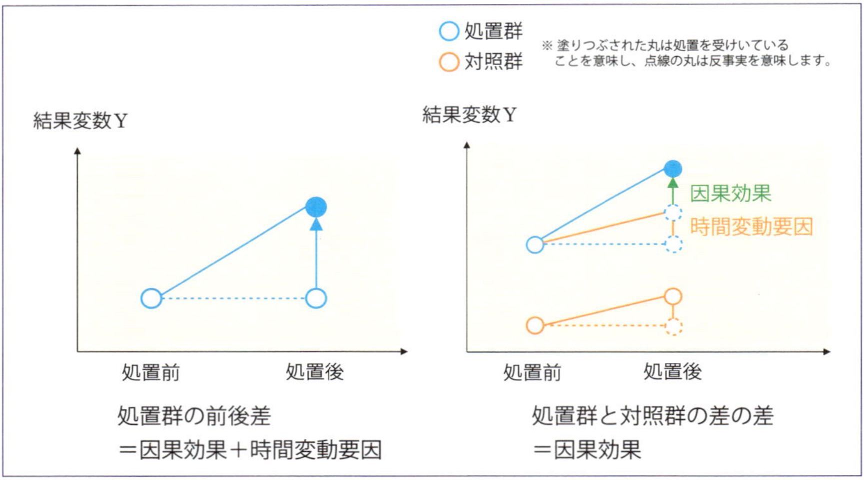

- ○ 処置群
- ○ 対照群

※ 塗りつぶされた丸は処置を受けていることを意味し、点線の丸は反事実を意味します。

結果変数Y

結果変数Y

因果効果
時間変動要因

処置前　　　処置後

処置前　　　処置後

処置群の前後差
＝因果効果＋時間変動要因

処置群と対照群の差の差
＝因果効果

●は処置を受けていることを、○は処置を受けていないことを意味します。そして、点線の丸は反事実を意味します。

　差の差を利用してゼロ価格効果（zero–price effect）を検証した研究があります。ゼロ価格効果とは、商品の価格が10円のような少額の時と比べて、0円の時の方が多く需要されるというものです。つまり、「無料」であることが特別というものです。

---

22) 差の差を推定するには、(1)「処置が無かった場合、処置群の結果と対照群の結果は、平均的には同じ時間的な変化をしている」という平行トレンド（parallel trend）、(2)「処置の前後において、結果に与える影響する要因は処置以外にない」という共通ショック（common shock）の仮定が必要です。

Case!

　日本では通常、医療費の自己負担率は3割です。ただし、子どもの医療費については自治体によって異なります。一部の自治体では無償化しているところもありますし、1回の受診ごとに200円や300円といった少額の負担が必要なところや、1割や2割負担の自治体もあります。

　こうした制度の存在や導入のタイミングが自治体によって異なるため、差の差分析が可能です。無償化、つまり医療費が0円の自治体を処置群、そうでない自治体を対照群として、差の差分析を行うことができるのです。

　分析の結果、医療費を少額支払う時と比べて、自己負担が0円の場合、月に少なくとも1回病院に行く確率が4.8%増加することがわかりました。

出所：Iizuka and Shigeoka (2022) を元に筆者作成。

　ゼロ価格効果はラボ実験で確認されてきましたが、現実の社会でも確認されるかどうかはわかっていませんでした。ですがこの研究によって、ゼロ価格効果は現実社会でも起きうる現象だと確認できました。

　「無料」と「少額」は、金額的にはほとんど違いが無いですが、人々の行動を大きく変えます。価格戦略を分析する際には、ゼロ価格を特別に意識しておくことを推奨します。

⬤ 長所と限界点を理解して分析に活かす

　ここまで様々な実験について紹介してきましたが、最後にそれぞれの実験の特徴を整理しておきましょう。

　ラボ実験や人工フィールド実験は統制された実験環境で行われるので、因果関係の正しさ、内的妥当性は優れています。しかし、実験参加への自覚によるバイアスには注意が必要です。また、現実社会の自然な環境で行われた実験ではないため、その結果を一般化できるかどうか、外的妥当性には留意が必要です。

　枠組みフィールド実験や自然フィールド実験は、自然な環境で行われた実験

なので外的妥当性は高くなります。特に、自然フィールド実験は実験参加の自覚によるバイアスや、実験参加という参加者バイアスも無いため、両妥当性がより高くなります。

　実務においては、自然フィールド実験を行うことが一般的かもしれません。実験が行える環境であれば、自然フィールド実験を行えば良いでしょう。実験ができなくても、自然実験や準実験が適用できる場面があれば、因果関係を明らかにすることも可能です。

　ただし、実験室のように統制された環境ではないので、処置と結果に関連するような様々な要因について統計的に対処しておくことが、内的妥当性を高めるためには必要です。いずれにしても、ランダム化比較試験と自然実験は一長一短ありますので、適切な手法を見定めて分析することが重要です。

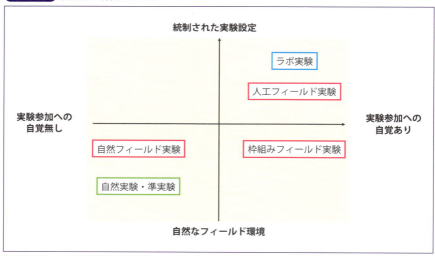

図2.3.7　各実験の特徴のまとめ

出所：Gangadharan et al. (2022)を元に筆者作成。

Point!

・因果関係を明らかにするランダム化比較試験には、主に大学生を対象にした
ラボ実験と、一般人を対象にしたフィールド実験がある

・フィールド実験は現実的な場面において行われるため、結果の一般化可能性
がラボ実験よりも高い

・実験ができなかったとしても、あたかも処置群と対照群がランダムに割り当
てられた状態（自然実験）を探し出して分析することや、統計手法を工夫（回
帰不連続デザインや操作変数法、差の差といった準実験）することで、因果
関係を明らかにすることができる

2.4

分析結果の再現性を高める

━━ その分析結果を「再現」できるのか

　因果関係を明らかにする実験はパワフルなツールだと言えますが、ここでは怖い架空事例を1つ紹介します。

📍 Episode!

　私はオンラインショップで働くデータ分析者です。先日、新機能の評価のために実施したA/Bテストのデータ分析を行いました。

　上司からは顧客の継続率のような総合評価だけでなく、ユーザーエンゲージメントの評価も頼まれていました。そこで、エンゲージメントの評価をするため、カート追加率、平均セッション時間、1日当たりのアクティブユーザー数、リピート顧客数、顧客満足度を分析しました。また、サイトのパフォーマンスも検討し、直帰率、コンバージョン率、セッションのクラッシュ率、サイトの読み込み時間、収益も分析しました。

　提供を受けたデータを分析した結果、はっきりしとした結論には至りませんでした。そのため、より多くのデータが必要であると判断し、実験期間を延長してもらいデータを追加しました。新しいデータでは、いくつかの分析指標において、小さなp値、統計的に有意な結果が見られました。

　そこで上司には、新機能が顧客満足度を向上させて収益を増加させるという、有意な結果のみを報告しました。上司はこの報告に満足し、新機能を全面展開することを決定しました。

　しかし数週間後、多くのユーザーが離脱し、収益は急激に減少するという最悪の結果になってしまいました。

出所：Ye (2022) を元に筆者作成。

2.4 分析結果の再現性を高める

実験を小規模で実施してから全面展開することはよくあるでしょう。この事例でも同じユーザー集団を対象にしているのに、なぜ結果が再現できなかったのでしょうか?

それは、後述する「pハッキング」や「多重検定」の問題、「チェリーピッキング」と呼ばれる不適切な行為を行ったからです[23]。

なお、本節では「再現性」について取り上げます。これは学術研究の世界だけでなく、実社会での分析においても重要なテーマです。学術研究の世界で、再現性についてどのような取り組みが行われているかを知ることは、実社会での分析にも大きく役立ちます。

再現性とは

前節では様々な実験を紹介して、内的妥当性と外的妥当性の観点から整理しました。外的妥当性や一般化可能性は、同じような結果が他のサンプルや他の状況でも結果が再現できるかどうかを表しますので、再現性とも関連します。

この「再現性」という言葉ですが、学問分野によって異なる使われ方がなされています(本書では、全米アカデミーズの定義に従って使用します)。このような科学的な定義を理解しておくことは、分析者にとっても分析結果の信頼性を高めるために役立つでしょう。

全米アカデミーズの定義では、一般化可能性と再現性(replicability)は異なる概念です。

・一般化可能性
オリジナルな研究の分析結果が、元の状況とは異なる状況や集団にも適用できる程度。

---

23) 適切な分析をしたとしても、規模を拡大した時に再現できなかったり、効果が小さくなったりすることがあります。Uber のチーフエコノミストも務めた行動経済学者ジョン・A・リスト(シカゴ大学経済学部教授)は、著書『そのビジネス、経済学でスケールできます。』で、①偽陽性、②母集団の質、③実験状況、④意図せぬ顛末やスピルオーバー、⑤規模の不経済という「ビッグファイブ」を意識しておくが重要だと説いています。

・再現性
　オリジナルな研究と同じ研究課題に答えることを目的とし、それぞれが
　独自のデータを取得した複数の研究にわたって一貫した結果が得られる
　こと。

　再現性は、あくまでもオリジナルな研究の問いを検証することが目的です。
ただ、オリジナルな研究は「異なるデータを使用する」という意味では、一般
化可能性と共通している部分もあります。なお、再現性は「再生性
（reproducibility）」とは区別しなければいけません。

・再生性
　オリジナルな研究と同じデータ、同じ分析方法を利用して一貫した分析
　結果を得ること。

　再現性と再生性の違いは、使用するデータの違いです。再現性は異なるデー
タを使用しているのに対して、再生性は同じデータを使用しています。
　なお、再生性は分析結果を再現、再生できるかどうか、再現性はオリジナル
な研究結果を再現、複製、真似できるかどうかを意味します。日本語に訳すと
どちらも「再現」と言えなくもないですが、ニュアンスが異なります。

　分析コードの管理をしっかりと行っておけば再生性を高めることができ、そ
れは分析結果の信頼性を高めます。また、結果の信頼性を高めるという観点か
らは、頑健性（robustness）を確認することが重要です。

・頑健性
　オリジナルな研究と同じデータに対して、異なる分析方法を利用して一
　貫した分析結果を得ること。

　同じデータを使用して異なる分析方法を採用しても、同様の結果が得られた
場合は、その分析結果は信頼できるものになります。

図2.4.1 再現性の関連用語の整理

	同じデータ	異なるデータ
同じ分析方法	再生性	再現性
異なる分析方法	頑健性	一般化可能性

━━ 再現性の危機

2021年8月、行動経済学の再現性について世間の注目を集める出来事が2つありました。1つ目は、著名な研究者による研究不正の発覚です。

● Case!

2021年8月17日、著名な行動経済学者であるダン・アリエリーらが行った、正直宣誓効果を検証した研究論文に対して、データ捏造の疑惑が持ち上がりました。正直宣誓効果とは、最初に署名することで、最後に署名する時と比べて不正が減るというものです。

この研究で用いられたデータを詳しく確認すると、データの分布が不自然な形状であったり、データのフォントが数字によって異なっているなど、データ捏造の形跡がありました。そのため、2021年9月に本論文は撤回されることになりました。

出所：Shu et al. (2012)を元に筆者作成。

この研究は以前から追試が行われていましたが、なかなか再現されなかったことが報告されていました。データ捏造があった場合、そもそも実験の内的妥当性自体が担保されていないので、同様の実験を実施したとしても再現できるわけはありません。

2つ目は、アメリカの大手スーパーマーケット「ウォルマート」の行動科学研究グループのリーダーを務めていたジェイソン・フレハの『行動経済学の死』というエッセーです。

Case!

　2021年8月22日、ジェイソン・フレハは『行動経済学の死』というエッセーを公開しました。自身のマーケティング経験といくつかの研究論文から、以下の2点を主張しています。

（1）損失回避など、行動経済学の主要な発見は再現性に欠けている[24]
（2）ナッジなど、行動経済学を活用した処置の効果は小さい[25]

　再現できない上に対した効果が期待できるものではないので、行動経済学は使い物にはならないという趣旨でした。

出所：Hreha(2021)を元に筆者作成。

　このような出来事があって、行動経済学に対する再現性の低さが世間の注目を集めたのです。

行動経済学の再現率は約60%

　2021年に注目を集めた行動経済学の再現性ですが、以前から再現性に関しては検討されていました。そのきっかけは、2015年に発表された心理学の再現性に関する研究です。

　心理学においてもいくつかの有名な実験研究が再現できないことが指摘されていたのですが、この研究では、心理学の主要な学術雑誌に掲載された100の研究を取り上げて大規模な追試実験が行われました。結果は、オリジナルの実験と同様に有意な結果が得られたのは36%の研究だけというものでした。更に、結果が再現できたとしても、オリジナルの実験で発見されたほど効果は大きくないということもわかりました。

　行動経済学における再現性に関する研究は、2016年と2018年に発表されて

---

24) ジェイソン・フレハが主張している「損失回避」の再現性については議論されていますが、少なくともプロスペクト理論における損失回避は、メタ分析の結果から再現性があることが知られています。
25) 第8章で詳しく取り上げます。

います。2011年から2014年にかけて経済学の主要学術雑誌に掲載されたラボ実験を追試したところ、再現できたのは61%だけでした。また、2010年から2015年にかけて、NatureやScienceといった科学雑誌に掲載された社会科学実験の追試では、再現できたのは62%でした。

ではなぜ、これ程までに再現性が低いのでしょうか？

それは、次に説明する「疑わしき研究実践（QRPs: Questionable Research Practices）」が影響していると考えられています。

疑わしき研究実践

再現性に関連する疑わしき研究実践には、主に「pハッキング(p–hacking)」、「HARKing (Hypothesizing After the Results are Known) 」、「チェリーピッキング（cherry picking）」の3つが考えられています。

（1）pハッキング

pハッキングとは、恣意的な方法で「統計的有意となる基準」を満たす結果を得るようにする行為です。慣習的に、統計的有意となる基準、つまり有意水準（significance level）はp=0.05と設定されているので、p値が0.05よりも小さな値になるように分析を行うことを言います。統計的に有意な結果が得られるまでデータを集めたり、統計的有意な結果が得られるように恣意的にデータを除外したり、有意な結果が得られるような変数を追加したりすることが当てはまります。

分析者が変数やデータ、分析条件の取捨選択を行う自由度が高ければ、pハッキングは容易にできるため、偽陽性（false positive）が生じやすくなります。偽陽性とは第一種の過誤（type I error）とも言われ、帰無仮説（null hypothesis）が正しいにもかかわらず正しくないとして棄却してしまう誤りのことです。有意水準（α）が第一種の過誤を犯す確率に該当します。

こうした偽陽性を犯す確率を下げるため、有意水準を低く設定したいところですが、有意水準を小さくすると今度は偽陰性（false negative）を犯す確率（β）

が高くなるという関係にあります[26]。偽陰性とは、帰無仮説が正しくなくても正しいとして採択してしまう誤りのことで、第二種の過誤（type II error）とも言われます。

図2.4.2 第一種の過誤と第二種の過誤

	帰無仮説H_0を採択	帰無仮説H_0を棄却
帰無仮説H_0が真	真陽性	偽陽性 第一種の過誤
帰無仮説H_0が偽 （対立仮説H_1が真）	偽陰性 第二種の過誤	真陰性

（2）HARKing

HARKingとは、結果を得た後に仮説を立てる行為です。これは、仮説検証という科学的な手順を踏んだ行為ではありません。

仮説検証の手順は、次のとおりです。

①仮説の立案→②実験の実施→③分析による仮説検証→④結果の解釈

ところが、HARKingは実験を実施して分析を行い、その結果を見てから仮説を立てるにもかかわらず、その仮説をあたかも実験実施前に立てていたかのように報告する行為なのです。

もちろん、仮説検証のような「仮説を立ててから、その仮説を確かめる」という**確証的な方法（confirmatory research）**だけでなく、実験を行ってから仮説を立てる**探索的な方法（exploratory research）**を行うという方法もあります。しかし、探索的なデータ分析の場合は、仮説を検証できたわけではありません。あくまでも「仮説が見つかった」だけです。その仮説を確かめるためには、新たなデータを取得して仮説検証を行う必要があるのです。

---

26) 帰無仮説が正しくない時に正しくないと棄却する確率は、検出力（statistical power, $1-\beta$）と言われます。

2.4 分析結果の再現性を高める

図2.4.3 確証的分析とHARKing

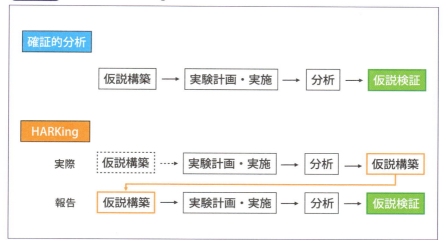

仮説を明確に立てずに探索的に行った分析を、あたかも確証的分析のように行うことだけでなく、事前に仮説を立てていても予想した結果が得られなかった時に様々な分析を行い、それらしい結果を得ることができたら、それを当初の仮説として報告する場合もHARKingに当てはまります。

　本当は探索的な分析を行っていたが、あたかも事前に設定した仮説を検証したかのように報告してしまう行為は、偽陽性が増加する可能性があります。実験を実施した後に様々な分析を行い、有意な結果を確認して、その結果に合うような仮説を事後的に立てるといったように、統計的検定を繰り返し行ってしまったことが原因です。

　このように複数回の統計的検定を行う行為は**多重検定（multiple test）**と言い、偽陽性の可能性が高まります。例えば、有意水準5%に設定した場合で考えてみましょう。

- 1回の検定での偽陽性率：0.05
- 1回の検定で偽陽性に該当しない確率：$(1 - 0.05)$
- 10回の検定で偽陽性に該当しない確率：$(1 - 0.05)^{10}$
- 10回の検定で少なくとも1度、偽陽性が出る確率：$1 - (1 - 0.05)^{10} \approx 0.401$

つまり、10回の検定を行えば約40%の確率で少なくとも1回は、帰無仮説が正しいにもかかわらず棄却してしまうという偽陽性が発生するわけです。本節冒頭の架空事例では分析に使用した指標が10個もあったため、いくつかの指標について誤って帰無仮説を棄却してしまっており、再現できなかったのでした[27]。

（3）チェリーピッキング

チェリーピッキングとは、研究や分析全体の中から都合の良い結果のみを切り取って報告する行為です。特に、統計的に有意な結果のみが報告される傾向にあります。その結果、統計的に有意でなかった結果は報告されなくなるという、**お蔵入り効果（file drawer effect）** も同時に発生します。

このような疑わしき研究実践が行われる背景には、**出版バイアス（publication bias）** の問題があると指摘されています。出版バイアスとは、統計的有意でない結果は学術論文として出版されにくく、統計的に有意な結果ほど学術論文として出版されやすい傾向のことを言います。これまで説明してきた疑わしき研究実践を行えば統計的有意な結果を出しやすくなるため、学術論文として掲載されやすくはなりますが、それは偽陽性の可能性が高まるので望ましいことではありません。

ここで、学術論文の出版の仕組み（流れ）を簡単に説明しておきます。

> （1）研究者は、論文を執筆できれば学術雑誌に投稿（submit）します。
> （2）投稿後、学術雑誌の編集者（editor）が審査を行います。出版の見込みがなければ、即座に不採択（reject）となり出版されません。
> （3）出版の可能性があると判断されると、査読者（reviewer）2,3名による査読審査に回わされ、論文が審査されます。
> （4）査読者は論文を読んで、修正点等を報告する査読レポートを編集者に提出します。その際、「改訂をすれば出版の見込みがある（revision）」、

27）多重検定に対処するためには、結果変数の数を1つに集約して検定回数を減らすという方法や、ボンフェローニの補正（Bonferroni correction）などp値を修正するといった方法をとる必要があります。

「改訂しても出版の見込みがないため不採択」、というような評価も編集者に伝えます。
(5) 編集者は査読レポートを見て、改訂しても出版の見込みがないと判断した場合は不採択となります。
(6) 改訂すれば出版の見込みがあると判断した場合は、研究者に論文を返却し改訂を要求します。
(7) 研究者は査読レポートに従って改訂を行い、再投稿（resubmit）します。そして再度、同じ査読者による再審査が行われます。
(8) こうしたプロセスを数回繰り返すことで、出版しても良いという「採択（accept）」の判断が出れば、晴れて学術論文として掲載されます。

この流れをシンプルに表すと、図2.4.4のようになります。

図2.4.4 学術雑誌の出版までのプロセス

査読と呼ばれる学術論文の出版の仕組みを通じて、論文や分析の質が高まるわけですが、この査読システムには問題もあります。それは、掲載されやすいような分析をする誘因があることです。

研究者の世界は、「出版か死か（publish or perish）」と言われています。論文を出版することが第一に求められているため、掲載されやすい統計的有意な結果が得られやすくなる疑わしき研究実践を実行してしまう誘因があるのです。

● 現時点での解決策

では、どのようにすれば疑わしき研究実践を防ぎ、再現性のある結果を得ることができるようになるのでしょうか？

現時点では、主に3つの解決策が提案されています。

（1）再現実験

1つ目は、再現実験を行うことです。オリジナルな実験を行った研究チームとは異なる研究チームが、オリジナルな実験と同じ手法で正確な再現実験を行う方法と、彼らがオリジナルな実験と異なる手法で概念的な再現実験を行う方法があります。

（2）事前登録（pre-registration）

2つ目は、実験デザインや仮説、分析方法を事前に第三者機関に登録するという事前登録です。実験結果の統計的有意性に関わらず事前登録が公開されることによって、お蔵入り効果を防げます。

また、仮説を事前に登録することで、分析してから仮説を後付けするというHARKingが防げます。更に、事前分析計画（pre-analysis plan）を事前に登録することで、pハッキングも防げます。事前に想定していた分析が統計的に有意でなかったとしても、報告する必要が生じるため、統計的に有意な結果のみを報告するようなpハッキングを防げるのです。実際、事前分析計画が含まれていた事前登録では、pハッキングや出版バイアスが軽減されることが確認されました。

（3）査読付き事前登録（registered reports）

3つ目は、実験を実施する前の段階の事前登録で学術雑誌への掲載の是非を問う、査読付き事前登録です。通常、実験・分析実施後に論文を執筆し、その論文を投稿して査読プロセスに入ります。対して、査読付き事前登録では、実験をする前の段階の事前登録を査読し、掲載しても良いとの判断が出た場合に実験を実施し、結果の有意性に関わらず掲載されることになります。その結果、出版バイアスが逓減すると期待されています。

図2.4.5 事前登録と査読付き事前登録の仕組み

　さて、再現性に関して疑問を呈されている行動経済学ですが、再現性を高める実践方法も導入されつつあります。全ての研究において再現性が確認されているわけではありませんが、本書では、再現性に疑念のある研究事例については脚注等で注意を促すように心がけます。

　ところで、再現性の話は学術研究の世界だけの話ではありません。日々の分析においても不適切な分析行為を行ってしまうことがあるでしょう。だからこそ、学術研究以外の分析においても、分析結果の再現性を高める仕組みを取り入れない手はありません。

　本章では、分析者に必要な行動経済学的思考である因果分析について説明しました。相関関係と因果関係と読み違えると、致命的になるケースがあります。どうすれば因果関係を明らかにできるのかを常に意識して、分析対象と向き合うことが重要なのです。

Point!

・行動経済学の研究結果には、再現性に疑問を呈されているものもある
・pハッキングやHARKingといった疑わしき研究実践が行われる背景には、
　出版バイアスがある
・事前に仮説や分析方法を第三者に公開するといった方法をとることで、再現
　性のある研究の蓄積が進められている
・再現性は、全分析者共通の問題である

第3章

分析者に求められる行動経済学的思考：②経済モデル分析

　行動経済学では、人間行動を単純化して描写する「経済モデル」を活用した分析が行われます。経済モデルは「人間がどのような行動をとるか」という仮説を立てる際に使えます。仮説検証を行う場合、データを分析する前に仮説構築が必要となりますが、その際に経済モデルが役に立つのです。

　本章では、経済モデルの考え方について説明します。基礎となる部分は標準的な経済学と行動経済学とで共通ですが、経済モデルを肉付けしていく際には両者に違いが出てきます。複数の事例を元にして、両者の違いを見ていきましょう。

3.1

人間行動を単純化して示唆を得る経済モデル

━━ 仮説構築に役立つモデル

　第2章では、データを用いて因果関係を明らかにする因果推論について説明しましたが、その際、分析してから仮説を立てるのではなく、仮説を立ててから分析するという仮説検証の手順に沿うことが重要だと話しました。そして、仮説を立てる際に役立つのが「経済モデル」です。行動経済学でも、標準的な経済学と同じように「経済モデルによる予測」から仮説を立てるので、基礎となる経済モデルの考え方をしっかり身につけておきましょう。

　ところで、モデル（model）とは、世の中の出来事や人々の行動を単純化して表現したり、説明したりするものを指します。実際の人間行動は非常に複雑で、様々な要因によって人の意思決定は行われていますが、複雑なものを複雑なまま分析することは困難です。だから、単純化したモデルを考えるわけです。

　モデルを立てて分析することの有益性について、地図を例にとって考えてみましょう。地図は、地球を単純化したモデルだと言えます。地球儀のような球体のまま表現したものもありますが、多くは平面地図です。実際の地球は丸いですが平面地図ではその丸さを表現していません。しかし、東京都内を移動する時には、地球が丸いことを意識する必要はありませんよね。実際の地球は丸いですが、平面だと仮定した地図を用いることでも移動には役立ちます。また、都内を電車で移動する際には、建物や道路を細かに描写した住宅地図よりも、詳細な情報を捨象した路線図の方が役立つというように、目的に応じて地図を変えることも重要です。

図3.1.1 モデルのイメージ

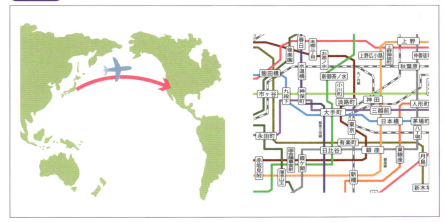

飛行機で長距離移動する際には地球が丸いことを意識する必要がありますが、都内の移動のような短距離移動には地球が丸いことを意識する必要はありません。そのため、平面と仮定した地図を用いても都内の移動に役立ちます。

このように、単純化されたモデルは現実とは完全に一致しません。しかし、厳密性に欠けたモデルであったとしても、単純で便利なモデルの方が役立つことがあるのです。

経済モデルにおける「合理性」とは

標準的な経済モデルは、「利己的で自制的な計算能力の高い人間像を想定して、その個人の満足度を最大化するような数理モデル」のことを指します。標準的な経済学では、複雑な人間行動に対してこのような仮定を置いて、非常に単純化したモデルを用います。対して行動経済学では、標準的な経済モデルを拡張することで、より現実的な人間行動を説明するモデルを構築します。

ところで、経済学は「合理的な人間行動」を想定しているのに対して、行動経済学は「非合理な人間行動」を想定しているとしばしば言われますが、そもそも「合理的」とはどのような意味でしょうか？

辞書的な意味では、合理的とは「道理や理屈にかなっている」ことです。し

かし、経済学で言う「合理的」とは、「首尾一貫した好みのもと、最も好ましい選択を常に選ぶ」ことを指します。かなり印象が違いますよね。

実はこれ、経済モデルの基礎となる考え方なのです。標準的な経済学でも行動経済学でも共通の考え方ですので、「なぜ、首尾一貫した好みのもと、最も好ましい選択を常に選ぶことが合理的となるのか？」について説明していきましょう。

━ 首尾一貫した好みを持つための2つの条件

経済モデルは、様々な選択行動を数理モデル化したものです。そして選択行動を分析するにあたって、まず定義する必要があるのが「人々の好み、**選好**（**preference**）」です。

ある選択肢を選んだという行動からわかるのは、他の選択肢よりもその選択肢が好きだということです。以下では、リンゴ、ミカン、モモという果物を買う場面を例に、このような「好き」「嫌い」といった選好関係が経済学ではどのように表現されるかについて説明します。

例えば「リンゴがミカンよりも好き」という場合は、

リンゴ ≻ ミカン

このように表現します。

なお、「より大きい」という不等号「>」に似ていますが、「≻」は「より好ましい」を意味しています。また「リンゴはミカンと同じ程度好き」という場合は、「同じ程度好ましい」[1]を意味する「∼」を用いて、次のように表現します。

リンゴ ∼ ミカン

---

1) 経済学では「同じ程度好ましい」ことを無差別（indifference）と言います。

更に「リンゴはミカン以上に好き」という場合は、「≻」と「~」を合わせて次のように表現します。

リンゴ ≳ ミカン

以上のような選好関係の表現を利用して、経済学では以下2つの条件を置きます。

・**完備性（completeness）**
選択肢の集合 A に属するどんな選択肢 x, y に対しても、$x \succsim y$ か $y \succsim x$、少なくとも1つが成り立つ[2]。

・**推移性（transitivity）**
選択肢の集合 A に属するどんな選択肢 x, y, z に対しても、$x \succsim y$ かつ $y \succsim x$ なら、$x \succsim z$ が成り立つ。

完備性とは、「全ての選択肢間で、選好順序が定義されていないといけない」ということです。要は、「こっちが好き」「両方とも同じくらい好き」というように、「どんな選択肢の好みも明確にできる」ことを意味します。「どっちが好きかわからない」ということは無いわけです。

推移性とは、「選好順序が循環してはいけない」ということです。例えば、「リンゴはミカンよりも好き」で、「ミカンはモモよりも好き」な場合、「リンゴはモモよりも好き」になるはずだということですね。

この2つの条件によって、最も好みの選択肢から最も好みでないものまで、同点を許容しつつ、1列に順位付けができます。つまり、完備性と推移性の2つが成り立つと、「首尾一貫した好み」を持つことになるわけです。

---

[2]　$x \succsim y$ と $y \succsim x$ が同時に成り立つ時は、$x \sim y$ となります。

図3.1.2 推移性

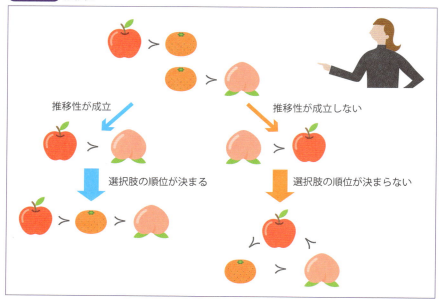

　では、このような首尾一貫した好みの中で、どのような選択肢が選ばれるのでしょうか？　それは、一番好きな選択肢です。最も好みなものを選ぶことは、道理にかなっていますよね。このようにして、経済学で言う「合理的」が定義できるのです。

● 好みを表現する効用関数

　標準的な経済学であれ行動経済学であれ、これをもう少しわかりやすくするために、選択肢を選んだことから得られる「主観的な満足度」を表す**効用**（**utility**）を、何らかの関数 $u(\cdot)$ にして表現します。こうした関数を、**効用関数**（**utility function**）と言います。

　完備性と推移性の2つの条件が成り立っている[3]という前提では、次のよう

---

[3] 完備性と推移性の2つが満たされる選好関係は、弱順序と呼ばれます。

な関係が成立することが証明されています[4]。

$$x \succsim y \iff u(x) \geq u(y) \qquad (3.1.1)$$

$u(x)$ の方が $u(y)$ よりも値の大きな数字であれば、どんな数字を当てはめても構いません。効用関数を使って表現することで、次のように読み替えることができるわけです。

合理的な行動
= 首尾一貫した好みのもとで、最も好ましいものを選択する
= 効用を最大にする行動

つまり、ミカンよりもリンゴが好きな人にとって、リンゴを選んだ時の効用がミカンを選んだ時の効用よりも高いので、リンゴを選んで自身の効用を最大化する行動は道理にかなっている、つまり「合理的だ」と言えるのです。

もちろん、実際にはそれぞれの効用を計算して「リンゴの方が効用が高いからリンゴを選ぶ」という計算をしているわけではありません。しかし、このように論理立てすると、効用という見えないものを「あたかも」最大にするような選択肢を選んでいると考えることができるわけです。経済学ではこのような経済モデルを使うことで、人々の行動を説明したり予測したりします。

さて、ここまで整理するとようやく、最もシンプルな人間行動を表す経済モデルを表現することができるようになります。

$$\max_{x \in X} u(x) \qquad (3.1.2)$$

この式は、選択肢の集合 X の中から最も高い効用を得られるような選択肢を選ぶ、ということを表しています。この経済モデルに、標準的な経済学では「利己的」や「自制的」といったいくつかの要素を加えていくことで、リンゴ

---

[4] 厳密には、どの財も多ければ多いほど良いという単調性（monotonicity）と、x や y がほんの少ししか変化しなかった時は好みが急に変わることはないという連続性（continuity）の、2つの仮定も必要です。

とミカンの選択といった非常にシンプルな選択だけでなく、より複雑な選択についても分析できるようになるのです。更に、行動経済学では「利他的」や「衝動的」といった心理的要素も加えることで、より現実的な人間行動の分析を行います。

効用のイメージ

お金から得られる効用を例に、効用や効用関数のイメージについても掴んでおきましょう。例えば、「1万円もらう」のと「2万円もらう」のでは、どちらが嬉しいでしょうか？ もちろん2万円ですよね。では、その嬉しさ・効用の大きさはどうでしょうか？

人によって違うと思いますが、最も単純な考え方だと「1万円から2万円へと倍に増えたので、2万円もらう時の方が2倍嬉しい」「効用が2倍高い」となるでしょう。「1万円から得られる効用が1万だとすると、2万円から得られる効用は2万」という感じです。お金の額面が、そのまま効用に当てはまるケースですね。このような場合、お金の金額を x とすると、次のように表現できます。

$$u(x) = x \qquad (3.1.3)$$

これは「線形の効用関数」と呼ばれる、最もシンプルな効用関数の具体例です。

では、「100万円もらう」のと「101万円もらう」のでは、どちらが嬉しいですか？ これもおそらく、金額のより大きな101万円をもらう方だと思います。では、効用の大きさの比較はどうでしょう？ 1万円から2万円に増えた時ほど、嬉しさ・効用は増えなかったと思います。

このように、金額が大きくなるにつれて、効用の増加分は徐々に減っていきます。お金が一単位増えた時に追加的に得られる効用は「**限界効用（marginal utility）**」と言われ、限界効用が徐々に減るこのような現象を「**限界効用逓減（diminishing marginal utility）**」と言います。ちょうど、一口目のビールは最高に美味いけど、2杯、3杯と進んでいくにつれて「ビールはもういいかな」となるのと同じです。

限界効用が逓減する効用関数は、上に膨らんだ（上に凸）関数の形をしています。具体的には、以下のような関数です[5]。

$$u(x) = \sqrt{x} \qquad (3.1.4)$$

図3.1.3　効用関数のイメージ

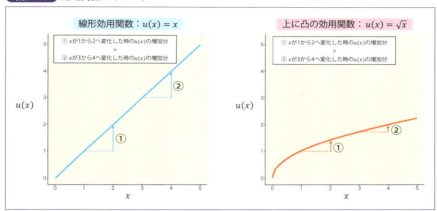

線形の効用関数は、x が増えても効用の増加分は一定、つまり限界効用は一定です。一方、上に凸の効用関数は、x が増えるにつれて限界効用は徐々に減っていきます。

経済学では、これらのような形をした効用関数を想定し、効用が最大になるような選択を取ると想定して分析をします。標準的な経済学であれ行動経済学であれ、基本的な経済モデルはこのような考え方に基づいて組み立てられているのです。

次の節からは、この経済モデルを肉付けして、標準的な経済モデルと行動経済モデルの違いについて見ていきたいと思います。

---

[5]　その他の限界効用が逓減する効用関数の具体的な例は、$u(x) = \ln(x)$ です。

Point!

・仮説構築に役立つ経済モデルは、人間行動を単純化して行動の予測や説明を行うもの
・経済モデルは合理的な行動を基礎とする。合理的な行動とは、首尾一貫した好みのもとで最も好ましいものを選択することである
・首尾一貫した好みが成り立つためには、完備性と推移性の2つの条件が必要
・合理的な行動、首尾一貫した好みのもとで最も好みなものを選択することは、効用を最大にするものを選ぶことだと読み替えることができる

3.2
予測可能なズレを
モデルに組み込む行動経済学

━━ ベンチマークとなる標準的な経済モデル

ここまで「経済モデルの基礎となる考え方」について説明してきました。「効用を最大化するように行動する」という人間を想定するのが経済モデルです。そしてここからは、もう少し標準的な経済モデルの肉付けをしていきつつ、行動経済学的なモデルではどのように視点を追加するのかについても説明します。

第1章において、標準的な経済学では次のような3つの仮定を置いて分析を進めると話しました。

> ・自分の利得のみに関心を持ち、最終的な利得による満足度を最大にするように行動する
> ・一度計画を立てたことは、計画通り実行する
> ・利用可能な全ての情報を使って、高い計算能力を持って意思決定する

「満足度を最大にするように行動する」が、先ほど説明した「効用最大化を目指す行動をとる」ことですね。ここでは、それ以外の部分について説明を加えていくことで「標準的な経済モデル」の理解をより深めていただきつつ、同時に「経済モデルとはズレた行動」が観察されることもある点についても紹介します。

1.2節でいくつかの事例を見てもらいましたが、標準的な経済モデルの予想からズレた行動をする人がいます。しかし、このズレは「予測可能な」ズレです。非常に単純化された標準的な経済モデルを少し変えることによって、予測

可能な行動になります。それが行動経済学の経済モデルです。

　「人がどのような行動をとるか？」という分析仮説を立てる際、標準的な経済モデルは1つの指針になります。そして、標準的な経済モデルをベンチマークとしつつ、行動経済学的な仮説も考えて分析を行うことで、「なぜ、人がそのような行動をとったのか」ということをより深く理解できるのです。

━━ 最終的な自己利得からくる効用の最大化

　前述した「3つの仮定」のうち、1つ目の「自分の利得のみに関心を持ち、最終的な利得による満足度を最大にするように行動する」という仮定について考えてみましょう。

（1）社会的選好

　「自分の利得のみに関心を持つ」という部分は、「利己的」な個人を想定するということです。ここで言う利得とは、お金だけでなく消費や経験から来る利得など様々なものが含まれます。要は、他人のことは気にしないという想定です。自分の利得のみを考えるので、効用を最大とする選択が簡単にできそうです。

　しかし現実には、他人のことも配慮する「利他性」が備わっており、他人を気にした行動もします。こうした観点を、行動経済学では追加して分析するのです。

　以下は、「他人のことも気にして行動している」ことがわかる事例です。

⦿ Case!

　オランダでは、1989年から「全国郵便番号宝くじ」が発売されています。毎週、当選番号となる郵便番号が発表され、もしその郵便番号に住んでいる人が宝くじを購入していた場合、当選となるそうです。ある時期には、賞金だけでなく車のBMWもプレゼントされていました。

　ある時、くじの購入や当選・落選の情報、郵便番号、新車の購入状況な

どを把握するための調査を行ったところ、郵便番号宝くじの勝者がいない場所に住んでいる人は17.3%が新車を購入していたのに対して、郵便番号宝くじの勝者がいる場所の隣の住所に住んでいる人は、26.5%が新車を購入していたことが判明しました。

出所：Kuhn et al. (2011) を元に筆者作成。

宝くじの当選や落選はランダムに発生するため、これは自然実験です。宝くじの勝者の自宅には高級車が届くので、郵便番号宝くじの勝者がいる場所の隣の住所に住んでいる人は「あの人、新しい車を買ったな」と思うわけです。この人たちが処置群で、郵便番号宝くじの勝者がいない場所に住んでいる人は、そのようなことを感じない対照群となります。

標準的な経済学のモデルでは他人のことを気にしないので、ご近所さんが車を買ったからといって何も感じないはずでしょう。つまり、対照群と処置群で新車の購入率に違いは無いと考えられます。ところが、郵便番号宝くじの勝者がいる場所の隣の住所に住んでいる処置群の人たちは、新車購入率が高いという結果でした。つまり、他人の消費を気にして自分も車を買ったというわけですね。

このように、人は自分の利得だけでなく、他人の利得も気にして行動をします。だから行動経済学では、他者の存在を配慮する社会的選好の影響を受けることを意識し経済モデルを組み立てて分析するのです（詳細は第6章で説明）。

（2） 参照点依存選好とリスク選好

「最終的な利得による満足度を最大にする」という部分には、2つのポイントがあります。1つ目は、「最終的な利得」についてです。

標準的な経済学では、過程がどうであれ最終的な結果に基づく利得を考えます。次の2つの状況をイメージしてください。

（1）机の中を整理していたら、たまたま4,000円が見つかった
（2）机の中を整理していたら、たまたま10,000円が見つかった。同時に、

> 机の上に電気料金の請求書が置いてあることにも気付き、請求金額は6,000円だった

　どちらの状況も、最終的に手元に残るお金は4,000円です。最終的な結果に基づく標準的な経済学の考え方においてはどちらも同じ効用になるので、どちらの状況でも嬉しさに違いはないと予想します。しかし、(2) よりも (1) の方が嬉しいと感じる人も多いのではないでしょうか？(2) は、「10,000円も手にできると思ったら、4,000円にしかならなかった」と損した気分になりませんか？

　このケースは「10,000円」が参照点となり、そこからの変化が問題になります。標準的な経済学では「参照点に依存しないで、最終的な結果、絶対水準で判断する」と考えますが、人は何らかの参照点からの相対的な変化を気にすることがあります。何かが参照点となって、変化を気にした行動を引き起こすといった「参照点依存選好」を考慮するのが、行動経済学的な経済モデルの考え方なのです。

図3.2.1　人は変化を気にする

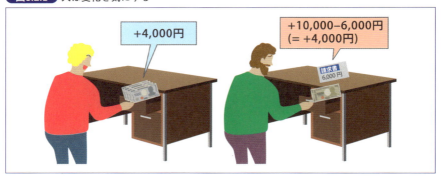

　2つ目のポイントは、「満足度を最大にする」についてです。
　これは「効用を最大にする」ことであり、より正確には「**効用の期待値、期待効用（expected utility）」を最大にする**」ということです。「リンゴとミカンのどちらを買うのか？」のように、お金を払えば確実にもらえるものもあれ

ば、宝くじのように当たるかどうかわからない不確実なものもあります。そして、不確実なケースは一定の確率で発生しますので、期待値を計算すると考えるのは自然な発想でしょう。

では、以下2つのくじのうち、どちらを選ぶのかを考えてみてください。

> くじ1：確実に500円もらえる
> くじ2：50%の確率で1,000円もらえ、50%の確率で何ももらえない

　期待値で考えれば、どちらも500円となります。しかし、効用の期待値と考えればどうでしょうか？ 限界効用が逓減するような効用関数の場合、1,000円の効用は500円の効用の2倍とはならないため、効用の期待値はくじ2の方が小さくなります。その場合、リスクの無いくじ1を選ぶと予想できます。あるいは、ギャンブル好きな人はくじ2を選ぶでしょう。

　このように、リスクを好む人やリスクを避ける安全志向の人がいるように、リスクに対する好み、**リスク選好**（risk preference）は人によって異なります。人はリスク回避的な行動をとることが知られているので、くじ1が選ばれることが多いです。そのため、標準的な経済学や行動経済学では「リスク回避的な人」を想定することが一般的なのです。

　今度は、以下2つのくじのどちらを選ぶか考えてみてください。

> くじ1：確実に5円もらえる
> くじ2：0.1%の確率で5,000円もらえる

　期待値はどちらも5円ですが、今度はリスクのあるくじ2の方が得られればれることが知られています。リスク回避的であれば、同じ期待値ならリスクの無いくじ1が好まれるはずです。しかし、くじ2が選ばれるという行動は、リスク回避的な好みを持つという想定ではうまく説明できず、リスク愛好的と想定する必要があります。

ただし、リスク回避的な人でもくじ2を選ぶことを説明する方法もあります。それは、0.1%という客観的な確率を、主観的には過大に評価してしまっているように、期待効用の計算に主観的な確率を用いるという方法です。期待効用を計算する時に、客観的な確率の0.1%をそのまま掛け算するのではなく、0.1%よりも大きな主観的確率の値を掛けて計算した場合、くじ1の期待効用よりもくじ2の期待効用の方が大きくなることがあります。

標準的な経済学では、最終的な利得の期待効用を最大にする、**期待効用理論**（**expected utility theory**）を想定します。そして、期待効用を計算する時には客観的な確率を用います。しかし、最終的な利得ではなく、参照点からの変化を気にしたり、客観的確率ではなく主観的確率を用いて期待効用を計算するとした方が、うまく説明できることがあります。このような理論が、行動経済学の重要な理論であるプロスペクト理論です（詳細は第4章で説明）。

━━ 自制的な行動

次は、「一度計画を立てたことは、計画通り実行する」という想定について考えてみます。

人は、今すぐお金を使ってしまうのか、将来のことを考えて今はお金を使わず銀行に預けるのかというように、時間を通じた選択をすることがあります。今を重視するか、将来を重視するかといった時間に対する好みの考え方を、経済学では**時間選好**（**time preference**）と言います。当然、将来のことを重視する我慢強い人もいれば、今のことを重視するせっかちな人もいるでしょう。

では、以下2つの選択肢が与えられた場合、どちらを選ぶか考えてみてください。

A:今日、1,000円もらう
B:1年後に1,200円もらう

今を重視する人はAを選び、将来を重視する人はBを選ぶはずですよね。

では、次の2つの選択肢の場合はどうでしょうか？

C:1年後に1,000円もらう
D:2年後に1,200円もらう

どちらのパターンも、待つ期間は1年間と同じです。

標準的な経済学では、一度立てた計画は計画通りに実行すると想定します。だから、1つ目の質問で1年間待てると考えた人は、2つ目の質問でも1年間待てると想定するし、1つ目の質問で早くもらいたいと考えた人は、2つ目の質問でも早くもらいたいと考えると想定します。

しかし実際には、最初の質問ではAを選ぶ人が多く、次の質問ではDを選ぶ人が多いことが知られています。選択肢が「将来のこと」だけなら待てる（金額の多い方を選ぶ）けど、「今すぐ」という選択肢があると待てないのです。

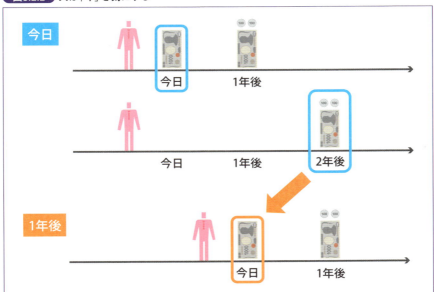

図3.2.2 人は「今」を気にする

今日の時点では「2年後に1,200円もらう」という計画を立てていても、1年後にもう一度同じ質問をされると、将来よりも今を重視するため、「今日、1,000円もらう」を選んでしまい、計画倒れが生じてしまいます。

このような場合、計画通りに実行することはできなくなります。というのも、2つ目の質問をした1年後に1つ目の質問をするとAを選ぶわけなので、DではなくCを選んでしまうからです（図3.2.2）。

行動経済学では、時間選好において「今」に焦点を当てる**現在バイアス**（**present bias**）を考慮する経済モデルを立てます。そうすることで、計画倒れを起こすような行動は「予測可能な行動」になります（詳細は第5章で説明）。

━━ 無限の計算能力

「3つの仮定」の最後の1つ、「利用可能な全ての情報を使って、高い計算能力を持って意思決定する」について考えてみましょう。

効用を最大にする選択肢を選ぶためには、効用を正しく計算できないといけません。そのため、標準的な経済学では「使える情報を全て使って正しく計算できる」と想定しているわけです。

ところが、実際はそうなるとは限りません。

例えば、人は得てして確率推論が苦手です。そして、正しく確率計算ができなかった場合、効用を最大にする選択を選べているようで、実際は「効用を最大にできていないこと」が起きてしまいます。また注意力にも限りがあるため、不注意によって正しい選択ができないこともあるでしょう。

次の事例は、不注意によって「効用を最大にするような選択」ができなくなることを示しています。

● Case!

2018年から2021年にかけて、アメリカではクレジットカードとサブスクリプションの使用状況に関する約2,300万件のデータについての分析が行われました。具体的には「カードの有効期限が切れたため、新しいカード情報を入力して自分で契約更新しなければならない」と「自動更新される」というケースを比較したところ、前者の方が「解約率が4倍高い」という結果が出たそうです。

出所：Einav et al. (2023) を元に筆者作成。

標準的な経済モデルのように損得計算が正しくできる場合は、不要なサブスクリプションは解約するでしょう。カードの有効期限に関係なく、不要になった時点で解約するはずです。ところが、有効期限切れによる自動解約の割合が多いということは、「不注意によって契約が自動的に解約されている」というケースが多いという事実を示しています。

標準的な経済モデルでは「人は効用を最大化する合理的な行動をとる」と想定していますが、実際のところ、人は「効用をうまく最大化できない、限定合理的な行動をとる」こともあります。だからこそ、行動経済学では「分析対象は限定合理的である」と想定して経済モデルを組み立てることもあるのです。

分析する際に意識すべき3つの要因

ここまでは、標準的な経済モデルの前提について詳しく説明してきました。分析仮説の出発点であり、ベンチマークとすべき標準的な経済モデルですが、実際の人間行動はしばしばモデルの予想からズレます。そして、そのズレは「予測できないズレ」ではなく、「予測可能なズレ」です。対して行動経済学的なモデルでは、そうした予測可能なズレを考慮して標準的な経済モデルを拡張することで、実際の行動をうまく説明ができるようになることを示しました。

標準的な経済モデルであれ行動経済学的なモデルであれ、経済モデルでは、利己的か利他的かという社会的選好、絶対的な水準か参照点からの相対的な変化かという参照点依存選好、リスクを好むか回避するかというリスク選好、今か将来かという時間選好、といった様々な選好によって人の行動が規定されるとします。

ただ、これらは「好み」なので人によって違います。だから重要なのは、人はこれらの好みに従って行動するので「分析対象に、好みに影響するような要因はないか？」という意識をもって分析することなのです。

これまでのことを整理すると、参照点依存選好やリスク選好、時間選好、限

定合理性といった個人的要因と、社会的選好のような社会的要因が、人の行動に影響を与えることがわかります。

そして行動経済学では、個人的要因、社会的要因に加えて、環境的要因にも着目します。特に、**選択アーキテクチャー（choice architecture）**と呼ばれる、選択に影響を与える様々な要素に目を向けることは、分析者にとっても重要です。

最も有名な選択アーキテクチャーは、1.3節で説明をした臓器提供の例のデフォルトです。選択肢の初期設定によって人々の最終的な選択行動は変わりますが、人が直面している選択環境を理解せずに分析してしまうと、誤った解釈をしてしまうことがあります。臓器提供の例では、国ごとの価値観によって説明できるといった解釈は誤りで、正しい解釈はデフォルトの違いでしたね。

図3.2.3に示したように、個人的要因、社会的要因、環境的要因はそれぞれ重なっている部分もあります。そして、それぞれの要因を理解し分析に活かすことこそが、優れた分析者になるための第1歩なのです。

図3.2.3　人間行動に影響を与える3要因

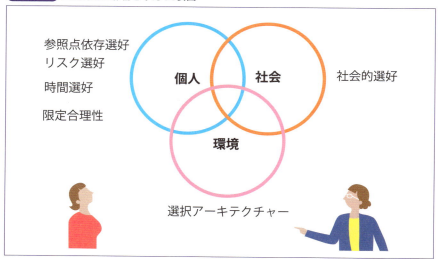

Point!

- 行動経済学は、標準的な経済学の経済モデルをベンチマークとして、心理的要素を追加する形で経済モデルを拡張する。拡張することで、現実の人間行動をうまく説明できるようになる
- 例えば、標準的な経済学では効用を最大化するように合理的な行動をとると想定しているが、実際には効用を最大にする選択ができないこともある。対して行動経済学では、計算能力に限りがあることを考慮することで、このような限定合理的な行動を説明する
- リスク選好や時間選好、社会的選好といった人々の好みだけでなく、限定合理性のような個人の能力、更に、選択アーキテクチャーと呼ばれる人々の選択に影響を与える要因に意識を向けることが、分析においては重要である

行動経済学をより深く理解するために /標準的な経済モデルの表現

◆ ◆

　これまで説明してきた標準的な経済モデルを、ここで数理的に示しておきましょう。詳細は後述していきますが、最初に全体像を見ておくとイメージが掴みやすくなると思います。

　標準的な経済モデルでは、個人 i が $t=0$ 期に状態 $s \in S$ の確率分布 $p(s)$ を条件として、期待効用を最大にする次の数理モデルを想定しています。

$$\max_{x_i^t \in X_i} \sum_{t=0}^{\infty} \delta^t \sum_{s_t \in S_t} p(s_t) U(x_i^t | s_t)$$

　効用関数 $U(x|s)$ は、個人 i の利得 x_i^t と将来効用を、時間整合的な割引因子 $\delta \in (0,1)$ で割り引いた上で定義されます。

　次のように分解して、標準的な経済モデルの想定を詳しく見ていきましょう。

$$(1) \max_{x_i^t \in X_i} \quad (2) \sum_{t=0}^{\infty} \delta^t \quad (3) \sum_{s_t \in S_t} p(s_t) \quad (4) U(x_i^t | s_t)$$

(1)(2)(3)(4)：意思決定主体が合理的
(1)(3)(4)：最終的な利得から来る効用と、客観確率を用いた期待効用を最大にするように行動する
(1)(2)(4)：時間整合的な時間選好をもって割引効用を計算し、自制

的に行動する

(3)：ベイズ更新のような正しい確率推論を行う

(1)(4)：他人の利得は気にせず、純粋に自身の利得を最大にするように利己的に行動する

このように想定する標準的な経済モデルですが、これまで見てきたように、現実の人間行動とは予測可能なズレが生じます。そして、こうした標準的な経済モデルに予測可能なズレを考慮したのが、行動経済学的なモデルなのです。

考え方と実践

分析者のための行動経済学

第2部のテーマは、行動経済学の具体的な考え方と実践方法です。第4章から第7章までは、プロスペクト理論、現在バイアス、社会的、限定合理性などの重要な概念について詳細に説明します。様々な思考実験を通じてモデルを組み立てていくので、考えながら読み進めてください。また、豊富な分析事例もあわせて紹介していきます。そして第8章では、これらの知見を応用して人々の行動変容を促すナッジの考え方と作り方を、そして最後の第9章では様々な応用事例を見ていただきます。

第 2 部

第4章

不確実性下の意思決定を分析：期待効用理論とプロスペクト理論

　世の中は不確実な事象に満ちていますが、その不確実性を分析するために、行動経済学では期待効用理論やプロスペクト理論といった数理モデルを用います。これら数理モデルによる理論的な分析を行うことは、データ分析の道筋を立てるのに役立つのです。

　第4章では、期待効用理論やプロスペクト理論について説明します。数学的な議論が続きますが、複数の問題を通じて考えながら理論を組み立てていきましょう。そして最後には、プロスペクト理論を応用したデータ分析の事例を学ぶことで、応用力を身につけてください。

4.1

期待効用理論

━━ 不確実性のある世の中の分析

本章のテーマは、行動経済学で最も有名なプロスペクト理論です。プロスペクト理論は、株や商品の取引データの分析をはじめ、労働者の働き方やスポーツ選手の行動分析などにも応用できます。プロスペクト理論を知っておくとデータの見方が変わり、分析結果の解釈に気付きを与えてくれることもあるでしょう。

プロスペクト理論は、**不確実性下の意思決定**（decision making under uncertainty）を分析する期待効用理論を改良する形で考案されました。不確実性下の意思決定とは、宝くじや金融商品のような、「リスクがある状況で、リスクを取りに行くかどうか」という意思決定、もしくは保険のように「リスクに備えるかどうか」という意思決定のことを指します。金融商品や保険商品の分析を行っている人は期待効用理論になじみがあるかもしれませんが、投資や保険だけの話ではなく、世の中の多くの事象は常に確実ではありません。だからこそ、不確実な状況において「どのような行動をとるか」ということを分析する期待効用理論は有用なのです。

なお、プロスペクト理論の重要な要素である「参照点依存」や「損失回避」は不確実性が無い、つまり確実性下における意思決定にも応用が可能であり、様々な分析に活用されています。

次の事例を見てください。

4.1 期待効用理論

Case!

　日本では2020年7月からレジ袋が有料化されましたが、環境に配慮して「レジ袋を有料化」する国や地域があります。レジ袋の使用量削減のための方法は、例えば、エコバックを持参してレジ袋をもらわなければ割引くという「エコバック割引」などがあります。

　2012年、アメリカのメリーゴーランド州モンテゴメリー郡では、レジ袋1枚当たり5セント支払うという有料化が実施されました。

　有料化前に、エコバック割引（レジ袋1枚当たり5セント割引）を実施していた店舗でのレジ袋使用率は81.9%で、エコバック割引を実施していない店舗でのレジ袋使用率は84.3%でした。そして有料化後、それぞれの店舗でのレジ袋使用率は、40.8%、40.4%に変化しました。

出所：Homonoff (2018) を元に筆者作成。

　この事例が意味するのは、エコバック割引がある時と無い時ではレジ袋の使用量にそれほど違いが無いのに対して、レジ袋が有料化されると使用量が大きく減るという事実です。[1]

　この分析結果は、皆さんの実感とも合うのではないでしょうか？「エコバックを持参しても5円しか割り引かれないなら、持っていくのが面倒だし、レジ袋をもらおう。でも、レジ袋をもらうために5円支払うなら、持ち運びが少々面倒でもエコバックを持参しよう」という心情でしょう。どちらも5円節約できますが、得する値引きの時にはレジ袋をもらい、損する有料化の時にはレジ袋をもらわないわけです。こうした行動は、利得よりも損失の方が約2倍大きく感じるという、損失回避の性質によって説明することができます。

　このような、ある基準からの相対的な変化を分析する際には、非対称な影響があることを考慮して分析する必要があるのです。

　本節ではプロスペクト理論を理解していただくために、まずは期待効用理論についての説明をします。少し遠回りに思えるかもしれませんが、プロスペク

---

[1] ここで示した結果は前後比較です。ちなみに、2012年前後でレジ袋が有料化されていないバージニア州のレジ袋使用率は、2012年前後には82.2%と80.8%でした。バージニア州（対照群）とメリーゴーランド州（処置群）のデータを用いて差の差分析したところ、レジ袋有料化がレジ袋使用量の削減につながったことがわかっています（(40.4 − 84.3) − (80.8 − 82.2) = −42.5）。

115

ト理論の理解のためには期待効用理論を知る必要があるのです。期待効用理論についての知識は、分析者にとっても「不確実性下の意思決定」を分析する際に役立つことでしょう。

人は期待値を最大にするよう行動するのか

不確実性下の意思決定についての事例で最もわかりやすいのは、宝くじのような「結果がある確率で生じる」という状況での意思決定でしょう。このような不確実性のもとで、人はどのような判断をして意思決定しているのでしょうか？

例えば、以下2つのくじのどちらを選ぶか考えてみてください。

> くじ1：確実に100円もらえる
> くじ2：50%の確率で1,000円もらえ、50%の確率で何ももらえない

くじ1は確実に100円もらえるのでわかりやすいですが、くじ2は確率が入ってきて、このままでは判断しずらいです。しかし、確率と賞金額がわかっているので、期待値（EV: Expected Value）を次のように計算したのではないでしょうか？

図4.1.1　人は期待値を最大にする選択を選ぶ？

くじ2の方がくじ1よりも期待値が大きいので、くじ2を選ぶと考えることは自然な発想です。

$$EV = \frac{1}{2} \times 1000 + \frac{1}{2} \times 0 = 500 \qquad (4.1.1)$$

つまり、くじ2の期待値は500円です。くじ1の方も期待値に直すと、くじ1の期待値は「100円（$=1 \times 100$）」となります。

期待値で考えるとくじ2の方が大きいので、くじ2を選ぶと考えるのは自然な発想でしょう。これらのことから、不確実性がある状況下での意思決定は、期待値を最大にするように行動することがベストな選択であり、人はそのように行動すると考え仮説を立てて分析することは妥当のように見えます。

● サンクトペテルブルクのパラドックス

「人は期待値を最大にするように行動する」という仮説を立てて分析することはもっともらしく聞こえますが、実際のところ「人は期待値を最大にするような行動を必ずしもとってはいない」ことが知られています。

次のゲームについて考えてみてください。

> まず、あなたにこのゲームの参加賞金として2円が渡されます。その後、コイントスをして表が続く限り、あなたの賞金額は倍になり続けます。裏が出たら、その時点でゲームは終了です。例えば、コイントス1回目に表が出れば、賞金額は4円（2円×2）となり、2回目のコイントスをするチャンスがありますが、裏が出た場合は賞金額は2円で確定です。

さて、あなたは参加費が何円以下であれば、このゲームに参加しますか？

皆さんがイメージしたのは、おそらく2円や4円といった少額だと思います。あるいは、あなたがギャンブル好きなら、もっと大きな金額を回答したかもしれません。

では、期待値を計算してみましょう。少しややこしいですが、図4.1.2に示したように、このゲームの期待値は無限大（∞）になります。

図4.1.2 期待値が無限大となるゲーム

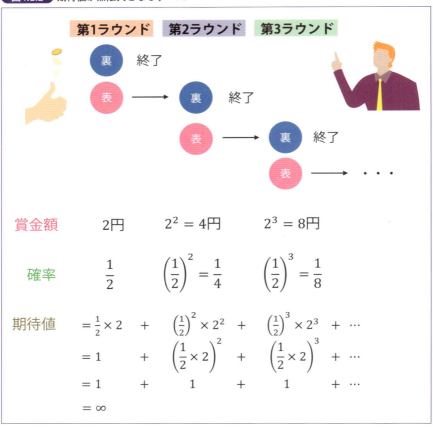

期待値が無限大ということは「かなりの大金を支払ってでも、このゲームに参加したい」となるはずでしょう。ところが、実際は「少額しか支払いたくない」と考える人の方が多いと思います。期待値は無限大であっても、そのような賭けには少額しか賭けたくないというこのような現象は、**サンクトペテルブルグのパラドックス**（St. Petersburg Paradox）と言われています。

人は期待効用を最大にするように行動する

サンクトペテルブルグのパラドックスによると、どうやら人は期待値を最大にするように行動をしているわけではないようです。では、どのようにすれば、この行動を説明できるのでしょうか？ 実は、期待値ではなく「効用の期待値」を最大にするという期待効用理論を用いることで、うまく説明することができるようになります。

ここで、第3章で説明した「効用」という概念が再登場します。人は賞金額で評価しているのではなく、賞金額から得られる効用（満足度）を用いて判断をしているというものです。

線形の効用関数（$u(x) = x$）であれば、賞金額と効用は一致するので説明できないままでしょう。そこで、金額が大きくなるにつれて効用が徐々に減っていくような限界効用が逓減する効用関数を想定すると、このパラドックスを解消できます。

$u(x) = \sqrt{x}$ を想定すると、期待効用は2.41となります。

$\sqrt{x} = 2.41$、つまり、$x = 5.81$ がこのゲームへ参加することと同じ程度の効用をもたらします。したがって、効用関数が $u(x) = \sqrt{x}$ と想定した場合、5.81円以下であれば参加するという予想が導き出されるのです[2]。皆さんが支払っても良いと思う参加費と、かなり近い値だったのではないでしょうか？

このように、「人は期待値ではなく期待効用を最大にして行動する」というようにモデル化することで、不確実性下の人間行動をうまく説明できるようになります。

---

[2] サンクトペテルブルグのパラドックスは、ベルヌーイ分布でおなじみのヤコブ・ベルヌーイの父、ニコラス・ベルヌーイが考案しました。期待効用で説明可能であることを発見したのは、その甥であるダニエル・ベルヌーイです。彼は、効用関数を $u(x) = \ln(x)$ と想定しました。同様の計算を行うと、期待効用は $\ln 4$ となるので、4円以下であれば参加するという予想となります。これは $u(x) = \sqrt{x}$ の時と大きな違いはありません。

図4.1.3 期待効用は無限大にはならない

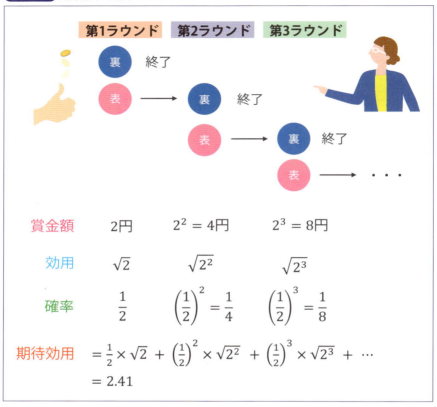

確実性下においては、完備性と推移性の2つを満たす選好関係から効用関数を表現していました。対して不確実性下においては、完備性と推移性に加えて、**連続性**（**continuity**）と**独立性**（**independence**）の2つの条件を満たす選好関係が必要です。

「確率 p で x、確率 $1-p$ で y がもらえるくじ」を $[x, y; p, 1-p]$ と表記すると、連続性と独立性は次のようになります。

・**連続性**
選択肢の集合 A に属するどんな選択肢 x, y, z に対しても、$x \succsim y \succsim z$ なら、

$[x,z;p,1-p] \sim y$ となる p が存在する。

・独立性

選択肢の集合 A に属するどんな選択肢 x,y,z に対しても、$x \succsim y$ なら、$[x,z;p,1-p] \succsim [x,z;p,1-p]$ が成立する（ただし、$0 \leq p \leq 1$）。

　連続性とは、絶対に良いくじ、もしくは絶対に悪いくじは存在しないということを意味します。そして独立性とは、x と y の間で選好関係が決まっていれば、それとは無関係な同じもの（ここでは、確率 $1-p$ で z が得られるくじ）が追加されても、元の選好関係は維持されるというものです。

　完備性、推移性、連続性、独立性の4つの条件を満たす選好関係から、確実性下と同様に「x が y よりも好みなら、x の効用は y の効用よりも高い」という不確実性下における効用関数を表現することができます[3]。

Point!

・不確実な状況を分析するために、「期待値で考えて、期待値が最大になる行動をとる」と仮説を立てることは自然な発想である

・しかし、サンクトペテルブルグのパラドックスで見たように、「期待値を最大化する」というモデルではうまく説明できないことがある

・期待値ではなく、効用の期待値、「期待効用を最大化する」ようにモデルを組み立て直すことで、うまく説明できるようになる

---

[3] 期待効用理論における効用関数は、フォン・ノイマン＝モルゲンシュテルン型効用関数と言われます。

行動経済学をより深く理解するために／期待値と期待効用

◆ ◆

　期待値と期待効用の違いについて整理してみましょう。ここでは、ある確率分布に従うくじを想定します。このくじは、n 種類の結果（$x_1, x_2, ..., x_n$）、賞金額が生じるくじで、n 個のうち1つの結果が実際に生じます。ある結果 x_i が起きる確率を $p_i (i = 1, 2, ..., n)$ とすると、期待値は以下のようにして求めることができます。

$$EV = p_1 x_1 + p_2 x_2 + \cdots p_n x_n = \sum_{i=1}^{n} p_i x_i$$

　そして、ある結果から得られる効用を効用関数を用いて、$u(x_i)$ と表現すると、期待効用は次のようになります。

$$EU = p_1 u(x_1) + p_2 u(x_2) + \cdots p_n u(x_n) = \sum_{i=1}^{n} p_i u(x_i)$$

　期待値の計算と期待効用の計算の違いは、客観的な結果（x_i）を用いるか、結果から生じる主観的な満足度・効用（$u(x_i)$）を用いるか、という点にあります。

4.2

リスク選好

■ 効用関数とリスクに対する態度

「期待値ではなく、期待効用に基づいて人は意思決定をしている」と考えることで、サンクトペテルブルグのパラドックスをうまく説明できるようになりましたが、期待効用を計算する際の効用関数は、限界効用が逓減するような関数形を想定しています。そして実は、この限界効用が逓減するような上に膨らんだ凹関数は、リスクを回避するような好みを持っていることと一致しているのです。

以下では、効用関数の形とリスクに対する態度の関係を整理します。不確実性下の意思決定においては、リスクに対する好みの違いによって行動が変わってくるので、リスクに対する態度を認識しておくことは非常に重要です。

リスクに対する態度には、以下の3パターンがあります[4]。

> ・リスク回避的（risk aversion）
> 　期待値が同じなら、リスクのあるくじよりも確実に得られるくじを好むような選好。
>
> ・リスク愛好的（risk loving/seeking）
> 　期待値が同じなら、確実に得られるくじよりもリスクのあるくじを好むような選好。

---

[4] より正確には、確実性等価（certainty equivalent）と呼ばれる指標と期待値の大小関係でリスク態度は定義されます。確実性等価とは、リスクのあるくじから得られる効用と等しい効用が得られ、確実に獲得できる金額のことです。確実性等価＜期待値の場合はリスク回避的、確実性等価＝期待値の場合はリスク中立的、確実性等価＞期待値の場合はリスク愛好的となります。

> **・リスク中立的（risk neutral）**
> 　期待値が同じなら、リスクのあるくじと確実に得られるくじではどちら
> 　も同じ程度好みである選好。

　リスク回避的とは、リスクのあるくじよりも確実なくじ、つまりできるだけ
リスクを取りに行かず安全な方を好むという性質です。
　リスク愛好的とは、リスク回避的の逆の「リスクを取りに行くような性質」
を指します。
　リスク中立的とは、リスク回避的とリスク愛好的のちょうど真ん中で、期待
値が同じであればリスクがあろうと無かろうと、どちらでも良いという好みの
ことを言います。

　では、以下2つのくじの選択を見ながら、それぞれがどのような選択をする
のかを確認してみましょう。

> くじ1：確実に5,000円もらえる
> くじ2：50%の確率で2,000円もらえ、50%の確率で8,000円もらえる

　くじ1もくじ2も、どちらも期待値は5,000円です。くじ1は確実に5,000円
がもらえるのでリスクはありません。対して、くじ2は運が良ければ8,000円
もらえますが、運が悪いと2,000円しかもらえないというリスクがあります。
したがって、リスク回避的な人はくじ1を選択し、リスク愛好的な人はくじ2
を選択するでしょう。またリスク中立的な人は、くじ1でもくじ2でもどちら
でも良いという好みを表明します。

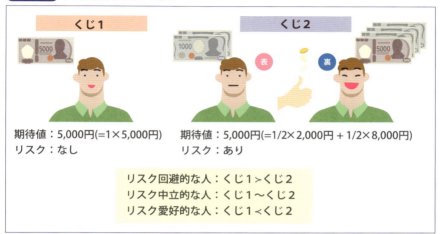

図4.2.1 リスクに対する3つの好み

リスクに対する好みを反映する効用関数

それぞれのリスク選好と効用関数の形は、図4.2.2のようにまとめられます。

図4.2.2 リスク選好と効用関数の関係

リスク選好	効用関数	性質
リスク回避的	凹関数 (例：$u(x) = \sqrt{x}$)	限界効用逓減
リスク中立的	線形関数 (例：$u(x) = x$)	限界効用一定
リスク愛好的	凸関数 (例：$u(x) = x^2$)	限界効用逓増

それでは、リスク選好と効用関数の関係を、計算しやすい具体的な数値例で確認していきましょう。図4.2.3は、限界効用が逓減する効用関数の数値例です。所持金が1,000円から2,000円に増えた時に効用は90増えますが、所持金が2,000円から3,000円に増えた時には効用は80しか増えません。

このように、所持金が増えるにつれて効用の増加分、限界効用が徐々に減っ

ていっていることがわかります。また、このような限界効用が逓減する効用関数をグラフ化すると、上に膨らんだ形状（concave）をしていることもわかります。

図4.2.3 限界効用が逓減する効用関数の例

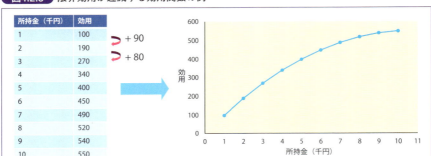

左表の数値例では、限界効用が10ずつ減っています。この表をグラフにしたものが右図です。限界効用が逓減する効用関数は、上に膨らんだ形状をしていることが読み取れます。

ではなぜ、このような関数の形をしていればリスク回避的になるのでしょうか？　先ほどのくじの選択例を、この関数例で見てみましょう。くじ2よりもくじ1が選ばれることを、この数値例を使って示したものが図4.2.4です。

図4.2.4 限界効用逓減する上に膨らんだ関数はリスク回避的な好みを表現

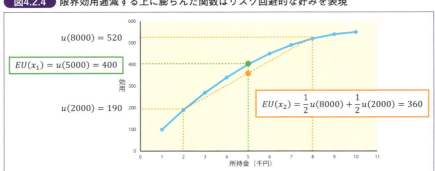

くじ1の期待効用（$EU(x_1)$）はくじ2の期待効用（$EU(x_2)$）よりも大きいので、リスクの無いくじ1が選ばれます。

確実に賞金がえられるくじ1のほうが、リスクのあるくじ2よりも効用が高

い（$EU(x_1) > EU(x_2)$）。つまり、リスクを回避した結果、くじ1を選択していることがわかります。このように、限界効用が逓減するような凹関数の効用関数は、リスク回避的な選好を表していることがわかるのです。

続いて、リスク中立的な線形の効用関数の数値例が図4.2.5です。この数値例では、限界効用は50と一定です。このような関数は線形の効用関数となります。

くじ1とくじ2の期待効用を計算すると、どちらも300です。したがって、くじ1を選んでもくじ2を選んでも得られる期待効用は同じ（$EU(x_1) = EU(x_2)$）なので、どちらでも構わないということになります。つまり、限界効用が一定の線形の効用関数はリスク中立的な好みを表しているのです。

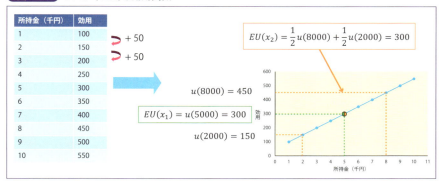

図4.2.5 リスク中立的な効用関数

限界効用が一定に50である左表を右図のようにグラフ化にすると、効用関数は線形をしていることがわかります。この時、くじ1の期待効用とくじ2の期待効用は等しいので、くじ1でもくじ2でもどちらでも構わないということになります。

では最後に、リスク愛好的な効用関数の数値例を見てみましょう。

図4.2.6では、限界効用は10ずつ増えているので、限界効用は逓増していることがわかります。このような関数は下に膨らんだ凸関数を示しています。この時、くじ1の期待効用よりもくじ2の期待効用のほうが高い（$EU(x_1) < EU(x_2)$）。ので、リスクのあるくじ2を選択するわけです。したがって、限界効用が逓増するような下に膨らんだ効用関数は、リスク愛好的な好みを表していることがわかります。

図4.2.6 リスク愛好的な効用関数

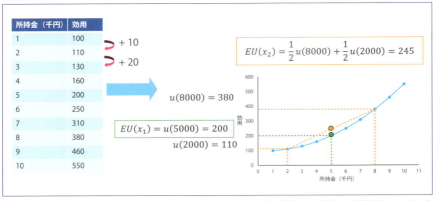

限界効用が10ずつ増えていく左表を右のようにグラフ化すると、効用関数は下に膨らんだ形状をしていることがわかります。この時、くじ2の期待効用の方がくじ1の期待効用よりも大きいため、リスクのあるくじ2が選ばれます。

以上のように、リスクの好みに対する違いによって、効用関数の形状が違うことがわかりました。こうしたリスクの好みは人によって異なります。実際には、リスク回避的な人がほとんどです。ただ、リスク回避的と一口に言っても、リスクを大きく回避する人もいれば、少しだけリスクを回避する人もいます。つまり、人によってリスク回避の程度が違うことを認識しておくことが重要なのです。また、後述のプロスペクト理論の説明で見るように、損失が生じるような場面ではリスク愛好的になることが知られています。

Point!

- リスクに対する好みは、リスクを避けるリスク回避的、リスクを好むリスク愛好的、期待値が同じであればリスクのあるものと確実なもののどちらでも良いというリスク中立的、の3つのタイプがある
- リスクに対する好みは、効用関数の形状と表裏一体である。例えば、多くの人に当てはまるリスク回避的な人の効用関数は、限界効用が逓減する上に膨らんだ形状をしている

4.3

プロスペクト理論

● アレのパラドックス

再び、期待効用理論の話に戻ります。不確実性下の行動をうまく説明できるように見えた期待効用理論ですが、期待効用理論では矛盾が生じるケースが見つかっています。提案者であり経済学者・物理学者でもあるフランスのモーリス・アレの名前に由来する、**アレのパラドックス**（**Allais Paradox**）です。

まずは、以下2つのくじではどちらを選ぶか考えてみてください。

> くじ1：確実に1,000円もらえる
> くじ2：89%の確率で1,000円もらえ、10%の確率で5,000円もらえ、1%の
> 　　　　確率で何ももらえない

この場合、多くの人がくじ1を選ぶことが知られていますが、次の2つのくじだったらどうでしょうか？

> くじ3：11%の確率で1,000円もらえ、89%の確率で何ももらえない
> くじ4：10%の確率で5,000円もらえ、90%の確率で何ももらえない

今度は、くじ4が多くの人に選ばれることが知られています。

ところで、図4.3.1の(4.3.1)′式と(4.3.2)式では不等式が逆転していることから、この行動は期待効用理論から導かれる予想と矛盾します。

図4.3.1 アレのパラドックス

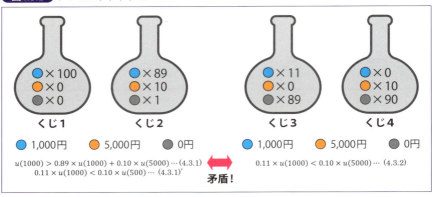

これは、4.1節の最後に説明した独立性に違反しています。くじ1とくじ2では、89％の確率で1,000円がもらえるということは共通しているので、選好には影響を与えません。また、くじ3とくじ4では89％の確率で何ももらえないということが共通しており、これも選好に影響を与えません。つまり、選好に影響が与える部分は、図4.3.2で四角で囲った部分になります。

図4.3.2 球を入れる変えると、くじ1とくじ3、くじ2とくじ4は同じもの

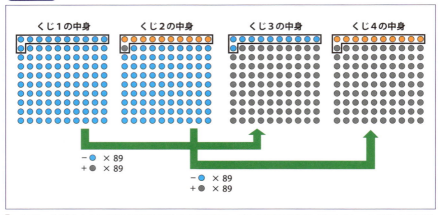

くじ1、くじ2からそれぞれ1,000円に当たる青玉89個をハズレの灰玉89個に入れ替えると、くじ3とくじ4になります。つまり、くじ1とくじ2を同じだけ当たりにくくしたのが、実はくじ3とくじ4だったのです。

四角で囲った部分だけを見ると、くじ3はくじ1と同じで、くじ4はくじ2と同じであることに気づくでしょう。独立性が成り立っていれば、無関係なものが追加されたとしても選好関係は変わらないはず。つまり、好みが変化したということは、独立性が成り立っていないことを意味します。

では、どのようにすれば、このような行動をうまく説明できるのでしょうか？

ここでようやく、プロスペクト理論の登場です。

━ プロスペクト理論

プロスペクト理論は、イスラエル出身の心理学者エイモス・トヴェルスキー（Amos Tversky）と、イスラエル・アメリカの心理学者/行動経済学者でありノーベル経済学賞を2002年に受賞したダニエル・カーネマン（Daniel Kahneman）によって考案されました[5]。プロスペクト理論は、アレのパラドックスのような期待効用理論に矛盾する、様々な行動を説明する理論です。

2つの理論の違いをざっくりとまとめると、以下のようになります。

期待効用理論は、「客観的な確率に効用をかけた期待効用を最大にするよう、人は行動する」としているものです。それに対してプロスペクト理論は、「確率計算の際に、客観的な確率ではなく**確率加重関数**（**probability weighting function**）で評価する主観的な確率を用いて、効用関数ではなく**価値関数**（**value function**）を用いて価値・満足度を最大にするように行動する」というものです。

---

[5] 本書で紹介するのは初期のプロスペクト理論です。その後、累積プロスペクト理論が提唱され、利得局面と損失局面で異なる価値関数と確率加重関数を定義し、確率加重関数をそのまま重みづけするのではなく、累積確率を確率加重関数で重みづけするという方法に改良されました。初期のプロスペクト理論でも、分析者にとっては十分に示唆に富むものですので、本書では初期のプロスペクト理論を紹介します。

図4.3.3 期待効用理論とプロスペクト理論

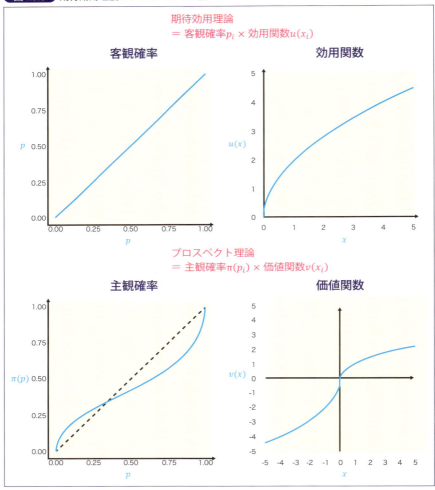

確率加重関数と価値関数は、次のような特徴を持っています。

▼確率加重関数の特徴

(1) 小さな確率を実際より大きく評価する
(2) 大きな確率を実際より小さく評価する

▼価値関数の特徴

> （1）参照点依存（reference dependence）：絶対評価ではなく、ある参照点を基準とした相対評価を行う
> （2）損失回避（loss aversion）：利得よりも損失を、約2倍大きく評価する
> （3）感応度逓減（diminishing sensitivity）：利得や損失が大きくなるにつれて、価値の変化幅が低下していく

では、確率加重関数と価値関数のそれぞれの特徴について、更に詳しく説明していきましょう。

━━ 確率加重関数

確率加重関数は、人の主観的な確率認識を表した関数です。ここでは、いくつかのくじの選択を見ながら、主観的な確率認識をどのように関数化できるのかを見ていきたいと思います。

（1）確実性効果（certainty effect）

アレのパラドックスと同じ現象は、もっとシンプルなくじの設定でも確認されます。皆さんは、以下2つのくじではどちらを選びますか？

> くじ1：80％の確率で4,000円もらえる
> くじ2：確実に3,000円もらえる

くじ1の期待値の方が高いですが、くじ2を選ぶ人の方が多いことが知られています。では、次の2つのくじではどうでしょうか？

> くじ3：20％の確率で4,000円もらえる
> くじ4：25％の確率で3,000円もらえる

今度は、多くの人がくじ3を選ぶことが知られています。図4.3.4に示した

ように、くじ2を選んだならくじ4を選ぶ（(4.3.3)'式）という、期待効用理論の予想とは矛盾しています。

図4.3.4 確実性効果を示唆するくじ

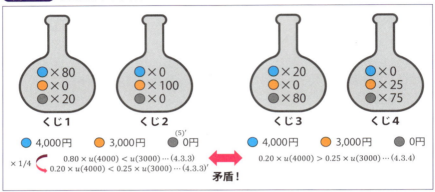

これは「人は確実なものを好み、わずかであっても確実なものからの可能性の低下を嫌う」という、**確実性効果**と呼ばれる性質を反映しています。またこの結果は、大きな確率を過小評価するという主観的な確率認識を示唆しています。

(2) 可能性効果（possible effect）

今度は確実性効果とは逆に、小さな確率を過大評価する**可能性効果**について確認してみましょう。

以下2つのくじでは、どちらを選びますか？

> くじ1：45％の確率で6,000円もらえる
> くじ2：90％の確率で3,000円もらえる

これは、多くの人がくじ2を選ぶことが知られています。
では、次の2つのくじではどちらを選びますか？

くじ3：0.1％の確率で6,000円もらえる
くじ4：0.2％の確率で3,000円もらえる

今度は、くじ3を多くの人が選ぶことが知られています。

どちらの組のくじも、期待値は同じです。前者のくじの方が賞金額は倍ですが、当たる確率は1/2です。期待効用理論で考えると、くじ1を選んだ人はくじ3を選ぶはずでしょう（(4.3.5)'式）。ところが、くじ4を選ぶ人が多いという事実は、期待効用理論と矛盾しています。

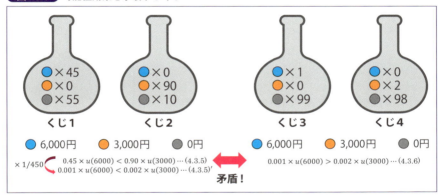

図4.3.5　可能性効果を示唆するくじ

1つ目のくじではおそらく起こりそう（probable）なくじ1を選び、2つ目のくじではわずかな可能性（possible）にかけてくじ3を選ぶように、主観的な確率認識に基づいて判断しています。このようなくじの選択から、==小さな確率を過大に評価しているという主観的確率==が示唆されます。

(3) 確率加重関数

以上のように、小さな確率を過大評価し、大きな確率を過少評価するという性質があることがわかりました。カーネマンとトヴェルスキーはこれらの性質を踏まえて、客観的な確率を p とした時、次のような確率加重関数 $\pi(p)$ を定義しています。

$$\pi(p) = \frac{p^c}{(p^c + (1-p)^c)^{1/c}} \quad (4.3.7)$$

図4.3.6 確率加重関数

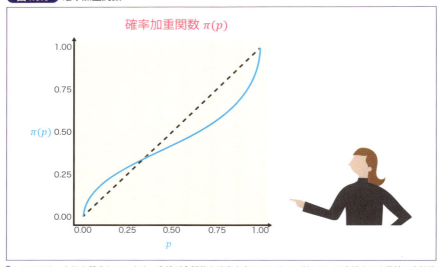

ここではc=0.61と設定しています。青線が主観的な確率を表しているのに対して、45度線を示す黒線は客観的確率を表しています。この数値例では、客観確率がおよそ0.4よりも小さい時は過大評価し、1よりも小さい時は過小評価していることがわかります。

　図4.3.6で示したように、逆S字型になるのが確率加重関数の典型的な特徴です。確率 p が0や1といった確実な時は、客観的な確率と主観確率は一致します（$\pi(0) = 0, \pi(1) = 1$）。ところが、確率 p が比較的に小さな値の時は、$\pi(p) > p$ となるように小さな確率を過大評価していることがわかります。一方で、確率 p が1に近い時は $\pi(p) < p$ となるように、大きな確率を過少評価しています。

　これらの性質を踏まえると、$0 < p < 1$ となる確率 p については、次のような**劣確実性**（subcertainty）と呼ばれる性質が出てきます。

$$\pi(p) + \pi(1-p) < \pi(1) = 1 \quad (4.3.8)$$

　このような劣確実性を考慮すると、図4.3.7で示すように、アレのパラドッ

クスで生じたような期待効用理論と矛盾する選択をうまく説明できるようになります[6]。

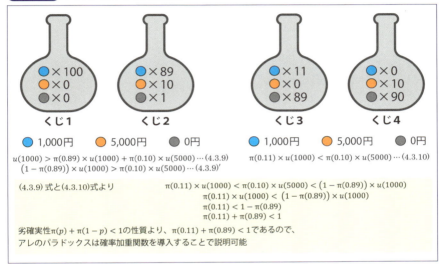

図4.3.7 アレのパラドックスの解消

小さな確率を過大に評価するという性質は、当たる確率が非常に低い宝くじを買う人がいることや、非常にまれな確率で起こる副作用でさえも恐れてしまうことを説明できます。また、大きな確率を過少に評価するという性質は、確実である元本保証が好まれることを説明できます。

このように、主観的確率と客観的確率は異なることを認識しておくのは、不確実性下の行動を分析する際に必要なのです。

● 価値関数

価値関数には、参照点依存、損失回避、感応度逓減の3つの性質があります。それぞれ順番に見ていきましょう。

---

[6] 確率加重関数には、任意の $0 < p, q, r < 1$ に対して、$\dfrac{\pi(pq)}{\pi(p)} < \dfrac{\pi(pqr)}{\pi(pr)}$ となる**劣比率性**（**subproportionality**）と呼ばれる性質もあります。可能性効果を示唆するくじは、劣比率性を用いることで矛盾なく説明可能です。

（1）参照点依存

　<mark>参照点依存とは、人は最終的な結果だけではなく、何らかの参照点からの変化も気にするという性質です</mark>。次の問題を考えてみてください。

> 　今、あなたに1,000円が与えられました。次のくじ1と2では、どちらを選びますか？
> くじ1：50％の確率で1,000円もらえる
> くじ2：確実に500円もらえる

この問題では、多くの人がくじ2を選ぶことが知られています。
では、次の問題を考えてみてください。

> 　今、あなたに2,000円が与えられました。次のくじ3とくじ4では、どちらを選びますか？
> くじ3：50％の確率で1,000円支払う
> くじ4：確実に500円支払う

今度は多くの人が、くじ3の方を選びます。図4.3.8にあるように、くじ1と

図4.3.8 最終的な結果だけでなく変化も気にする例

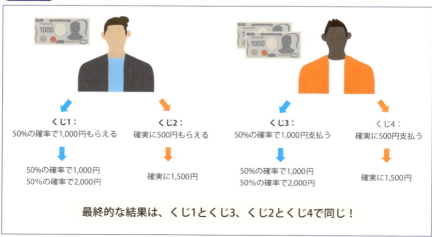

くじ3の最終的な結果は同じで、くじ2とくじ4も最終的な結果は同じです。最終的に得られる結果から効用を計算する期待効用理論では、くじ2を選んだならくじ4を選ぶはずです。ところが、そうなっていません。最初の問題では、与えられた1,000円に加えてお金が得られるという「利得」のように感じ、次の問題では与えられた2,000円から最終的にはお金を失う「損失」のように感じたのです。

このように、最終的な結果だけではなく、最初に与えられた金額が参照点となり、その参照点からの変化も気にしていることがわかります。

先ほどのくじの選択結果は、最初に与えられたお金を無視しているとも考えられます。その場合、最初の利得シナリオでは確実な方を好み、次の損失シナリオではリスクのある方を好んだと読み取ることが可能です。

このように、利得局面と損失局面では、人々のリスクに対する好みが逆転することが知られています。

では、別のくじの例を見てみましょう。次のくじでは、どちらを選びますか？

くじ1：25%の確率で6,000円もらえる
くじ2：25%の確率で4,000円もらえ、25%の確率で2,000円もらえる

どちらも期待値は同じ1,500円ですが、多くの人がくじ2を選ぶことが知られています。では、次のくじではどちらを選びますか？

くじ3：25%の確率で6,000円支払う
くじ4：25%の確率で4,000円支払い、25%の確率で2,000円支払う

こちらは、どちらも期待値は同じ−1,500円です。そして、このようなくじの組では多くの人がくじ3を選ぶそうです。

お金がもらえるくじ1とくじ2では、もらえる金額は少ないけどお金がもら

える可能性が高いくじ2を選ぶように、リスクを回避した選択を示しています。一方、お金を支払うくじ3とくじ4では、支払う確率が少ないけど支払う金額が大きいくじ3を選択したことから、リスクを取りに行ったことを示しています。

これらのくじ選択を説明するように表現したのが図4.3.9です。利得局面ではグラフの右へ行くほど曲線の傾きが「なだらかに」なる凹関数となっていることからリスク回避的となり、損失局面ではグラフの右へ行くほど曲線の傾きが「急に」なる凸関数となっていることからリスク愛好的であることがわかります。

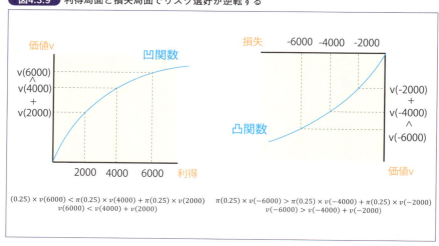

図4.3.9 利得局面と損失局面でリスク選好が逆転する

利得局面ではリスク回避的であるのに対して、損失局面ではリスク愛好的になるこのような現象は、**反射効果（reflection effect）** と呼ばれます。利得局面と損失局面で人々のリスク選好が異なることは、アジア病問題（Asian disease）と呼ばれる思考実験からも確認されています。

アジア病と呼ばれる病気の流行に備えた対策が考えられています。この病気が流行すると、600人が死亡すると予想されています。次の対策Aと対策Bでは、どちらの対策を選択しますか？

> 対策A：200人が助かる
> 対策B：3分の1の確率で600人が助かるが、3分の2の確率で誰も助からない

　この問題では、多くの人が対策Aを好むことが知られています。では、同様の状況で対策A,Bではなく、以下の対策Cと対策Dではどちらを選択しますか？

> 対策C：400人が死亡する
> 対策D：3分の1の確率で誰も死亡せず、3分の2の確率で600人が死亡する

　今度の質問では、対策Dが好まれることが知られています。
　ここで、2つの質問をよく見比べてみてください。実は、対策Aと対策C、対策Bと対策Dはそれぞれ全く同じものです。対策Aや対策Cを選べば200人が助かり、400人が死亡します。対策Bや対策Dを選べば、3分の1の確率で600名が助かり、3分の2の確率で600名が死亡します。つまり、それぞれ同じものですが表現が異なるのです。最初の質問は「助かる」という利得表現で、次の質問は「死亡する」という損失表現になっているのです。

　このように、全く同じ内容でも表現の仕方によって人々の行動が変わる現象を、**フレーミング効果**（**framing effect**）と言います。利得フレームではリスク回避的な行動をとるため対策Aが好まれ、損失フレームではリスク愛好的になるため対策Dが好まれるのです。

（2）損失回避

　損失回避とは、同じ金額であっても利得から得られる喜びより損失から生じる悲しみの方が約2倍大きく感じるというように、利得よりも損失の方で感じる心理的なインパクトが大きいという性質のことを言います。ここでも簡単な思考実験を通じて考えてみましょう。
　あなたは次のくじを引きたいと思いますか？

50%の確率で1,500円もらえ、50%の確率で1,000円失う

期待値は250円とプラスですが、多くの人はくじを引きたくないでしょう。1,500円得られる可能性よりも、1,000円失うリスクの方を大きく感じるからです。このように、人は損を避けるような行動をとる傾向にあります。

(3) 感応度逓減

感応度逓減とは、利得や損失が大きくなるにつれて価値へ与える影響は徐々に小さくなるという性質です。これは利得局面においては、効用関数の限界効用逓減と同じことを意味しています。例えば、0万円から1万円に増えた時の価値の増加幅（図4.3.10の利得局面における青の点線）よりも、4万円から5万円に増えた時の価値の増加幅（図4.3.10の利得局面における赤の点線）は小さいということです。つまり、利得局面ではリスク回避的な価値関数を想定することになります。

一方で、0万円から1万円減った時の価値の減少幅（図4.3.10の損失局面に

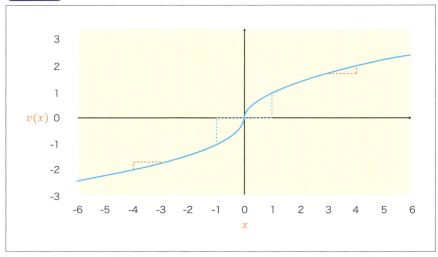

図4.3.10 感応度逓減

利得であれ損失であれ、青の点線と赤の点線を見比べることで、値が大きくなるにつれて、価値の変化幅は小さくなっていることがわかります。

おける青の点線)は、–4万円から–5万円に1万円減った時の価値の減少幅(図4.3.10の損失局面における赤の点線)よりも大きいことを意味します。損失局面では、リスク愛好的な価値関数を想定しているわけです。

(4) 価値関数

参照点依存、損失回避、感応度逓減という3つの性質を持った価値関数は、最終的な結果を x、参照点を r とした時、次のように表現されます。

$$v(x|r) = \begin{cases} (x-r)^\alpha & if\ x \geq r \\ -\lambda(x-r)^\beta & if\ x < r \end{cases} \quad (4.3.11)$$

$x < r$、つまり損失局面においてのみ、損失回避の程度を示すパラメータ λ

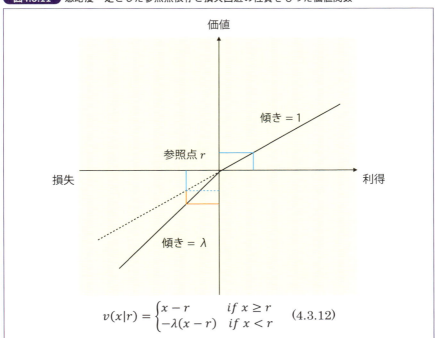

図4.3.11 感応度一定とした参照点依存と損失回避の性質をもった価値関数

$$v(x|r) = \begin{cases} x-r & if\ x \geq r \\ -\lambda(x-r) & if\ x < r \end{cases} \quad (4.3.12)$$

が加わっています。カーネマンたちは損失回避のパラメータを2.25と推定しました。その後、150本の学術論文を集めてメタ分析した結果、損失回避のパラメータは平均的に1.8–2.1ということがわかっています。

α と β は感応度を示すパラメータで、ともに0.88と推定され、逓減するものとして推定されました。感応度が一定の場合は $\alpha = \beta = 1$ となり、図4.3.11に示したように、参照点を中心として屈折した価値関数となることがわかります。

参照点は様々なものが候補になり得ます。例えば、現在の所得を評価する時に、過去との所得を参照点として比較することもあれば、将来もらえるであろう予想や期待する将来所得を参照点として比較することもあるでしょう。また、目標としている所得を参照点として比べることもあれば、他人の所得を参照点として比較することもあり得ます。

このように、過去の状態、現状、将来の期待や願望、予想、目標、周囲の状況などが参照点の候補として考えられているのです[7]。

Point!

・期待効用理論ではうまく説明できない現象は、確率加重関数と価値関数で構成されるプロスペクト理論を用いることで説明可能となる

・確率加重関数は、小さな確率を過大評価し、大きな確率を過小評価するという性質を持っている

・価値関数の特徴として、参照点依存、損失回避、感応度逓減の3つの性質が挙げられる。特に、利得よりも損失を約2倍大きく評価するという損失回避を理解することが重要

---

[7] 社会規範や最初に提示された情報なども、参照点として機能することが知られています。最近の研究では、「本人がどのような結果を予想しているか」という予想が参照点を形成する重要な要素として考えられています。

4.4

プロスペクト理論を応用した分析例

実社会におけるプロスペクト理論

　ここでは、プロスペクト理論を活用することで様々な行動をうまく説明できるという分析事例を見ていきます。

　観察されるデータからわかるのは最終的な行動の結果だけですが、プロスペクト理論という理論フレームワークを用いることで、なぜ人がそのような行動をとったのかということがわかるようになります。

保有効果

　保有効果（endowmnet effect）とは、保有物の価値を保有していない時と比べて高く評価する現象のことを言います。標準的な経済学では、所有していようといまいと財の価値は同じように評価するはずです。ところが、一度所有しているものを手放すことは「損失」と感じるため、損失回避の性質により手放したくないと思うようです。このような現象を示した、以下のようなラボ実験があります。

Case!

　大学生を対象に、「6ドルで売られているマグカップ」の売買取引をテーマとした実験が行われました。

　まず、被験者の半分が売り手役としてマグカップを渡され、「いくら以上であれば売りたいか」という、受入許容額（WTA: Willingness to accept）について尋ねられました。そして残り半分の被験者は、買い手役として「そのマグカップをいくら以下であれば買いたいか」という、支払意思額（WTP: Willingness to pay）について尋ねられました。

> 　実際に売買が成立した場合、その金額で取引がなされ、売り手はお金を受け取り、買い手はマグカップを手にします。売買が成立しなかった場合は、売り手としてマグカップが渡された被験者は、そのままマグカップを持って帰ることができます。
>
> 　実験の結果、売り手のWTAの中央値は7.12ドルで、買い手のWTPの中央値は2.87ドルでした。

出所：Kahneman et al. (1990) を元に筆者作成。

　売り手のマグカップの評価額は、買い手のマグカップの評価額の2倍以上という結果になったわけですが、これはまさしく、損失回避の程度が約2倍であることと一致しています。売り手はマグカップを所有している状態が参照点となり、マグカップを手放すことを損失評価しているのです。

　更にこの実験では、「選び手」という条件もありました。選び手にはマグカップかお金かをもらえる時に、マグカップをもらうのと同じ満足度を得るための金額を評価してもらいました。結果、選び手のマグカップの評価額は3.12ドルであり、買い手の評価額と近いことがわかります。つまり、手元に物があると保有効果が働くということです。[8]

図4.4.1　保有効果

　保有効果は、アンケート調査をする際にも気をつける必要があります。

[8] 保有効果は、再現性についてしばしば議論されることがあります。例えば、WTPとWTAの差が生じたのは実験設計の誤りによるものであり保有効果は無い、という指摘があります。また、取引経験の豊富な人には保有効果は生じないことを示す研究もあります。

例えば、環境評価のためのアンケートを実施する状況を考えてみてください。原油流出事故によって海洋が汚染された時の補償額は、きれいな水と交換をするための受入許容額と同等になるはずです。しかし、「きれいな水を失うために必要な補償額はいくらですか？」と聞いた時と、「きれいな水を手に入れるために支払っても良いと思う額はいくらですか？」と聞いた時では、結果が異なってきます。前者はきれいな水を所有している状態が参照点となっているため、きれいな水を手放すことは損失と見なされ高く評価されるのです。

このように、何を参照点として質問するかで、人の回答は変わってきます。だからこそ、質問文の設定には注意が必要なのです。

保険データへの応用

確率加重関数で見たように、人は小さな確率を過大に評価する性質があります。そのため、利得が得られるような状況ではリスク愛好的な行動をとりますが、損失が生じるような状況ではリスク回避的な行動をとるようになります。

例えば、将来生じる損失を避けるために人は保険に入るわけですが、非常にわずかな確率で生じるリスクに対して過大に評価してしまうことがあります。

日本と同じように、アメリカでも盗難や災害による家屋の損害等を補償する住宅保険を購入することが一般的なのですが、その際、自己負担額を選択できます。ここでは、「1,000ドル」と「500ドル」という2つの自己負担額の選択を考えてみましょう。

事故が起きた場合、自己負担額以上の金額は保険会社が支払ってくれます。例えば、2,000ドルの支払いが必要になった時、自己負担額1,000ドルの顧客には保険会社が1,000ドルを支払い、自己負担額500ドルの顧客には保険会社が1,500ドル支払う必要があります。そのため、保険会社は自己負担額が小さな金額の保険ほど、高い価格で販売すると考えられます。実際、保険価格のデータを分析したところ、自己負担額500ドルの保険の方が年間約100ドル高いという結果になりました。

ところが、保険金の支払いは年に4.3％しか起こっていませんでした。つま

り、自己負担「500ドル」の保険を購入した人は、4.3％の確率で生じる500ドル、つまり期待値で「(1000–500)×0.043=21.5ドル」の損失を避けるために、自己負担「1000ドル」の人と比べて追加で年間約100ドルを支払っていることになります。

これは、4.3％という非常に小さな確率を過大に評価していることを示唆している結果です。4.3％の主観的な確率は、図4.3.6で示した確率加重関数を利用すると12％になります。更に、損失回避のパラメータを2.25と設定すると「500×0.12×2.25=135ドル」となります。そのため、年間100ドルを追加で支払うことで135ドルの損失よりは節約できると感じ、自己負担1,000ドルの保険より高くても自己負担500ドルの保険を好むようになるのでした。

━ 労働データへの応用

　ニューヨークのタクシードライバーは、晴れた日には長く働き、雨や雪の日にはあまり働かないことが知られています。でも、雨や雪の日はタクシーの需要が増えるため、時間当たりの労働所得が高くなりますよね。標準的な経済学では、このような時に長く働き、晴れた日には短時間しか働かないという予想を立てます。ところが、そうはなっていないわけです。

　なぜ、時間当たりの労働所得が高い日には短時間しか働かないのかというと、タクシードライバーは「日々の目標所得」を参照点として働いているからです。雨や雪の日は早い時間に目標所得を達成するため、さっさと仕事を切り上げてしまうのです。一方、晴れた日にはなかなか目標所得を達成せず、長く働いているわけです。
　また「日々の目標所得」だけでなく「目標労働時間」も立てており、そのどちらかが先に到達した場合、その日の労働を終えるという結果を示す研究もあります。

　労働においては、所得や時間が参照点となりえます。「103万円の壁」と言

われるように、アルバイトやパートで働いている方は、所得税や住民税、社会保険料などが発生しないように労働時間を調整した経験もあるでしょう。このような「壁」が、参照点となっているかもしれません。

スポーツデータへの応用

　マラソンランナーのタイムは、「サブ3」や「サブ3.5」といったキリの良い数字の記録が多いことを第1章で紹介しました。これは、サブ3やサブ3.5といった目標が参照点となっており、その目標を達成できないことは損失に感じるため、より速く走っていたのです。

　マラソン以外のスポーツデータでも、プロスペクト理論を用いることで様々なプレイヤーの行動を説明ができるようになります。ここでは、野球、ゴルフ、競馬の事例を紹介します。

(1) 野球

　2023年、メジャーリーグで活躍している大谷翔平選手は、メジャー挑戦6年目にして打率3割を超えました。この「打率3割」という記録が、多くのメジャーリーガの参照点となっていることを示したデータがあります。1975年から2008年のメジャーリーグの打者の成績を分析した結果が図4.4.2です。

図4.4.2　メジャーリーガーも参照点依存

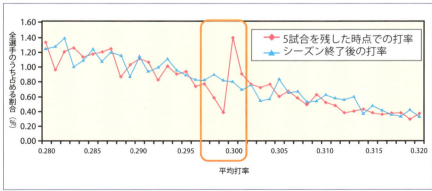

出所：Pope and Simonsonh (2011) のFigure 1を元に筆者作成。

灰色の線は、シーズンが終わるまであと5試合残っている段階での打率です。打率が高い人が段々と少なくなるというように、右下がりの関係を示しています。黒色の線は、シーズン終了時点の打率です。ちょうど3割のところで急激に増えていますよね。5試合残っている時点で打率2割9分7厘あたりだった選手は、何とか頑張って打率3割を目指したということがわかります。

　3割を超えると次期の年棒がアップするといったインセンティブがある場合、打率3割という目標が参照点となっていると考えるのは自然なことでしょう。しかし、2割9分で終わった人と3割で終わった人では、次期の年棒に違いが無いこともわかっています。つまり、インセンティブ目当てではなく、内発的な動機に基づいて設定された目標だったのです。

(2) ゴルフ

　ゴルフでは、ボールをカップに入れるまでの基準となる打数、パーが設定されています。パーよりも1打少なければバーディ、2打少なければイーグルと言い、パーよりも1打多ければボギー、2打多ければダブルボギーと呼ばれま

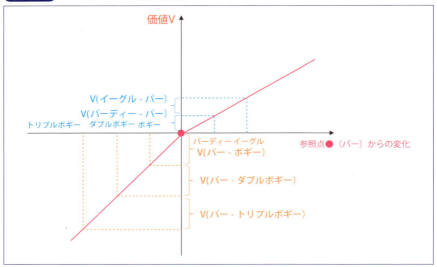

図4.4.3 プロゴルファーも参照点依存

出所：Pope and Schweitzer(2011)を元に筆者作成。

す。もし、パーが「参照点」となった場合、図4.4.3で示したように、パーよりも少ない打数でボールをカップに入れるパーディやイーグルは「利得」、パーよりも多い打数でカップに入れるボギーやダブルボギーは「損失」と評価される可能性があります。損失回避の性質により、パーパットやボギーパットを外した時のインパクトは、バーディーパットやイーグルパットを外した時のインパクトよりも大きくなるわけです。

　実際、世界各国の男子トップゴルファーが集う「PGAツアー」の、2004年から2009年に行われた239試合/421名のプロゴルファーのデータ約252万件を分析したところ、プロゴルファーにも損失回避の性質があることがわかりました。具体的には、ホールからボールまでの距離が同じであっても、パーパットよりもバーディーパットの方が、成功する確率が1.9%低かったのです。

　プロゴルフでは4日間18ホールの試合を戦い、合計の打数が少なかった人が優勝となります。つまり、できる限り少ない打数でホールに入れれば良いわけなので、どの一打も同じ価値があるはずです。ところが、ホールごとに設定されたパーが参照点になってしまい、パーパットやボギーパットでは損失回避の性質が働き、バーディーパットやイーグルパットよりも集中するのです。
　更に、バーディーパットはパーパットよりもホールの手前でボールが止まるような短いパットを打ちやすいこともデータで示されました。これは、利得局面であるバーディーパットでは飛ばし過ぎないように慎重に打つというように、リスク回避的な行動をとり、損失局面であるパーパットではリスク愛好的な行動をとっていることを示唆しています。

　このように、プロスペクト理論を使うと、プロゴルファーの行動を様々な観点から分析できるようになります。

（3）競馬
　競馬の馬券市場では、**本命大穴バイアス（favorite–long shot bias）**が存在することが古くから知られています。勝つ可能性が低いが配当金が高い大穴の

勝率を予測以上に高く評価し、本命の勝率を低く評価するというものです。

　実際、1992 年から2001年におけるアメリカの約 640 万レースのデータを分析したところ、本命馬の平均収益率は約–5.5%でしたが、オッズが100/1以上の大穴馬に賭けた場合の収益率は、–61%とかなり低くなっていました。この結果は、小さな確率を過大に評価する確率加重関数の性質でうまく説明できます。

　なお、最終レースでは大穴狙いにシフトする（the–end–day effect）という人が多いことも知られていますが、これもプロスペクト理論を使って説明ができます。競馬場に来る前の状態を参照点とした場合、負け続けていると、その人は損失局面にいることになります。損失局面ではリスク愛好的ですので、一か八かの賭けに出るため大穴狙いに出るわけです。

━━ ファイナンスデータへの応用

　株式投資などの投資行動を分析するファイナンスは、通常、標準的な経済学と同じような仮定を置いて分析します。しかし、特に経験の浅い個人投資家は、標準的な経済学の人間像とはかけ離れたことが多いです。ファイナンスにおいても、行動経済学のように心理的なクセを考慮した、**行動ファイナンス**（**behavioral finance**）と呼ばれる分野があります。ここでは、行動ファイナンスで分析される気質効果とホームバイアスについて説明します。

（1）気質効果（disposition effect）

　気質効果とは、価格が下がり損失が出ているような株は売りたがらず、価格が上がって利益が出ているような株を売りたがる性質のことを言います。

　購入時の株式の価格よりも価格が高くなっていれば利益、低くなっていれば損失となります。損失が出ている状態で株式を売れば損失が確定しますが、保有しておくこともできます（含み損がある状態と言います）。同様に、利益が出ている状態で株式を売れば利益が確定しますが、保有したままなら含み益がある状態となるわけです。

1987年から1993年における個人投資家の取引データ約1万件を分析した研究によると、利益を確定する人の割合は損失を確定する人の割合よりも多いことがわかったそうです。つまり、損切りできない人が多いのです。

こうした行動は図4.4.4で示しているように、価値関数を用いることでうまく説明できます。株式を所有したままだと、価格が上がったり下がったりするというリスクのある状態ですが、株式を売って現金化することでリスクが無くなります。したがって、株式を売却する行動はリスク回避行動です。価値関数では、利得局面ではリスク回避的なので、株式を売却し利益を確定しようとします。一方、損失局面ではリスク愛好的なので、損失を取り戻そうと株式を保有し続け、一か八かのギャンブルに出るといった行動をとるわけです。

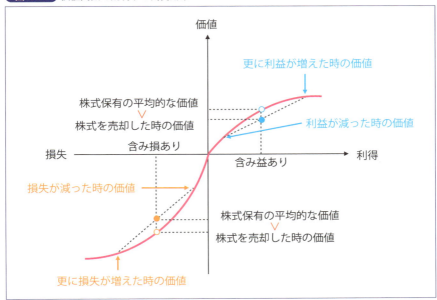

図4.4.4　価値関数で説明する気質効果

このような気質効果は、金融市場の取引だけでなく不動産市場においても観察されます。不動産のオーナーの多くは購入時の価格を覚えており、価格が下

落傾向にあったとしても、購入時の価格より低い価格では所有している不動産を売りたがらない傾向にあることが、アメリカの不動産市場のデータから明らかとなっています[9]。つまり、購入時の価格が参照点となっているのです。

その結果、不動産投資家が提示する物件の販売価格の方が、不動産に入居しているオーナーが提示する同じ物件の販売価格よりも安い傾向にあり、ここでも保有効果が生じていることがわかります。

(2) ホームバイアス(home bias)

ホームバイアスとは、国際的な分散投資が可能なのにもかかわらず、自国への株式投資に偏っていることを言います。1989年において、日本人は98%が日本の株式へ投資し、アメリカ人は94%をアメリカの株式へ投資していました。このような投資行動の背景には、**親近性への選好**（preference for familiarity）や**曖昧性回避**（ambiguity aversion）が考えられます。

親近性への選好とは、自分が知っているものをより好むという性質で、第7章で説明する利用可能性ヒューリスティックの一種です。日本人は日本のことをよく知っているので、日本の株式を多く所有する傾向にあります。

一方、海外のことはよくわからないので、外国株へ投資しようとしません。これは、確率が明確なものよりも不明なものを避けるという曖昧性回避によるものです。曖昧性回避は、**エルスバーグのパラドックス**（Elsberg's paradox）と呼ばれる実験で発見されました。

次の問題を考えてみてください。

つぼには90個の石が入っています。そのうち30個は黒石です。残りの60個は白石か灰石ですが、それぞれが何個かはわかりません。

このつぼから石を取り出してもらうとしたら、あなたは次のどちらの条件を選びますか？

---

9) オランダでの、不動産データ（2009年〜2016年。約21万件）の分析からも同様の結果が確認されています。このデータを用いて損失回避のパラメータを推定したところ、2.5となっていました。

> 条件1：黒石が出たら1,000円もらえる
> 条件2：白石が出たら1,000円もらえる

これは、条件1を選ぶ人が多いということが知られています。

では、同様の状況で条件1,2ではなく、次の条件3,4だとしたら、どちらを選択しますか？

> 条件3：黒石か灰石が出たら1,000円もらえる
> 条件4：白石か灰石が出たら1,000円もらえる

今度は、条件4を多くの人が選ぶことが知られています。

図4.4.5に示したように、期待効用理論に基づくと、条件1を選択した人は条件3を選択するはずです。エルスバーグのパラドックスはアレのパラドックスと同様、期待効用理論の独立性を満たさない例なのです。

図4.4.5 エルスバーグのパラドックス

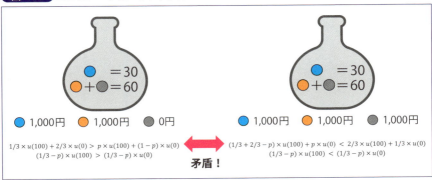

白玉が出る確率を p として期待効用理論の式に当てはめると、矛盾が生じていることがわかります。

このような選択結果が、曖昧性回避を示しています。最初の状況では条件1の確率は30/90、つまり1/3の確率と明確ですが、条件2の確率は不明です。2つ目の状況では、条件3の確率は不明ですが、条件4の確率は60/90、つまり2/3と明確です。そのため、最初の状況では確率があいまいな条件2は避けら

れ、2つ目の状況では条件3が避けられたのでした[10]。

　以上のように、プロスペクト理論を知っておくことで様々な現象を説明することができるようになります。参照点の存在や損失回避といった性質が、分析対象に現れていないかを考えながら分析することが重要なのです。

Point!

・プロスペクト理論は、様々な人間行動の分析に役立てることができる
・リスクのある選択のように、何らかの確率によって生じる事象を分析する際には、主観確率に基づいて人は意思決定している点を意識することが重要
・人は参照点からの変化を気にして行動する。特に、参照点からのプラスの変化とマイナスの変化では、損失回避の性質により大きく行動が変わってくる可能性がある

---

[10] エルスバーグのパラドックスを解消するのは、プロスペクト理論ではなく、マクシミン（Maxmin）期待効用理論と呼ばれるものです。

第5章

時間を通じた意思決定を分析：現在バイアスとコミットメント

　目先の利益を取るか将来の利益を取るかというように、人は今のことだけでなく将来のことも考えて行動します。そして、このような異時点間の選択では、しばしば先延ばしをしてしまうことがあります。行動経済学では、割引効用モデルを用いて、このような人間行動を分析します。

　本章では、割引効用モデルについて説明します。計画通りに行動をする標準的な経済学のモデルから、計画を立てても実行できない行動経済学的なモデルまで、思考実験を通して組み立てていきます。行動経済学においては、現在を重視する「現在バイアス」や先延ばしを防ぐ「コミットメント」が重要な概念です。様々なデータ分析事例を紹介するので、こうした知見がどのように活用できるのかを見てください。

5.1

割引効用モデル

異時点間選択の分析

　本章では、時間を通じた意思決定を分析するための「**割引効用モデル（discounted utility model）**」について説明します。第4章で説明した期待効用理論は、「リスクのあるもの」を取るか「確実なもの」を取るかというトレードオフに関する分析でした。対して、本章で説明する割引効用モデルは、「今」を取るか「将来」を取るか、または「近い将来」を取るか「遠い将来」を取るかといったトレードオフ、異時点間の選択に関する分析に使えます。

　第3章で見た「今日1,000円もらう」か「1年後に1,200円もらう」かという選択は、まさにこのようなトレードオフでしょう。すぐにもらえるけど、もらえる金額が小さな即時小報酬と、待たないといけないけどもらえる金額が大きい遅延大報酬のトレードオフの選択です。これは、短期的な利益を取るか、長期的な利益を取るかと言い換えることもできます。

　以下の事例は、アクションムービーのような、楽しめるという短期的な利益が得られる「見たい」（want）DVDと、ドキュメンタリーのような教養が得られて長期的な利益がもたらされる「見るべき」（should）DVDを、消費者がどのように視聴するかを分析したものです。

Case!

　オーストラリアのオンラインDVD郵送サービス「Quickflix」では、顧客のDVDレンタルと返却のパターンを4ヶ月間にわたって観察し、両者の関係を分析しました。そしてその結果、「見たい」DVDよりも「見るべき」DVDのほうが返却されるまでに時間がかかることがわかりました。

> 例えば、ある「見るべき」DVDよりも、ある「見たい」DVDのほうが1.5日長く借りられていることが判明したのです。
>
> 　「見たい」DVDの後に「見るべき」DVDを借りた場合は、基本的には借りた順番に返却されますが、「見るべき」DVDの後に「見たい」DVDを借りた場合は、先に「見たい」DVDが返却される確率が1.3%高いこともわかりました。

出所：Milkman et al. (2009) を元に筆者作成。

　長期的な利益よりも短期的な利益が好まれるというだけでなく、「見るべき」DVDを見る計画を立てていても、先に「見たい」DVDを見るような長期的な利益を後回しにする「積読」のようなことが行われていたわけです。このような「計画を立てても後回しにしてしまう行動」も、割引効用モデルでは分析することができます。

　ここまでの例は、「**即時小報酬と遅延大報酬**」のような報酬間のトレードオフを表していましたが、異時点間の選択は報酬間のトレードオフだけとは限りません。健康行動を例に考えてみましょう。例えば、ジムに行くことは面倒くさいのでコストですが、将来健康になるという便益があります。つまり、「**即時費用と遅延報酬**」となっています。今コストをかけてジムに行って将来健康という便益を手にするか、今コストなのでジムに行かず将来の健康という便益を手放すか、という選択に直面しているわけです。

　一方、タバコを吸うことには気分転換になるという便益がありますが、将来不健康になるかもしれないというコストもあります。こちらは「**即時報酬と遅延費用**」で、今の快楽を取るか将来の健康を取るかの2択の問題です。

　将来的には便益があっても、行う時にコストがかかるような即時費用・遅延報酬の性質を持つものは、**投資財**（investment goods）と呼ばれます。これには金融投資（貯金）、健康投資（ダイエット、ジム通い、健康的な食生活、歯磨き）など、いわゆる「投資」のようなものが該当します。また、宿題や勉強、仕事のタスク、職探しなど、要は「将来的には便益につながるけど、今は

面倒だ」という行動の分析にも応用可能です。

　なお、このような投資財は「やろうと思っても、今はやらない」というように、やることを先延ばしにする傾向があります。

　一方で、何かをした時には便益が得られるけど将来的にはコストがかかってしまうという、即時報酬・遅延費用の性質を持つものは、**余暇財（leisure goods）** と呼ばれます。余暇財は、投資財の逆をイメージしてもらうとわかりやすいです。貯金をするのではなく借金やクレジットカード負債、健康的な生活をするのではなく甘いものを食べたり飲酒や喫煙を行う、勉強や仕事をせずにTVを見たりSNSをチェックするなど、「やめたいけど、やめられない。やめることを先延ばしにする」という傾向が見られます。

図5.1.1　投資財と余暇財

　このような異時点間の選択を分析する際には、以下の点を理解することが重要です。

・人は将来の価値を割り引いて判断している
・その割り引き方は、短期と長期で異なることがある。そのため、計画を立てても計画倒れが生じる可能性がある
・短期の割り引き方と長期の割り引き方が異なることに気づいている人は、「コミットメント」を活用することで計画倒れを防ぐことが可能

5.1 割引効用モデル

本章ではこれらについて説明しつつ、異時点間選択の分析例を紹介していきます。

今日の1万円は1年後の何円なのか

人は将来の価値を割り引いて考えていることを理解するために、まずは簡単な思考実験をしてみましょう。

皆さんは「今日、10,000円もらう」のと「1年後に10,000円もらう」のでは、どちらがいいですか？「同じ1万円をもらうなら、今日もらえる方がいい」と、多くの人は思うでしょう。

では、「今日、10,000円もらう」のと「1年後に10,001円もらう」のではどうでしょうか？「1年待って1円しか増えないなら、今日1万円もらう方がいい」と思った人が多いはずです。

それでは、1年後に「10,001円」ではなく、10,100円、11,000円・・・と、1年後にもらえる金額を増やしていったらどうでしょう？

どこかで「今日でも1年後でもどっちでもいい」という金額になり、その金額を超えると「1年後にもらう方がいい」と思うようになります。

このような選択は、お金という単位は同じでも「もらうタイミング」が異なるため、単純には比較できません。そのため、「将来もらえる金額を今もらうとしたら、いくらぐらいになるのか」という金額、つまり**現在価値（present value）**に直して、お金とタイミングを揃えて比較をしているのです[1]。

現在価値に直すという考え方は少しわかりにくいと思いますので、皆さんにもなじみのある「**将来価値（future value）**」について説明します。

例えば、銀行にお金を預けると利子がつき、将来もらえるお金が増えるという「元本＋利子」は、将来価値に相当します。100万円を金利 r（年利）5%の

---

1) 現在価値は、割引現在価値（discounted present value）と言われることもあります。

銀行に預けると、1年後には105万円（＝100万円＋100万円×0.05）に増えます。つまり、金利が5%のもとでは、今日の100万円は1年後の105万円に相当するわけです。そして、2年後には110万2500円（＝105万円＋105万円×0.05）に増えます。

一般に、お金をT年間預けた時の将来価値は、次のように計算されます。

$$将来価値 = (1 + r)^T × 元本 \qquad (5.1.1)$$

<mark>現在価値に直すという考え方は、「将来価値を計算する方法の逆を行う」という考え方です</mark>。例えば、「金利が5%の場合、1年後に100万円貯めるためには、何円を元本として銀行に預けないといけないのか？」ということを考えるわけですね。

この場合、次のようになります。

$$100万円 = (1 + 0.05)^1 × 元本$$
$$元本 = 95.2万円$$

金利が5%の元、1年後に100万円を手にしようとすると、95.2万円を銀行に預けないといけないということです。

一般に、現在価値は次のように計算されます。

$$現在価値 = \frac{今からT年後の金額}{(1+r)^T} = \left(\frac{1}{1+r}\right)^T × 今からT年後の金額$$
$$(5.1.2)$$

T年後にもらえる金額は、$\left(\dfrac{1}{1+r}\right)^T$ だけ割り引かれています。

つまり、将来の価値を割り引くという考えを用いて「1年後のX円」を今日の価値に直し、「今日、10,000円もらう」とどちらの価値が大きいのかを判断していたわけです。

図5.1.2 現在価値と将来価値の関係

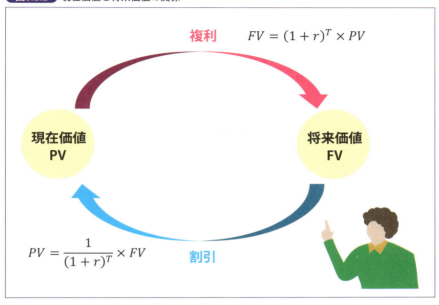

　ここで、図5.1.2の左下にある数式を見てください。この計算式を用いることで、時間割引率 r（＝待つことで発生して欲しい金利）を求めることができます。例えば、「1年後に12,000円もらう」ことの現在価値が、「今日、10,000円もらうこと」と等しい人がいたとしましょう。この場合、この数式に当てはめて計算すると、次のようになります。

$$10000 = \frac{1}{1+r} \times 12000$$
$$r = 0.2$$

　このr=0.2、つまり20％という数値が、その人の時間割引率です。

　時間割引率は「人々の我慢強さを表す指標」として考えられます。時間割引率が低い、つまり1年待つことに対して要求する金利が低い人は我慢強く、時間割引率が高い人はせっかちな傾向にあります。

例えば、時間割引率が1%（$r = 0.01$）の人は、1年後の10,100円は今日の10,000円と等価と評価します。一方、時間割引率が10%（$r = 0.1$）の人は、今日の10,000円と等価な1年後の金額は11,000円です。そのため、「今日10,000円もらう」か「1年後に10,200円もらう」かという選択では、時間割引率が1%の人は「1年後に10,200円もらう」という長期的な利益を選ぶことができますが、時間割引率が10%の人は、「今日10,000円もらう」という短期的な利益を重視した選択を行います。

図5.1.3 時間割引率の大小での行動の違い

時間割引率が1%の人の選択パターン			時間割引率が10%の人の選択パターン		
今日もらえる金額	1年後にもらえる金額	金利	今日もらえる金額	1年後にもらえる金額	金利
10,000円	10,000円	0%	10,000円	10,000円	0%
10,000円	10,100円	1%	10,000円	10,100円	1%
10,000円	10,200円	2%	10,000円	10,200円	2%
10,000円	10,300円	3%	10,000円	10,300円	3%
10,000円	10,400円	4%	10,000円	10,400円	4%
10,000円	10,500円	5%	10,000円	10,500円	5%
10,000円	・	・	10,000円	・	・
10,000円	・	・	10,000円	・	・
10,000円	・	・	10,000円	・	・
10,000円	11,000円	10%	10,000円	11,000円	10%
10,000円	11,100円	11%	10,000円	11,100円	11%

選択する方を色で塗りつぶしています。今日もらえる金額と1年後にもらえる金額の両方で塗りつぶされているところが、両者の価値がちょうど等価になるタイミングです。

指数割引モデル

ここまでの説明で、「将来の価値を割り引く」という感覚は実感できたでしょうか？ こうした将来の価値を割り引くというアイデアを効用関数に組み込んだものが、割引効用モデルです。

期待効用理論では「効用の期待値を計算して、期待効用を最大にするように人は行動する」と想定していました。対して、割引効用モデルでは「将来の効用を割り引いて考え、その割引効用の和を最大にするように人は行動する」と想定します。

引き続き、お金の例で考えてみましょう。

割引効用モデルでは、「今日、明日、明後日」のように1日単位、「今日、1週間後、2週間後」のように1週間単位など、期間の単位は自由に設定できますが、ここでは1年単位で考えます。

今日もらえる金額を x_0、1年後にもらえる金額を x_1、2年後にもらえる金額を x_2、・・・というように表すと、以下の割引効用 U が最大になるような選択を行うと想定します[2]。

$$U = u(x_0) + \delta u(x_1) + \delta^2 u(x_2) + \cdots + \delta^T u(x_T) \qquad (5.1.3)^{[3]}$$

δ は割引因子（discount factor）と呼ばれ、将来の期を今日と比べてどの程度割り引いて考えているかを表すパラメータです。通常、$\delta \leq 1$ と考えられています。

例えば、「$\delta = 0.9$」の時、1年後にもらえるお金からくる効用は0.9倍され、2年後にもらえるお金からくる効用は0.81倍（$=0.9^2$）されます。つまり、将来にもらえるお金がお同じ金額であっても、そこから得られる効用が将来に行けば行くほど小さくなっていくわけです。

このような「将来の価値をどのように割り引いていくか」を表す関数、言い換えると「ある将来の期に得られる効用に対する重みづけ」を表す関数は、**割引関数（discount function）** と呼ばれます。行動経済学と標準的な経済学では、この割引関数の想定が異なるのですが、ベンチマークとなる標準的な経済学の想定を確認していきましょう。

標準的な経済学では、**指数割引（exponential discounting）** を想定した割引関数を用います。

---

[2] 割引効用モデルでは、完備性、推移性、独立性に加えて、「同じ金額であれば、早くもらえる方を好む」を意味する性急さ（impatience）と「待つ期間が同じであれば、タイミングによって好みの関係は変化しない」という定常性（stationarity）の、2つの条件を満たす必要があります。

[3] 強化学習になじみのある人は、(5.1.3)式は割引累積報酬を表す式と似ていることに気づくかもしれません。推薦や囲碁将棋、ロボット制御といった強化学習において使われる割り引くという発想は、異時点間の選択における実際の人間行動でも見られるものなのです。

$$D(\tau) = \delta^\tau \quad (5.1.4)$$

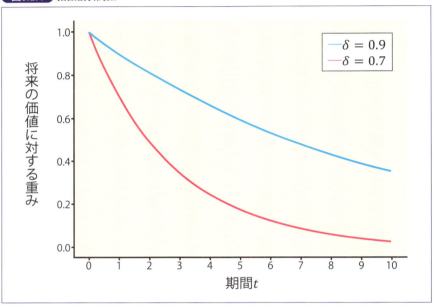

図5.1.4 指数割引関数

横軸を見ると、将来に行けば行くほど重みが小さくなるため、価値が小さくなっていくことがわかります。また、$\delta = 0.9$ と $\delta = 0.7$ のグラフを見比べると、δ が小さいほど、同じ時点であっても将来の価値を大きく割り引いていることがわかります。

また、先ほど説明した時間割引率は割引関数の減少率に該当し、遅延によって効用の価値が減少する割合を示しています。指数割引を想定した場合、τ に依存しない、つまり割引率は時間を通じて一定であることに気づくでしょう。

$$r(\tau) = -\frac{\delta^\tau - \delta^{\tau-1}}{\delta^\tau} = \frac{1}{\delta} - 1 \quad (5.1.5)$$

なお、割引因子と割引率の関係は、先ほどの式を変形することで次のようにも整理できます。

$$\delta = \frac{1}{1+r} \qquad (5.1.6)$$

T年後にもらえる「将来もらえる金額」を現在価値に直す時に、ちょうど $\left(\frac{1}{1+r}\right)^T$ だけ割り引いていました。まさしく、これが割引因子だったわけですね。

時間割引率は人々の我慢強さを表し、小さな値ほど我慢強く、大きな値ほどせっかちであることを先述しました。割引因子の場合は、割引因子は1に近いほど現在と将来の価値の重みにあまり違いがない、つまり将来のことも現在とほぼ同程度重視するため、我慢強いことを意味します。割引因子は値が小さいほどせっかちであることを示すのに対して、割引率は値が小さいほど我慢強いことを表すことになる点に注意してください。

━ 時間整合性

指数割引の重要な性質に、**時間整合的**（**time consistent**）と呼ばれる「計画を立てたら計画通りに実行する」という性質があります。ここではダイエットを例に、アイスを食べるかどうかという行動を考えてみましょう。

アイスを食べると満足感が得られますが、その後に太るリスクがあります。つまり、即時報酬・遅延報酬の余暇財です。ここでは、アイスを食べると食べた時点で2だけ便益（+2）が得られ、その次の期に3だけコスト（-3）がかかり、アイスを食べなければ便益もコストもかからず0だとします。

$\delta = \frac{3}{4}$ のような割引因子が1に近い、つまり将来の価値を大きくは割り引かない人のケースで確認しましょう。このような人が、明日アイスを食べるという計画を立てるかどうか、割引効用モデルを用いて見てみます。

明日、アイスを食べると2だけ便益が得られますが、明日は今日よりも1期先ですので、δ だけ割り引かれて 2δ の便益が得られます。しかし、アイスを食べると次の期、明後日には3だけコストがかかります。明後日は今日よりも2期先ですので、δ^2 だけ割り引かれて $3\delta^2$ のコストがかかります。したがって、

$$\frac{3}{4} \times 2 + \left(\frac{3}{4}\right)^2 \times (-3) = -\frac{3}{16} < 0$$

となり、アイスを食べると、アイスを食べなかった時の効用（0）よりも小さくなってしまうので、「明日、アイスを食べない」という計画を立てます。将来の価値を大きく割り引かない人は将来の健康のことも十分に考慮して、アイスを食べないという計画を立てるのは直感とも整合的でしょう。ですが、本当に明日になってもアイスを食べないのでしょうか？

　今度は、明日アイスを食べるかどうかという計画ではなく、「今日」アイスを食べるかどうかを考えてみましょう。今日アイスを食べる場合、割り引かれずそのまま2だけの便益が得られます。しかし、次の期にコストがかかりますので、コストは δ だけ割り引かれて、3δ のコストがかかります。したがって、次のようになり、

$$2 + \frac{3}{4} \times (-3) = -\frac{1}{4} < 0$$

やはりアイスを食べなかった時の効用よりも小さくなるので、「今日、アイスを食べない」という行動をします。指数割引を想定し、割引因子が1に近い人であれば「明日、アイスを食べない」と計画を立て、実際に明日アイスを食べないというように計画通り行動をします。

　一方で、δ が小さい、例えば、$\delta = \frac{1}{4}$ のような将来の価値を大きく割り引き、現在に近いほどより価値を置く人は、「明日、アイスを食べる」という計画を立てることが、同様の計算から導かれます[4]。このような人は、いざ明日になると、実際に「今日、アイスを食べる」という行動をします。

　指数割引を想定した場合、将来の価値を大きくは割り引かない我慢強い人であれ、現在の価値をより重視するせっかちな人であれ、計画と行動は一致しま

---

[4]　今回の設定では、「明日、アイスを食べない」という計画を立て「今日、アイスを食べない」という行動を起こす条件は、$\delta > \frac{2}{3}$ となっています。

す。つまり、時間整合的な行動を取ることができます。我慢強い人は一貫して将来のことを考えて計画、行動できるのに対して、せっかちな人は常に目先の利益を重視した計画、行動になるのです。

しかし、実際の人間は計画通りには行動できないことが多いです。時間整合的ではなく、**時間非整合的（time inconsistent）** ということになります。指数割引では、後になって好みが変わるような時間非整合的な行動をうまく説明することができません。

そこで、行動経済学の登場です。次節で見るように、「指数割引ではない割引関数」を考える必要があります。

図5.1.5 指数割引における時間整合性

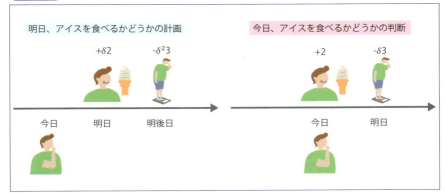

アイスを食べるのは、アイスを食べた時の効用＞アイスを食べなかった時の効用なので、「明日、アイスを食べる」という計画を立てるのは、

$$\delta 2 - \delta^2 3 > 0$$

の時です。一方、「今日、アイスを食べる」という判断をするのは、

$$2 - \delta 3 > 0$$

の時です。$\delta = \frac{3}{4}$ のような我慢強い人は、計画でも判断でもアイスを食べた時の効用が食べない時の効用よりも低くなるため、一貫してアイスを食べません。一方、$\delta = \frac{1}{4}$ のようなせっかちな人は、計画でも判断でもアイスを食べた時の効用が食べない時の効用よりも高くなるため、一貫してアイスを食べるのです。

Point!

・「『今』か『後』か」や「『近い将来』か『遠い将来』か」という異時点間の
選択において、将来価値を割り引いて人は判断している
・標準的な経済学では、将来価値を一定で割引く指数割引を想定する。そのた
め、時間整合的な行動をすると予想する
・しかし、実際の人間は、計画倒れをするように時間整合的ではないので、指
数割引ではない行動経済学的な観点が必要

5.2

現在バイアス

● 選好の逆転

　指数割引について「時間割引率は時間を通じて一定で、時間整合的な性質がある」と説明しましたが、実際はダイエットで失敗するように、時間非整合的なことの方が一般的です。そして、行動経済学はこのような「時間非整合的な行動」の分析が得意なのです。

　以下の事例は、将来のことであれば「健康を考慮して健康的な食品を選ぶ」ことができても、いざ当日になると「不健康な食品を選ぶ」という時間非整合的であることを示したものです。

● Case!

　アメリカの低所得者を対象に、食品を無料配達するフィールド実験が行われました。実験参加者にはまず、野菜や果物といった健康的な食品10種類と、チョコレートやスナック菓子といった不健康な食品10種類の、合計20種類の食品リストが提示されました。

　参加者は、1週間後に配達してもらう食品10個をこのリストの中から選びます。同じ食品を複数選ぶことも可能です。また、届けてもらう食品を選ぶこととは別に、参加者はこれら20種類の各食品について、好きかどうかを7段階で評価してもらいました。

　1週間後、参加者には「1週間前に選んだ10個の食品」に加え、4個の食品が追加で届けられました。その4個の内訳は、「好きかどうかの7段階評価で最も高く評価した健康的な食品と不健康な食品を1個ずつ」と「先週選んだ10個に含まれなかった食品の中で、最も評価が高かった健康

的な食品と不健康な食品1個ずつ」でした。そのうえで、「1週間前に選んだ10個のうち4個を、追加で届けた4個と自由に交換することができる」と参加者に伝えられました。

　結果、46％の参加者が少なくとも1個の交換を申し出て、その結果、当初よりも不健康な食品の割合が多くなってしまいました。

出所：Sadoff et al. (2020) を元に筆者作成。

　このように、当初選択していたものから変更するという**選好の逆転**（**preference reversal**）が、しばしば観察されます。計画を立てても実際にはそのような行動をしない、もしくはできないといったことを、行動経済学では分析するのです。

　このような時間非整合的な行動が生じるのは、時間割引率が時間を通じて一定ではないからです。そのことを理解するために、ここでも簡単な思考実験をしてみましょう。以下2つの選択肢では、どちらがいいでしょうか？

A：今日に1,000円もらう
B：1年後に1,200円もらう

　多くの人はAを選ぶはずです。今日から1年待って200円増える、つまり年利20％では待つ価値が無いということになりますよね。

　では、次の2つの選択肢ではどちらを選びますか？

C：1年後に1,000円もらう
D：2年後に1,200円もらう

　今度はDを選ぶ人が多くなります。1年待って1,000円もらうより、2年待って1,200円もらう方がいいという選択は、「1年待って1,000円が1,200円に増えることは待てる」、つまり「年利20％でも待てる」ということです。

　しかし1年後、もう一度1つ目の質問をすると「A：今日に1,000円もらう」

を選ぶことになります。最初の段階では「D：2年後に1,200円もらう」というように「待てる」と言っていたのに、いざ1年後になると「やっぱり待てない」となるのです。

　では、このような現象を、指数割引を想定した割引効用モデルに当てはめてみましょう。図5.2.1を見てください。先ほどの選択では矛盾が生じてしまっています。

図5.2.1 指数割引では矛盾が生じる

	今日	1年後	2年後
最初の質問			
金額	1,000	1,200	
割引効用	1,000	$\delta \times 1,200$	
次の質問			
金額		1,000	1,200
割引効用		$\delta \times 1,000$	$\delta^2 \times 1,200$

$\leftarrow 1000 > 1200\delta$

$\Leftrightarrow \delta < \dfrac{1000}{1200}$

$\leftarrow 1000\delta < 1200\delta^2 \Leftrightarrow 1000 < 1200\delta$

$\Leftrightarrow \delta > \dfrac{1000}{1200}$

矛盾！

単純化のため、$u(x) = x$ と想定すると、割引効用モデルは以下のようになります。

$$U = x_0 + \delta x_1 + \delta^2 x_2 + \delta^3 x_3 + \cdots + \delta^T x_T$$

この想定のもとでは、先ほどの選択は指数割引モデルでの考えと矛盾が生じてしまっています。

　最初の質問ではAを選んだ人が、2つ目の質問ではCを選んだ場合は時間整合的になり、指数割引を想定した割引効用モデルでうまく説明できます。しかし、実際の選択は、2つ目の質問ではDを選ぶというように、「将来のことは待てても、今のことは待てない」のです。このような時間非整合的な行動は、指数割引モデルではうまく説明できません。

準双曲割引モデル

　このような時間非整合的な行動は、**準双曲割引モデル**（quasi-hyperbolic discounting model）を想定する行動経済学的なモデルでうまく説明できるこ

とが知られています。準双曲割引モデルは、ハトなどの動物実験の結果から得られた心理学の知見を応用したものです。動物実験に基づき、割引関数を双曲割引（hyperbolic discounting）として仮定することで、このモデルがうまくフィットすることが示されていました。

双曲割引の例は、以下のようなものです（$\alpha > 0, \gamma > 0$）。

$$D(\tau) = (1 + \alpha\tau)^{-\frac{\gamma}{\alpha}} \quad (5.2.1)$$

このような双曲割引では今の価値を重視し、今から少しでも遠ざかると価値を低く評価します。指数割引では一定の割合で将来の価値を割り引いていましたが、双曲割引では今から少しでも遠ざかると価値を大きく割引き、その後はほとんど価値を割り引かなくなるのです。

準双曲割引は、双曲割引と指数割引の性質を組み合わせたもので、以下のような割引関数となります。

$$D(\tau) = \begin{cases} 1 & if\ \tau = 0 \\ \beta\delta^{\tau} & if\ \tau \geq 1 \end{cases} \quad (5.2.2)$$

β は**現在バイアス**（**present bias**）と呼ばれるパラメータで、今をどの程度重視するかを表し、$0 < \beta \leq 1$ であることが想定されています[5]。あるメタ分析の結果によると、平均的な現在バイアス β の値は 0.95 から 0.99 です[6]。特に、$\beta < 1$ である時、現在バイアスがあると言います。

図5.2.2に、指数割引、双曲割引、準双曲割引それぞれの割引き方を示しました。指数割引は一定の割合で割り引いていることがわかります。双曲割引は直近ほど急に割り引きますが、遠い将来になると徐々に割り引くようになります。準双曲割引は、今日かそうでないかでまずガクンと割引が起こります。こ

---

[5] 実際には、$\beta > 1$ となることも観察され、この場合は将来バイアス（future bias）と呼ばれています。今よりも将来のことを重視する性質です。

[6] このメタ分析の結果では、金銭に関する現在バイアスは1に近いことが示されています。なお、労力に関する現在バイアスは 0.88 といったように、金銭の時よりも、より現在を重視する傾向があることも示されています。

れが β の影響です。

その後は、指数割引のように一定の割合で割り引かれていることがわかります。β が短期の割引因子を表し、δ が長期の割引因子を表しているわけです。指数割引では短期と長期の割引因子をどちらも δ と考えているのに対して、準双曲割引では短期と長期の割引因子は異なるものとして扱っています。

図5.2.2 割引関数の比較

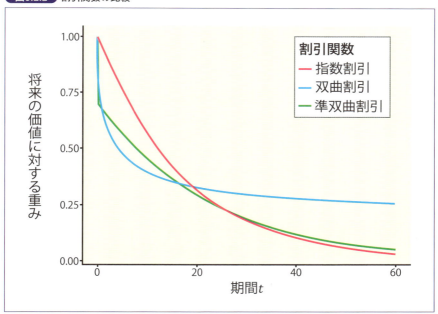

指数割引 δ^T は $\delta = 0.944$、双曲割引 $(1+\alpha\tau)^{-\frac{\gamma}{\alpha}}$ は $\alpha = 4, \gamma = 1$、準双曲割引 $\beta^{1(t>0)}\delta^t$ は $\beta = 0.7, \delta = 0.957$ とした値の例を示しています。

準双曲割引関数を割引効用モデルに当てはめると、次のようになります。

$$U = u(x_0) + \beta\delta u(x_1) + \beta\delta^2 u(x_2) + \cdots + \beta\delta^T u(x_T) \quad (5.2.3)$$

$\beta = 1$ の場合は、指数割引と一致します。

では、このような準双曲割引モデルを使って、最初に見た選好の逆転をうまく説明できるか確認してみましょう。図5.2.3に示したように、現在バイアス

がある $\beta < 1$ の場合、「将来のことは待てても、今のことは待てない」という時間非整合的な行動をうまく説明できるようになります。

図5.2.3 準双曲割引なら矛盾しない

	今日	1年後	2年後
最初の質問			
金額	1,000	1,200	
割引効用	1,000	$\beta\delta \times 1,200$	
次の質問			
金額		1,000	1,200
割引効用		$\beta\delta \times 1,000$	$\beta\delta^2 \times 1,200$

← $1000 > 1200\beta\delta$

$\Leftrightarrow \delta < \dfrac{1000}{1200\beta}$

← $1000\beta\delta < 1200\beta\delta^2 \Leftrightarrow 1000 < 1200\delta$

$\Leftrightarrow \delta > \dfrac{1000}{1200}$

$\beta < 1$ とすると、$\dfrac{1000}{1200} < \delta < \dfrac{1000}{1200\beta}$ となるため矛盾しない！

● 先延ばし行動の分析

即時報酬・遅延費用がかかる余暇財では「後ではしない」けど「今はする」ため、やめたくてもやめれないという「やめることを先延ばし」する行動が観察されます。そして即時費用・遅延報酬がかかる投資財では、「後でする」と言えても「今はしない」ため「やることを先延ばし」する行動が観察されるように、時間非整合的な行動がしばしば見られます。

標準的な経済学の想定する指数割引モデルでは、このような先延ばし行動をうまく説明できません。しかし、今のことを重視する現在バイアスを考慮した行動経済学的なモデルである準双曲割引モデルでは、このような先延ばし行動の説明が可能です。ダイエットを例に確認してみましょう。ここでは簡単化のため、$\beta = \dfrac{1}{2}, \delta = 1$ と想定します。つまり、明日以降の効用は全て、1/2だけ割り引かれると考えます。

（1）余暇財のケース

ここでも 5.1 節と同様に、アイスを食べるかどうかという行動を考えます。アイスを食べると食べた時点で2だけ便益（+2）が得られ、その次の期に3だけコスト（−3）がかかり、アイスを食べなければ便益もコストもかからず0だとしています。

$\beta = \frac{1}{2}, \delta = 1$ となる準双曲割引を持つ人は、明日アイスを食べるという計画を立てるのでしょうか？ もし、明日アイスを食べた場合、アイスを食べた明日には2だけ便益が得られますが、明後日には3だけコストがかかります。明日も明後日も将来のことなので、1/2 だけ割り引いて評価されます。そのため、

$$\frac{1}{2} \times (2-3) = -\frac{1}{2} < 0$$

となり、アイスを食べた場合の割引効用の総和は負になるので、「明日、アイスは食べない」という計画を立てます。

いざ翌日になって、アイスを食べるかどうかをあらためて考えてみた場合、今度は「アイスを食べるのは今日の時点だが、コストがかかるのは明日」となります。そのため、アイスを食べたことの便益は割り引かれませんが、コストは 1/2 だけ割り引かれます。

つまり、

$$2 + \frac{1}{2} \times (-3) = \frac{1}{2} > 0$$

となり、アイスを食べた場合の割引効用の総和は正になるので、「今日、アイスを食べる」という行動を取るわけです。

このように、「行った時点で便益が得られるが、後になってコストがかかる」という余暇財は、将来は「やらない」と計画を立てることができたとしても、いざその日が来ると「やっぱりやる」となるように、計画倒れを起こしてしまいがちです。今を重視する現在バイアスの性質によって、将来生じるコストを小さく評価してしまうため、このような時間非整合的な行動が観察されるわけです。

図5.2.4 準双曲割引における時間非整合性：余暇財のケース

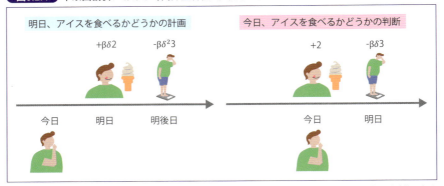

指数割引を想定した図5.1.5との違いは、現在価値に割り引く時に β がかかっている点です。先ほど計算したように、$\beta = \frac{1}{2}, \delta = 1$ を当てはめると、明日はアイスを食べることよりも食べないことの方が効用が高くなる一方で、今日はアイスを食べることの方が効用が高くなるということがわかります。そのため、計画を立てても計画倒れが起きるといった、時間非整合的な行動が観察されるのでした。

(2) 投資財のケース

次は、投資財のケースを考えてみましょう。「ジムに行く」を例にします。

ジムに行くのは面倒だし疲れますので、ジムへ行くと2だけコスト（−2）がかかるとします。ただし、ジムで運動をすれば筋肉がついたり脂肪が落ちたりして健康的な体を手に入れることができるので、翌日には健康になる便益が3（+3）だけ発生するとします。ジムへ行かなければ、便益もコストもかからず0です。

さて、$\beta = \frac{1}{2}, \delta = 1$ となる準双曲割引を持つ人は、明日ジムへ行くという計画を立てるのでしょうか？ もし、明日ジムへ行った場合、その時点で2だけのコストがかかりますが、明後日には3だけの便益が発生します。明日も明後日も今日ではないので、1/2だけ割り引かれて評価され、

$$\frac{1}{2} \times (-2 + 3) = \frac{1}{2} > 0$$

となります。ジムに行った場合の割引効用の総和は正になるので、「明日、ジムへ行く」という計画を立てます。

では、翌日になって実際にジムへ行くかどうかを考えてみましょう。ジムへ

行くのは今日の時点ですが、コストがかかるのは明日です。そのため、ジムへ行ったことのコストは割り引かれませんが、便益は1/2だけ割り引かれます。
つまり、次のようになります。

$$-2 + \frac{1}{2} \times 3 = -\frac{1}{2} < 0$$

ジムに行った場合の割引効用の総和は負になるので、「今日、ジムへ行かない」という行動を取ります。

行動すると将来便益が得られたとしても、行動した時点でコストがかかる投資財では、「今度する」という計画を立てることができても、「今はしない」というように先延ばしをしてしまうのです。何か行動する時点では、現在バイアスによって将来の便益を小さく評価してしまうため、行動したくないようになるのです。

図5.2.5 準双曲割引における時間非整合性：投資財のケース

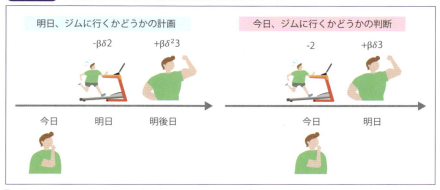

投資財のケースでは、図5.2.4の余暇財とは異なり、コストと便益が生じるタイミングが入れ替わります。先ほど計算したように、$\beta = \frac{1}{2}, \delta = 1$ を当てはめると、明日はジムへ行くことの効用が行かないことの効用よりも高くなる一方で、今日はジムへ行くことの効用が低くなるということがわかります。そのためここでも、計画を立てても計画倒れが起きるといった、時間非整合的な行動が観察されるのです。

分析においては、分析対象が余暇財なのか投資財なのか、分析対象の性質を認識しておくことが重要です。また、現在バイアスを考慮すると、「今」が含まれた判断かそうでないかで割引のしかたが大きく変わり、時間非整合的な行動が生じうることを認識しておくことも大事です。

Point!

・「今」かそうでないかで割引を大きく変える現在バイアスを組み込んだ準双
　曲割引は、時間非整合的な行動をうまく説明できるようになる
・即時費用や遅延報酬がかかる投資財では、「将来行う」という計画を立てる
　ことができても、「今行う」という決定はできない。そのため、やることを
　先延ばしにする
・即時報酬や遅延費用がかかる余暇財では、「将来行わない」という計画を立
　てることができても、「今行わない」という決定はできない。そのため、止
　めることを先延ばしにする

5.3

コミットメント

自制問題に気づくかどうか

　ここまで見たように、投資財であれ余暇財であれ、現在バイアスの存在が原因で先延ばしをしてしまうことがわかりました。人はしばしば衝動的な行動をしてしまうように、自制心（self–control）に問題があるわけです。もし、自分が自制的に行動できない、つまり自分の時間非整合性に気づいていた場合はどうなるでしょうか？

　自制心に問題があることに気づいている場合、将来の衝動的な行動を読み込んで行動することができます。更に、自制心の問題に気づいている人は、将来の自分の行動を縛る**コミットメント（commitment）**と呼ばれる方法を用いて、自制問題に対処することができるのです。行動経済学では、こうした自制心の問題の気づきの有無が分析対象です。更に、先延ばし行動を改善する方法も考案していきます。

　5.2節の冒頭で紹介した食料品配達のフィールド実験には、以下のような続きがあります。

● Case!

　実験2週目には、再度、次週に届ける食品10個を選びます。この時、配達員は実験参加者に「選んだ10個以外に、今週と同じように来週もあなたの好きな4個の食品を持ってきましょうか？ 不要ですか？」と尋ねました。

　その結果、53%の参加者は「不要」と答えています。

出所：Sadoff et al. (2020) を元に筆者作成。

この実験を振り返ってみましょう。

まずは実験1週目。参加者は合計20種類の食品の好みを評価し、2週目に届けてもらう食品10個を選びました。そして実験2週目。1週目に選んだ10個の食品に加えて、自分の好きな上位4個の食品が届けられ、交換可能であることが伝えられました。その結果、半数近い参加者が少なくとも1個の食品を交換しています。なお、上位ランキングに入る食品は相対的に不健康なものが多かったため、必然的に不健康な食品の割合が多くなっていきました。自分の好きな4個の食品を目の前にすると、誘惑に負けて、それらを選んでしまったというわけです。

しかし実験3週目には、こうした誘惑を避けるため、半数近い参加者が「不要」と答えました。来週も同じように合計14個の食品を持ってきてもらうと、今週と同じように目の前の誘惑に負けて、不健康な食品に交換してしまうでしょう。自分が時間非整合的な行動をするということに気づいている人は、これを予期していたわけですね。将来のことを考えて健康的な食品を選んでいたわけなので、後から不健康な食品を選び直すことにならないよう誘惑の元となる4個の食品を持ってきてもらわないようにして、当初の予定通りの食品を手にする計画を守ろうとしたのです。

本節では、自制心の問題に気づいているか否かで、行動がどのように変わるのかについて考えていきます。こうした整理は、分析対象者をタイプ分けする際に役立ちます。更に、先延ばしを防ぐコミットメントについても説明していきます。

━━ ナイーブとソフィスティケート

自分の時間非整合性に気づいていない人を「**ナイーブ（naive）な人**」と言い、気づいている人を「**ソフィスティケート（sophisticated）な人**」と言います[7]。時間非整合性に気づいていないナイーブな人は、自分には現在バイアスが

---

[7] ナイーブな人は「単純な人」、ソフィスティケートな人は「洗練された人」や「賢明な人」などと訳されることもあります。

無い、つまり $\beta = 1$ だと信じており、指数割引の人と同じように時間整合的に行動できると考えます。一方、時間非整合性に気づいているソフィスティケートな人は、自分に現在バイアスがあることを認識しているため、$\beta < 1$ だろうと予想します。

このような自分の「将来の」現在バイアスの程度に対する信念を表す新たなパラメータ $\hat{\beta}$ を導入することで、時間非整合性の気づきの有無を表現することが可能です。

ナイーブな人は自制心の問題に気づいていないので、将来も計画通りに行動すると考えます。つまり、指数割引と同じような「時間整合的な行動」をすると信じているのです。そのため、将来の現在バイアスの程度に対する信念は「$\hat{\beta} = 1$」となります。実際には現在バイアスがあるにもかかわらず、現在バイアスが無いと思うわけです。

一方、ソフィスティケートな人は自制心の問題に気づいています。このような人は計画を立てても、将来、計画通りには実行せず先延ばしすることを理解しています。彼らは現在バイアスがあることを認識しているので、「$\hat{\beta} = \beta < 1$」となります。実際には、将来に生じる現在バイアスの存在には気づいていますが、正しく予想できないかもしれません。特に、自分はそこまで現在バイアスが強くないと思う場合は、「$\beta < \hat{\beta} < 1$」というように、将来の現在バイアスを過小評価する可能性があります。

なお、このような場合はナイーブとソフィスティケートの間という意味で、「部分ナイーブ（partially naive）」と呼ばれます。

図5.3.1 指数割引と準双曲割引の中でのタイプ分け

	指数割引（$\beta = 1$）	準双曲割引（$\beta < 1$）		
		ソフィスティケート（$\beta = \hat{\beta} < 1$）	部分ナイーブ（$\beta < \hat{\beta} < 1$）	ナイーブ（$\beta < \hat{\beta} = 1$）
時間整合性	時間整合的	時間非整合的		
時間非整合性の存在	-	気づいている		気づいていない

では、ナイーブの人とソフィスティケートの人では、どのように行動が違ってくるのでしょうか？

「宿題の提出」という、投資財の問題で見てみましょう。

> 月曜日の朝が締め切りの宿題で、金曜日の今日（$t = 0$）、土曜日の明日（$t = 1$）、日曜日の明後日（$t = 2$）の3日間のうち、いつ宿題を行うかということを考えてください。宿題は内容の質に関係なく一定の評価、便益が得られるとすると、それぞれの期間における費用の違いで、いつ宿題を行うかを判断することになります。
>
> 今日、宿題をすることのコストは1、明日に宿題をすることのコストは3、明後日に宿題をするコストは5とします。また、土曜日や日曜日に宿題をすると友達と遊んだりテレビを見たりできなくなるため、よりコストがかかると想定します。

まず、「$\beta = \frac{1}{4}, \delta = 1$」となる準双曲割引を持つ人が、いつ宿題をするのかを見てみましょう。図5.3.2で示しているように、金曜日の今日の時点（$t = 0$）では、明日宿題をすることが最も割引効用が大きくなるので、土曜日に行うと計画を立てます。しかし、いざ土曜日（$t = 1$）になると、土曜日に宿題を行う

図5.3.2 宿題を土曜日に行う計画を立てても、実際には日曜日に先延ばししてしまう

	金曜日 （t=0）	土曜日 （t=1）	日曜日 （t=2）	
今日＝金曜日の時点				
コスト	-1	-3	-5	
割引効用	-1	$-\frac{3}{4}\left(=\frac{1}{4}\times(-3)\right)$	$-\frac{5}{4}\left(=\frac{1}{4}\times(-5)\right)$	←金曜日の時点では、割引効用が最も大きい土曜日に行う計画を立てる
今日＝土曜日の時点				
コスト		-3	-5	
割引効用		-3	$-\frac{5}{4}\left(=\frac{1}{4}\times(-5)\right)$	←土曜日の時点では、日曜日の方が割引効用が大きくなるので、土曜日には行わず日曜日に先延ばしをする
今日＝日曜日の時点				
コスト			-3	
割引効用			-3	←その結果、最もコストの大きい日曜日に宿題をすることになる

よりも日曜日に宿題をした方が割引効用が大きくなるので、日曜日に宿題を行うように先延ばしをしてしまいます。

次に、時間非整合性に気づいていないナイーブな人が、どのような行動をとるのかを確認します。

今日の金曜日の時点（$t=0$）では先ほど見たように、明日の土曜日にした方が効用が高いので、金曜日には宿題を行いません。ナイーブな人は時間非整合性に気づいていないので、土曜日に宿題をやると計画を立てたら、土曜日に宿題をやると信じています。

では、土曜日になった時点（$t=1$）で、実際に宿題をするのでしょうか？

図5.3.2で見たように、土曜日の時点では日曜日に宿題をした方が効用が高いので、土曜日にはやりません。日曜日に宿題をすることになるので、結局、−3という大きなコストを払うことになります。

では、ソフィスティケートな人の行動を確認してみましょう（図5.3.3）。

ソフィスティケートな人は、自分の時間非整合性に気づいているので、今日の金曜日の時点（$t=0$）で土曜日に宿題をするという計画を立てても、実際には日曜日にすることに気づいています。そのため、今日の金曜日に行うか、日曜日に行うか、どちらが良いかを考えるわけです。

今日に宿題をした時の効用は−1であるのに対して、日曜日に宿題をした時の効用は−5/4（図5.3.3の赤字の割引効用）となるので、今日のうちに宿題をした方が効用が高いです。よって、今日宿題をすることになります。つまり、ナイーブの人よりも少ないコスト、−1だけを支払えば良いのです。

ソフィスティケートな人は、今日先延ばしをすると更に先延ばしすることになると気づいています。そして、更に先延ばしをした結果、コストがもっと高くなることにも気づいているため、嫌々ながらも今すぐ行動に移すことができるのです[8]。

---

[8] 投資財の場合、ナイーブな人は先延ばしをしてしまった結果、ソフィスティケートな人よりも損をしてしまいます。一方、余暇財の場合は逆のことが起こります。ソフィスティケートな人はナイーブな人よりも楽しみを取っておくことができず、小さな得しか手にすることができません。

図5.3.3 ソフィスティケートな人は先延ばしをしない

	金曜日（t=0）	土曜日（t=1）	日曜日（t=2）
今日＝金曜日の時点			
コスト	-1	-3	-5
割引効用	-1	$-\dfrac{3}{4}\left(=\dfrac{1}{4}\times(-3)\right)$	$-\dfrac{5}{4}\left(=\dfrac{1}{4}\times(-5)\right)$
今日＝土曜日の時点			
コスト		-3	-5
割引効用		-3	$-\dfrac{5}{4}\left(=\dfrac{1}{4}\times(-5)\right)$
今日＝日曜日の時点			
コスト			-3
割引効用			-3

← 金曜日の時点で、土曜日に行うという計画を立てても、実際には日曜日に行うということに気づいている。
つまり、土曜日に行うという選択肢は排除される。そのため金曜日と日曜日を比較し、より割引効用の高い金曜日に行う。

　以上、ナイーブの人とソフィスティケートな人の行動の違いを見てきましたが、両者の意思決定の仕方が異なることに気づいた人もいるでしょう。ナイーブな人は目の前の期から順番に意思決定するのに対して、ソフィスティケートな人は最後の期から遡って意思決定するのです。

　ナイーブな人は、将来、立てた計画を自分は実行できると考え、自分にとってベストな計画を考えて、その計画に従って行動します。ところが、いざ行動を起こすべき時が来ても、実際には行動せず、ずるずると先延ばしをしてしまいます。その結果、「予期せぬ遅れ」が生じます。

　一方、ソフィスティケートな人は、最終的に自分がどの行動をとるかを先読みします。最終期から1期前に戻って、次の期には自分が実際どのように行動するかを考慮して、1期前にはどうすべきか判断します。1期前の判断が決まれば、更にその1期前に戻って、その判断を踏まえて1期前にどう行動すべきか判断します。このような先読みを繰り返すことで、自分は計画を立ててもやらないことに気づくため、「予期する遅れ」が生じます。遅れに気づいているため、遅れないように行動しようとして、ナイーブな人よりも先に行動できるのです。

なお、部分ナイーブの人は、ソフィスティケートの人と同様に先読みをして行動するため、遅れを予期しています。しかし、将来の自分の現在バイアスの程度を誤って見積もっているため、予想外の遅れも生じます。ちょうど、ナイーブな人の側面とソフィスティケートの人の側面の両方を併せ持っているわけです。

図5.3.4 ナイーブとソフィスティケートの違い

	指数割引（$\beta = 1$）	準双曲割引（$\beta < 1$）		
		ソフィスティケート（$\beta = \hat{\beta} < 1$）	部分ナイーブ（$\beta < \hat{\beta} < 1$）	ナイーブ（$\beta < \hat{\beta} = 1$）
時間非整合性の存在	-	気付いている		気付いていない
予期する遅れ	無し	あり	あり	無し
予期せぬ遅れ	無し	無し	あり	あり

将来の自分を縛るコミットメント

自分の時間非整合性に気づいている人は、将来、先延ばしをしないような工夫ができます。冒頭の事例のような、将来の自分の選択肢を制限する仕組みを**コミットメントデバイス（commitment device）**と言います。

将来の選択肢を奪ってしまうだけでなく、計画通りに実行できたら報酬を与える、もしくは実行できないと罰金を取るといった金銭的インセンティブを活用したハードなコミットメントもあれば、目標や「マイルール」のよう心理的な側面を活用したソフトなコミットメントもあります。天引き貯金、クレジットカードの上限設定、スクリーンタイムの設定などは、身近に存在するコミットメントデバイスです。また、周囲の人に「禁煙する！」と言って、喫煙している場面を見られることの心理的なコストを高めることも、コミットメントの例です。

「締め切り」もまさしくコミットメントデバイスで、先延ばしを防ぐことに効果的です。次のラボ実験は、どのような締切設定が効果的かを検証した事例です。

Case!

　3週間以内に3枚のレポートを校正するという課題が、学生に課されました。修正を1箇所見つけるごとに、10セントの報酬が得られます。ただし、締め切りから遅れると、1日当たり1ドルの罰金が取られます。
　実験では、学生たちを以下3つのグループにランダムに分けました。

・最終締切グループ：3週間後に3枚のレポートを提出するという締め切りを1度だけ設定
・中間締切グループ：1週間ごとに1枚のレポートを提出させるという締め切りを、強制的に複数回設定
・自己締切グループ：学生が締め切りを自由に設定

出所：Ariely and Wertenbroch (2002) を元に筆者作成。

　中間締切は、細かく設定された締め切りがコミットメントとして働くため先延ばしを防げそうですが、柔軟性が制限されています。自己締切は自由に設定ができるという柔軟性があるので、自分の時間非整合性に気づいている人はうまく締め切りを設定し、先延ばしを防ぐことができそうです。

　以上のように予想できますが、それぞれの割引のタイプでは、どのような締切設定のパフォーマンスが良いのかを整理してみましょう。

（1）指数割引：最終締切＝自己締切＞中間締切
　時間整合的な指数割引のタイプであれば、計画を立てたらその通りに実行できるので、締め切りのようなコミットメントデバイスは不要です。そのため、中間締切のように柔軟性を阻害されることは、パフォーマンスの低下をもたらしてしまうかもしれません。自己締切グループでは最終締切だけを設定するようになるので、両者に違いは無いと予想されます。

（2）ソフィスティケート：自己締切＞中間締切＞最終締切
　時間非整合的な準双曲割引のタイプの中でも、自分の時間非整合性に気づい

ているソフィスティケートな人は、締め切りのようなコミットメントデバイスを活用し、先延ばしの克服に役立てます。中でも、自己締切の方が自由に締切を設定できるため柔軟性があり、自分に合った締切を設定することでより高いパフォーマンスが得られると考えられます。

（3） ナイーブ：中間締切＞最終締切＝自己締切

　自分の時間非整合性に気づいてないナイーブな人は、将来自分は先延ばしすることに気づいていないため、コミットメントデバイスを必要としません。自己締切グループは締切を設定することが無いため、最終締切と同じようになります。ところが、強制的に締切を設定された場合は締切に従って行動することになるので、中間締切が最もパフォーマンスが高くなると予想されます。

（4） 部分ナイーブ：中間締切＞最終締切

　部分ナイーブの人は、自分の時間非整合性に気づいてはいるので、締め切りがある方がパフォーマンスは高いです。自分の将来の現在バイアスの程度についてある程度正しく予測することができれば、自分で締切を設定できる場合、うまく締切を設定することができます（自己締切＞最終締切）。

　しかし、正しく予想できていない時には必要以上に短い締切を設定してしまい、逆効果になる可能性もあります（自己締切＜最終締切）。

　ではここで、図5.3.5に示した実験結果を見てみましょう。

①修正を発見した数は、中間締切グループ、自己締切グループ、最終締切グループの順番に多かったです。
②締め切りからの遅れは、中間締切グループ、自己締切グループ、最終締切グループの順番に少ないことが読み取れます。

　その結果、

③最終的な稼ぎは、中間締切グループが最も高くなりました。中間締切グ

> ループは、修正を最も多く見つけたため報酬を多く手にし、一方で遅れも最も少なかったため罰金も最小限の支払いで済み、最終的な稼ぎが最も良くなったのでした。

図5.3.5 細かく締切を設定することが先延ばしを防ぐ

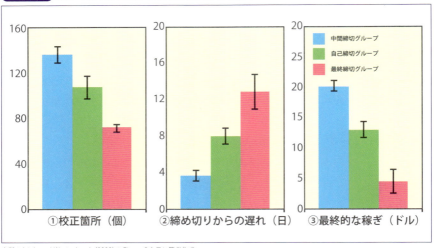

出所：Ariely and Wertenbroch (2002) のFigure 2を元に筆者作成。

　なお、自己締切よりも中間締切の方が成績が良かったため、平均的には部分ナイーブの人が当てはまるということがわかります。自分で締切を設定できる方が柔軟性があり良いように思いますが、自分の将来の現在バイアスの程度について見込みが甘い可能性もあるため、強制的に細かく締切を設定することが効果的なのかもしれません。

　ただし、その後の研究では、細かく締切を設定するような柔軟性を制限することで、先延ばしを常に防げるわけではないことも明らかにされました。あるフィールド実験では、最終締切よりも中間締切の方が、タスクの完了率が低かったのです。また別のフィールド実験では、たしかに自己締切をコミットメントとして求めることが確認されますが、かといってタスクの完了率を高める

わけではなかったことが示されました。

個人のタイプによって効果的な締切が違う可能性があるので、締め切りとパフォーマンスの関係を分析し、最適な締切設定を探していくことが重要です。

ここまで見てきたように、人はしばしば時間非整合的な行動をしてしまいます。しかし、そのような人の中でも、自分の時間非整合性に気づいているソフィスティケートな人は、コミットメントを活用することで先延ばしを防ぐことができます[9]。

分析によって先延ばし行動が明らかとなった場合、先延ばしを防ぐコミットメントを考え、提案してみましょう。そうすることで、人々をより良い方向へ導くことができるようになります。

Point!

・現在バイアスが存在する人は、自分の時間非整合性に気づいているソフィスティケートな人、気づいていないナイーブな人の2種類に大きく分けられる
・ソフィスティケートな人は、自分が先延ばしをすることに気づいているので、ナイーブな人よりも先に行動をすることができる
・ソフィスティケートな人は、将来の自分の行動を縛るコミットメントを活用することで先延ばしを防ぐことができる

---

[9] ここで説明した先延ばし行動は、第7章で説明する限定合理性の観点からも説明可能です。タスクの完了にかかる時間の見積もりを過小評価するという**計画錯誤**（planning fallacy）や、単純に計画を忘れているという**限定記憶力**（limited memory）という説明です。

5.4

異時点間選択の分析例

健康行動の分析

　本節では、これまで説明してきた異時点間選択についての、実際の分析事例を紹介していきます。多くの人々が先延ばしにしてしまっていること、先延ばしを防ぐための様々なコミットメントが考えられていること等について、複数の事例を通じて考えていきましょう。

　これまでにも出てきたように、健康行動は典型的な異時点間の選択です。ここでは、ジム通いという投資財、飲酒や喫煙に関する余暇財についての分析を紹介します。

（1）ジム通い

　1.2節で紹介したアメリカのジムのケースは、契約時点では定期的にジムへ行くと思っているため「都度払い」ではなく「月額払い」を選択しますが、実際には計画ほどジムへは行かず損をしていることを示したものです。ジムは投資財なので、「今日は行かないけど明日は行く」と言ったのに、実際に明日になったらまた「今日は行かない」と言い出す。そのため、ジムへ行くことをズルズルと先延ばししてしまいます。

　「今日行く」と言えるようにするには、行うと報酬がもらえるような「今することの便益を高める」ことや、行わないと罰金を支払わないといけないような「今しないことのコストを高める」等のコミットメントが効果的です[10]。

　図5.4.1は、5.2節で示した「ジムへ行くかどうか」の例（P178）に、コミッ

---

[10]　余暇財の場合は、「後ではしない」と言えても「今はする」と言ってしまうので、逆にすればいいわけですね。
　　　つまり「今することのコストを高める」か「今しないことの便益を高める」ことをすれば良いのです。

トメントを応用したものです。報酬も罰金ももらえないケースに加えて、ジムに行けば報酬がもらえ追加で1だけ便益が増える（+1）ケースと、ジムに行かなければ罰金を支払わなければならないので、追加で1だけコストが増える（−1）ケースを示しています。

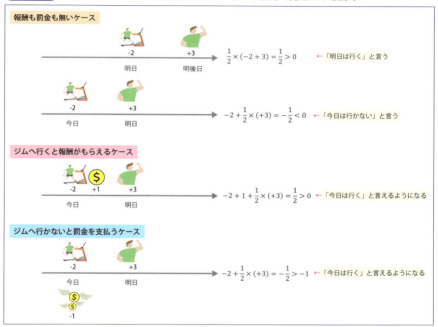

図5.4.1 報酬や罰金といった金銭的インセンティブの活用で先延ばしを防ぐ

左辺はジムへ行った時の効用、右辺はジムへ行かなかった時の効用を示しています。

報酬も罰金も無いケースでは、「今日ジムへ行かない。でも明日は行く」と言います。しかし報酬や罰金を導入することで、「今日ジムへ行かない」ことよりも「今日ジムへ行く」ことの効用が高くなるので、「今日は行く」と言えるようになり、どちらのケースでも先延ばしを防ぐことができます。

アメリカの大企業の従業員を対象にした、このようなインセンティブやコミットメントがジム通いを増やせるかどうかを検証したフィールド実験があり

ます。「1ヶ月の間、ジムに行けば1回10ドルもらえる」というインセンティブ介入群では、週1以上でジムに行く人は40%いたのに対して、金銭的インセンティブが提供されない対照群では、そのような人は20%しかいませんでした。つまり、インセンティブがジムへ行く後押しとなったわけです。

このインセンティブの提供後、インセンティブ介入群は更に2つのグループに分けられました。第1グループはインセンティブの提供を終了し、第2グループは続く2ヶ月の間、「ジムに行かない日が2週間以上続くと、事前に預けたお金を慈善団体に寄付する」というコミットメント契約を提供するという介入を行いました。

その結果、およそ12%の人がこの契約を結び、約58ドルを預けました。インセンティブの提供が終了した第1グループの人は、週1以上でジムに行く割合は約24%まで下がっていたのに対して、コミットメントを提供された第2グ

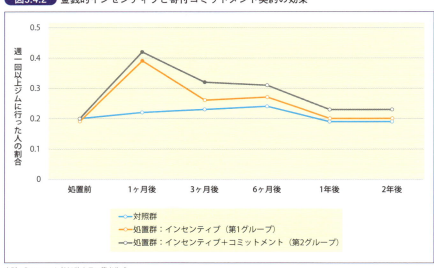

図5.4.2 金銭的インセンティブと寄付コミットメント契約の効果

出所：Royer et al. (2015)を元に筆者作成。

処置前においては、どの群もインセンティブ等を手にしていませんが、1ヶ月後の時点で、処置群においては金銭的インセンティブが提供されています。3ヶ月後の時点では、第2グループである「処置群：インセンティブ＋コミットメント」についてのみ、寄付コミットメント契約の提供が行われました。6ヶ月以降、どの群にも、インセンティブの提供もコミットメント契約も行われていません。

ループでは、約29%の人は週1以上で引き続きジムへ行くことができました。更に、コミットメント契約が終了した3ヶ月後も、約27%の人は週1以上でジムへ行く習慣が身についていたのです。

更にその後、約2年間観察したところ、第1グループでは週1以上でジムに行く人は約22%まで下がり、元々インセンティブが提供されなかった対照群と差は無くなってしまいました。一方、第2グループでは約24%の人が週1以上でジムに行くことができていました。

金銭的インセンティブにせよ、コミットメント契約にせよ、こうした仕組みが無くなれば効果は弱まっていきます。しかし、コミットメント契約の方は、仕組みが無くなった後も長期的な効果が続くようです。

ところで、このような金銭的インセンティブには頼らないコミットメントとして、**誘惑バンドリング**（**temptation bundling**）というものがあります。「Netflixを見るのはジムに行っている時だけ」というように、「今すべき」投資財と「今したい」余暇財を抱き合わせるという方法です。

アメリカの大学生を対象にしたフィールド実験では、「ジムでワークアウトしている時だけ、オーディオブックが聞ける」という誘惑バンドリングの効果を検証しました。ジムのロッカーにオーディオブックがレンタルされたiPodを渡す誘惑バンドリング処置群と、オーディオブックのレンタルをしない代わりにレンタル代金相当のギフト券を渡す対照群にランダムに分けて観察したところ、対照群と比べて誘惑バンドリング処置群の方がジムへ行く回数が51%も高くなりました。

(2) 喫煙

喫煙は典型的な余暇財で、「タバコを吸わない」と禁煙を決意しても「やっぱり吸う」というように、禁煙することを先延ばししてしまうことがしばしば観察されます。

禁煙をサポートするために、フィリピンのある銀行がフィールド実験を行いました。この実験では、喫煙者に口座を開設させ、たばこ代として使っていた

お金を半年間預けてもらいます。そして、半年後に尿検査でたばこを吸っていないことが証明された場合、その預金を返却するというサービスを提供しました。喫煙するコストを高めるわけですね。

　このようなサービスが紹介されなかった対照群と比べて、紹介された処置群では11%の喫煙者が、このコミットメント口座を開設しました。そして口座開設半年後、処置群の平均禁煙率は対照群よりも約3%ポイント高く、禁煙に成功している人が多いという結果を得ました。更に、この禁煙傾向は1年後も続いていたようです。

(3) 飲酒

　禁煙と同様に、禁酒もなかなかできないものです。例えば、インドの低所得労働者の多くが日中から飲酒をしていることが社会問題となっていますが、自転車タクシー労働者を対象に日中アルコール検査をしたところ、半数が陽性となったそうです。

　そこで、彼らを対象にフィールド実験が行われました。処置群の人たちには「仕事終了直後の血中アルコール濃度に関係なく、120ルピー（約200円）を手にする」か「仕事終了直後の血中アルコール濃度が0より大きければ60ルピー（約100円）を支払い、血中アルコール濃度が0であれば120ルピーを手にする」かという選択をさせました。後者の契約は、あえて損する可能性があるコミットメント契約です。仕事中に飲酒をしてしまうと、仕事後にもらえるインセンティブが減ってしまいます。

　にもかかわらず、約半数の人がコミットメント契約の方を選択しました。インセンティブを提供しなかった対照群と比べて、処置群の人たちの1/3が日中の禁酒に成功したのです。ただし、仕事終了後の飲酒の割合は、対照群と処置群で違いはなかったそうです。

━━ 労働データの分析

　社会人にとっては日々の仕事が労働であり、何時間働くのか、どのような生産性で働くのかということを考えて働きます。そして、仕事のタスクをつい先

延ばししてしまうことも珍しくないでしょう。

このような先延ばし行動についての分析事例がいくつかあります。

アメリカの特許審査データ約200万件を用いた調査によって、審査官が先延ばしをしているだけでなく、先延ばしで提出された審査結果は質が低いことが示されました。

審査官は、2週間（＝14日間）ごと、および四半期（＝3ヶ月）ごとに「カウント」と呼ばれる一定数の作業目標を達成することが期待されています。そして、指数割引のような時間整合的な審査官は、仕事の負担を減らすため等間隔で仕事をこなしますが、準双曲割引のような時間非整合的な審査官は、等間隔で仕事をしようと計画を立てても実際にはできず、2週間終了時点や四半期終了時点に作業を終了させようとすることが理論的に予想されます。

図5.4.3では、2010年の1月1日から12月31日までの提出完了数を、1日ごとに示しています。まず、青色で示した2週目最終日には提出数が極端に多くなっていることが見て取れます。さらに、こうしたスパイクはオレンジ色で示

図5.4.3 審査官の先延ばし行動

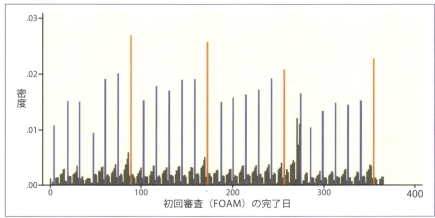

出所：Frakes and Wasserman (2020) を元に筆者作成。

作業目標が設定されている2週目最終日（青色およびオレンジ色で示したタイミング）に向けて、審査を完了する人が増えていることが読み取れます。

した四半期終了日ごとに大きくなっていることも読み取れます。これは、2週間ごとの目標が達成できなかった審査官たちが、四半期で何とか取り戻そうとより努力した結果だと解釈できるでしょう。

　更に、審査結果の質についても詳しく分析したところ、期限終了間際に出された審査結果ほど質が悪くなっていることもわかりました。先延ばししてしまっても、昇給のためにはカウント数を稼がないといけないため、とりあえず提出してしまうということが起こっていたのです。

　先延ばしは質の悪い成果を出すだけでなく、長時間労働をもたらしてしまうこともあります。そこで、著者らは「どういう人が長時間労働をするのか」という疑問に答えるため、日本のある企業に協力してもらい、従業員を対象としアンケート調査を実施しました。アンケート調査には社会的選好や時間選好といった、行動経済学的な質問項目から働き方に対する考え方まで、様々な項目が含まれました。時間選好に関しては「子どもの頃、夏休みの宿題をいつ終わらせたか？」という質問を代理変数として用いました。更に、労働時間に関するデータの提供も受け、アンケート調査と労働時間のデータを組み合わせて分析を行いました。

　その結果、子供の頃に夏休みの宿題を後回しにしていた人ほど、深夜残業が長いことがわかりました。夏休みの宿題は、「早めに終わらせる計画」を立てたとしても、実際には「8月末に終わらせた」という人が多いのではないでしょうか。このような子供の頃の先延ばし習慣は、大人になっても続くのです。

　では、仕事の先延ばしを防ぐには、どのようなコミットメントが有効なのでしょうか？　5.3節で示したような「締め切り」以外には、例えば「目標とする成果が得られなければ給与を減らす」というコミットメント契約が挙げられます。

　この契約の効果は、インドのデータ入力会社で行われたフィールド実験で検証されています。この会社では固定給に加えて、データ入力ごとに支払われる歩合給の2段構えで給与が支払われているのですが、一部の労働者に対して、図5.4.4で示しているような「自分で設定した目標金額に達するまでは、通常の歩合給の半分を支払うが、目標達成後には通常の歩合給と同じように支払

う」というコミットメント契約を提供しました。時間非整合的な労働者で、自分の自制心に問題があることに気づいている人は、怠けないようにコミットメント契約を結ぶことで、より多くの歩合給をもらおうと努力できるようになります。

実際、36%の労働者が、このようなコミットメント契約で目標を設定しました。自分の普段のデータ入力量の半分程度を目標値として設定する人が多く、コミットメント契約を結ぶことで2.3%ほどデータ入力数を増やすことができたのです。

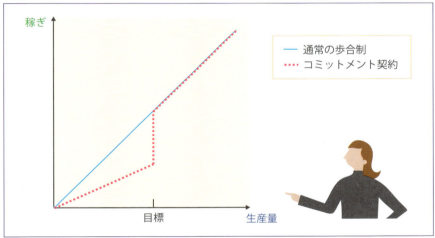

図5.4.4 コミットメント契約

出所：Kaur et al. (2015) を元に筆者作成。

この実験で用いられたコミットメント契約は、目標となる生産量を達成できなければ通常の歩合給の半分のレートでの歩合給となり、目標とする生産量を達成できた時点からは通常の歩合給と同じようになります。

ファイナンスデータの分析

最後の事例は、家計内のファイナンスに関するものです。老後など将来のことを考え今の消費を減らして貯金を増やすことは重要ですが、貯金はつい先延ばししてしまいがちでしょう。また、クレジットカード負債などの借金をした時には、返済を先延ばしにしてしまうこともよくあります。

ここでは、貯蓄と負債についての分析事例を紹介していきます。

(1) 貯金

　「禁煙できなかったら、預けていたお金を没収する」というコミットメント口座のサービスを行っていたフィリピンの銀行は、「目標金額に達しない限り引き出せない」というコミットメント口座のサービスを提供するフィールド実験も行っていました。このサービスを紹介された預金者は、その28.4%がこの口座を開設し、このサービスを紹介されなかった対照群に属する預金者と比べて、貯金額は81%も高くなっていました。銀行に貯金していても引き出すことが可能であれば、つい引き出して使ってしまいます。将来の自分が引き出してしまうという選択肢を制限することで、より多くの貯金が実現できたのです。

　このようなコミットメント口座以外にも、貯蓄を促すためのフィールド実験がチリで行われました。この実験では、チームを組み、目標を公言し、お互いを監視しながら進めます。また、目標を達成できた場合には表彰されます。
　実験期間の3ヶ月の間、毎週、預金目標をチーム内で発表・報告する機会が設けられました。これにより、周囲からのプレッシャーが「目標を達成できなかった時の心理的コスト」を高めます。一方、目標達成した人にはシールが与えられ、シールが十分に集まると賞状を受け取ることができます。このような非金銭的なインセンティブは、目標達成の心理的便益を高める仕組みです。

　実験の結果、通常の口座のみの対照群よりも、このようなチーム制が導入された処置群の方が口座に振り込む回数が3.7回多く、預金額は約2倍になりました。目標公言や進捗の相互監視という周囲を巻き込んだコミットメント（ピアコミットメント[11]）と、非金銭的インセンティブのどちらが鍵になっていたかは、この実験からはわかりません。でも、貯蓄を促す仕組みであることは間違いないでしょう。

---

[11]　ピア（peer）とは、仲間や同僚を意味する英単語です。

貯金における時間非整合性、つまり「後で貯金する」と言えても「今貯金しない」という行動は、現在バイアスに由来するものです。そして、現在バイアスの性質を逆手に取ったコミットメントに、「Save More Tomorrow（SMarT：明日はもっと貯蓄しよう）」という貯蓄プログラムがあります。

このSMarTプログラムは「今、貯金してください」と言うのではなく、「昇給する1年後に貯金してください」と、将来の自分に対してコミットされるプログラムです。更に、昇給した時に賃金の一定率を自動的に貯蓄に回すという仕組みでもあります。

SMarTプログラムに加入した人たちの貯蓄に回す拠出率は、始めの時点では約3.5％でした。その後、3年半後までに賃金は4回上昇し、その結果、拠出率も上昇して、最終的には13.6％にまで上がりました。当初の拠出率よりも4倍に増えるという成果が得られたのです。

現在バイアスがある人は、今すぐの貯金はできなくても、将来に貯金することはできると考えます。そのため、将来昇給した時の貯金をするという提案が受け入れられやすいのです。また、昇給した分の賃金の一部が貯蓄に回るわけですので、手取り賃金は下がることはありません。

単純に「今の手取り賃金から一部を貯金に回す」と言われると手取り賃金が下がるため、損失回避の性質により、そういったプランは受け入れられないかもしれません。しかし、SMarTプログラムでは昇給した分の一部が貯蓄に回り、手取り賃金が下がるわけではありません。そのため、受け入れられやすいのです。このように、複数の行動経済学的な特性を活用することが、コミットメントを効果的に発揮させるコツなのです[12]。

（2）負債

現在バイアスによって、「将来は返済できると思って過剰に借りてしまい、負債を減らす計画を立てたとしても、実際には後で返済できない」という現象

---

[12] いつでもSMarTプログラムから脱退できるようになっているのですが、多くの人はこのプログラムから脱退しなかったそうです。これは、一度決めたことをやめるのを嫌うという、**現状維持バイアス**（status quo bias）によって説明が可能です。

について説明することが可能です。実際、アメリカのあるオンライン財務管理
サービスのデータを分析したところ、多くの人が自分で設定した借金返済計画
を遵守できていないことが示されました。

　このサービスでは、ユーザーの銀行口座とクレジットカードが連携されてお
り、ユーザーは毎月の借金の返済計画を立てることができます。日々の取引
データやユーザーの返済計画といった、516名の約1年間のデータを分析した
ところ、ユーザーは自身が設定した借金の返済計画通りに行動しようとしてい
ますが、返済金額は大幅に少ないことがわかりました。計画された返済額の
1/4程度しか返済できていません。

　計画通りに返済できていないということは、現在バイアスが存在することを
示しています。現在バイアスを考慮した割引効用モデルで消費行動を理論的に
分析すると、現在バイアスがある人は、1ヶ月の給与サイクルで一定の消費を
するのではなく、給与が入った入った直後により多く消費するという予測が立
てられます。また、現在バイアスがある人の中でも、自分の時間非整合性に気
づいているソフィスティケートな人は、預貯金などでお金に余裕がある時に
は、給与を受け取り更にお金に余裕ができたからと言って、消費をあまり増や
さないことも理論的に予測されます。

　実際に、これらの理論予測と取引データに基づく分析結果は一致していまし
た。更に、この理論分析に基づいてナイーブな人とソフィスティケートな人を
分類して返済行動を分析したところ、ソフィスティケートな人は返済計画に近
い金額を実際に返済できていることがわかりました。

　異時点間選択の分析においては、指数割引の人ならこのように行動し、準双
曲割引の人ならこのように行動するという仮説を立てて分析することが重要で
す。更に、準双曲割引のような時間非整合性がある場合は、「計画」と「実際
の行動」はズレるので、計画を元に分析するのは危険であり、実際の行動も把
握した上で分析する必要があります。また、時間非整合性に気づいているかど
うか、つまりナイーブかソフィスティケートかでも行動が変わります。

このように、「分析対象者のタイプに応じて、どのような行動になるかの仮説を立てて分析する」ことが大切なのです。

Point!

・異時点間選択においては、全ての人が時間整合的に行動できるわけではなく、時間非整合的に行動する人もいる
・時間非整合的な行動をとる人がいるので、計画ではなく実際の行動を分析することが重要である
・また、自分の時間非整合性に気づいているかどうかで行動が変わることも意識する必要がある

第6章

他者を考慮した分析：
社会的選好

　人は多少なりとも他者との関わりを持って生活していますが、にもかかわらず、標準的な経済学では「利己的な人間」を想定して分析しています。そのため、うまく説明できない行動がしばしば見られるのです。それに対して、行動経済学では他人のことも気にする「社会的選好」を考慮して分析します。そのため、標準的な経済学ではうまく説明できない現象にも対応できるようになります。

　本章では、他人のことを思う「利他性」、他人との不平等を避けようとする「不平等回避」、他者との関係で生まれる「互恵性」など、「社会的選好」について説明します。更に、他人からどう思われるかという「社会的イメージへの関心」や、社会的選好とインセンティブの関係についても説明します。

6.1

利己的とは限らない人間行動：独裁者ゲーム

━━ 他人を気にする行動の分析

　本章では、自分以外の他人を気にする「社会的選好」について説明します。第4〜5章で見てきたリスクや時間に関する分析は、1人の人間の中で意思決定が完結するものでした。だから、標準的な経済学で想定するような「自己利益のみを最大化する利己的な個人」を想定しても問題とはなりません。

　しかし、自分の行動が、自分の利益だけではなく他人の利益にも与えるような場合、あるいは他者の存在を気にする場合は、利己的な個人を想定してもうまく分析できないことがあります。他人のことも考慮する行動経済学的な人間像が必要となってくるのです。

　以下の事例を見てください。

● Case!

　2003年に、アメリカの公共ラジオ局で、運営のための募金を呼びかけるフィールド実験が行われました。この実験では放送中にDJが募金を呼びかけ、賛同したリスナーがラジオ局に電話をかけます。電話がつながると、「いくら寄付していただけますか？」と尋ねられ、寄付額を伝えた上で、必要な手続きを行います。この時の平均寄付額は106.7ドルでした。

　この実験では、賛同したリスナーが電話をかけた際、ランダムに選ばれた一部の人は「他のリスナーは300ドルを寄付してくださいました。あなたはいくら寄付していただけますか？」と尋ねられました。この人たちの平均寄付金額は119.7ドルでした。

出所：Shang and Croson (2009) を元に著者作成。

6.1 利己的とは限らない人間行動：独裁者ゲーム

標準的な経済学のように、自分の利益のみを求める利己的人間像の視点だけで人間行動を分析していると、上記の行動は3つの点でうまく説明できません。

第1に、寄付のような「自分のお金を他人のために使う利他的行動」は考えられません。第2に、公共ラジオは使用料を支払わなくても利用できるので、わざわざ寄付のような形で自分の身銭を切って運営に協力するという行動は考えられません。第3に、自己利益のみに関心を持つ利己的な人間は、他の人がいくら寄付しているかという情報を気にしないはずです。何らかの理由で寄付をするとしても、他の人の寄付金額がその人の寄付金額に影響を与えるとは考えられません。

つまり、現実の人間は利他的であったり協力的であったり、他人から影響を受けて行動したりと、他人のことを気にしているのです。標準的な経済学とは異なり、行動経済学では他人のことを気にする社会的選好という視点を持ち、こうした人間行動の分析を行います。

本節では、社会的選好を考慮した分析の中でも、最もシンプルな「自分の行動が他人の利益に影響を与える」という場面を取り上げます。そこでは、自分から他人へ与える影響は一方通行（自分→他人）です。だから次の節からは、一方通行な状況だけでなく、自分の行動が他人の行動にも影響を与え、他人の行動が自分の行動にも影響を与えるというような「相互作用が生じる状況（自分↔他人）」も、社会的選好を考慮した分析で行います。とはいえ複雑ですので、まずはシンプルな「自分の行動が他人の利益に影響を与える場面」について確認していきましょう。

● 独裁者ゲーム

「自分の行動が他人の利益に影響を与える」という行動の代表例は、利他的行動です。利他的行動には、寄付やクラウドファンディングのような「自分のお金を他人のために使う」もの、ボランティアのような「自分の時間を他人のために使う」もの、献血や臓器提供、骨髄バンクへの登録といった「自分の身体を他人のために使う」ものなど、様々なパターンがあります。

実際の寄付は複数の要因が絡み合って複雑ですが、ここでは寄付をシンプルに模した「**独裁者ゲーム（dictator game）**」と呼ばれるゲームを取り上げます。現実を簡素化したゲームをもとに、まずは標準的な経済学の予想はどうなるのか、行動経済学の予想はどうなるのかを考えてみましょう。その後、実験結果を確認しつつ考察していきます。仮説を立てて分析し、結果を解釈するというステップを踏むことで、行動経済学的な分析のセンスを身につけることができるのです。

　独裁者ゲームとは次のようなゲームです。

> 　あなたは見ず知らずの匿名の他人と2人一組のペアになっています。今、あなただけに実験実施者が1,000円を渡したとしましょう。そして、あなたはこの1,000円の内、いくらかをペアの相手に渡すことができます。
> 　この時、あなたはペアの相手に何円を渡しますか？

図6.1.1　独裁者ゲーム

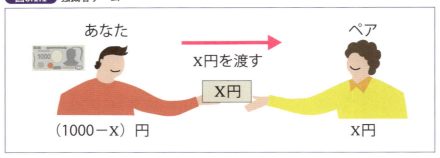

　ペアの相手に1円も渡さないこともできますし、1,000円全額を渡すこともできます。あなたはいくら渡すでしょうか？ 好みの問題なので、渡す金額は人それぞれです。実験結果が気になるところですが、結果を見ていただく前に、標準的な経済学の予想と行動経済学の予想をそれぞれ確認していきましょう。

利己的モデル：標準的な経済学の予想

まずは標準的な経済学の予想ですが、それは「0円を渡す」、つまり「1円も渡さない」です。お金を独り占めをするというわけです。

なぜ、このような極端な予想になるのでしょうか？　それは、標準的な経済学では「自分の最終的な利得のみから得られる利己的な効用を最大にする人間像」を想定しているからです。

経済学のモデルを使って整理していきましょう。独裁者ゲームの登場人物は、「あなた」と「ペア相手」の2名です。「あなた」が最終的に保持する金額を x_{self}、「ペア相手」が最終的に保持する金額を x_{other} と表すとします。

標準的な経済学の利己的モデルは、次のように表現できます。

【利己的モデル】

$$U^{Selfish}(x_{self}) = u(x_{self}) \qquad (6.1.1)$$

$u(\cdot)$ は効用関数です。効用関数の中には、ペアの相手の利得（x_{other}）が含まれておらず、自分の利得（x_{self}）のみが含まれます。ここでは議論の単純化のため、金額の値自体が効用、満足度になる線形効用を仮定した、次のような効用関数で考えてみます。

$$U^{Selfish}(x_{self}) = x_{self} \qquad (6.1.2)$$

経済学では、「人間は自分の効用、満足度を最大になるような選択を行う」と考えています。このような利己的モデルを考えた時、効用を最大にする行動はどのようなものでしょうか？　それは、自分が1,000円を独り占め（$x_{self} = 1000$）し、ペアの相手には1円も渡さない（$x_{other} = 0$）という行動です。

━━ 利他的モデル：行動経済学の予想

次は行動経済学の予想ですが、それは「相手に1円以上渡す可能性がある」です。少し歯切れの悪い表現ですが、要は、独り占めするわけではないということです。

なぜ、そのようになるかと言うと、行動経済学では他人のことを配慮する**利他性**（altruism）も備わった人間像を想定するからです。行動経済学では、自分の利益だけではなく他人の利益からも効用を得る、次のような利他的モデルを考えます。

【利他的モデル】

$$U^{Altruistic}(x_{self}, x_{others}) = u(x_{self}) + \alpha \cdot u(x_{others}) \qquad (6.1.3)$$

$\alpha(\alpha \geq 0)$ は、利他性の程度を表す利他性パラメータです。$\alpha = 0$、つまり利他性が全く無い時は、(6.1.1)式の利己的モデルと一致します。$\alpha > 0$ の時は、他人が得られる利益もその人自身の効用に含まれます。$\alpha = 1$ の時は、自分の利得と他人の利得を同程度に評価することになりますが、一般的に利他性パラメータ α は、$0 \leq \alpha < 1$ の範囲にあると考えられています。

この利他的モデルでは、利他性パラメータ α の大きさによって、他人の利益から得られる効用をどの程度、自分の総効用に組み込むかが異なります。そこで、利他的モデルをもう少し変形して、行動経済学の予想を出していきたいと思います。

まずは、ここでも議論を単純にするため、金額の大きさ自体が効用となる線形の効用関数を考えます。次に、他人の利得をどの程度重視するかという利他性パラメータ α ではなく、自分の利得と他人の利得をどのように重みづけるかというパラメータ $\rho(0 \leq \rho \leq 1)$ を用いるように変更します。すると、(6.1.3)式は次のような形に書き直すことができます。

$$U^{Altruistic}(x_{self}, x_{others}) = (1-\rho)\, x_{self} + \rho\, x_{others} \qquad (6.1.4)$$

$\rho = 0$ の場合は、右辺は x_{self} のみとなり、(6.1.2)式の利己的モデルと一致します。$\rho > 0$ の場合は、他人の利得も考慮する利他的モデルとなり、ρ の値が大きくなるほど、他人の利得を重視する程度が大きくなります。そして、$\rho = 0.5$ の時は、自分の利得と他人の利得を同程度評価していることになります。

ρ の値の大きさによって、自分の効用が最大となる配分が異なるため、標準的な経済学の予想のように、具体的な配分金額を求めることはできません。しかし、行動経済学の利他的モデルでは、他人の利得からも効用を得る、つまり、他人にお金を渡すことからも効用が得られるため、独り占めするとは限らないという予想を立てることができるわけです。

━━ 独裁者ゲームの実験結果の確認

「独り占めする」という標準的な経済学の予想と「独り占めするとは限らない」という行動経済学の予想の、どちらが当たっているのでしょうか？

ここでは、616個の実験結果（1つの実験には、100〜300人が参加）をメタ分析した結果を紹介します。

> ・最初に実験者から与えられたお金のうち、平均28.4%の金額がペアの相手へ渡される
> ・ペアの相手に全く渡さない人は、全体の36.1%いる
> ・自分とペアの相手に半分ずつ配分する人は、全体の16.7%いる

ペアの相手に全く渡さなかった36.1%の人は、標準的な経済学の予想通りの行動をしています。しかし、残りの約64%という大多数の人は行動経済学の予想通り、独り占めはしなかったのです。独り占めをしなかった人の中での多数派は、自分とペアの相手に半分ずつ配分する人たちでした。**公平性**（**fairness**）を気にしている人が大半だったわけです。

以上のように、過去の実験結果を踏まえると、標準的な経済学の予想が全く当たっていないわけではありませんが、多くの人が標準的な経済学の予想とは異なる行動をしています[1]。行動経済学の予想、つまり自分の利益のみを最大にするということもなく、他人の利益も考慮して行動する人が大半でした。

純粋利他性とウォームグロー

利他性を導入することで、独裁者ゲームのような寄付に関する行動をうまく説明できるようになりました。更に行動経済学では、この利他性を**純粋利他性**（pure–altruism）と**ウォームグロー**（warm–glow）の2種類に分けて分析します。純粋利他性は「相手が喜ぶこと」から効用を得るという性質を指します。一方、ウォームグローは寄付のような「相手のためになるような行為」自体から効用を得るという性質を持っています。

両者の違いを明らかにするため、以下のマッチング寄付ゲーム[2]を考えてみましょう。

> あなたは見ず知らずの匿名の他人と、2人一組のペアになっています。
>
> 今、あなただけに実験実施者が1,000円を渡したとします。あなたはこの1,000円の内、いくらかをペア相手に渡すことができます。更に、あなたが提案した金額は2倍になって、ペアの相手に届きます。この時、あなたはペア相手に何円を渡しますか？

---

[1] 独裁者ゲームにおいて、男性よりも女性のほうがより多くの金額をペアの相手に配分する傾向にありますが、男性よりも女性の意思決定は実験の文脈に依存しやすいことが知られています。

[2] このようなマッチング寄付は、実社会でも採用されています。たとえば Yahoo! JAPAN が設立した Yahoo! 基金では、災害復旧・復旧支援などの寄付を募り、その際、Yahoo! JAPAN や団体を支援する企業などが集まった寄付金額と同額を寄付するといったマッチング寄付が行われることがあります。

図6.1.2 マッチング寄付ゲーム

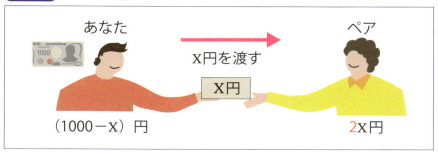

　マッチング寄付ゲームは独裁者ゲームと非常に似ていますが、提案者であるあなたが渡した金額がそのままペア相手に渡るのではなく、2倍した金額がペア相手に渡るという点が異なります。独裁者ゲームの時と比べて、あなたがペア相手に渡した金額は減ったでしょうか？ それとも、変わらなかったでしょうか？[3]

　金額が変わらなかった人はウォームグロー型の利他性を持っており、相手に渡す金額が1/2になった人は純粋利他性型の利他性を持っていると考えられます。

　なぜ、そのように分類されるのか、具体的な例で確認してみましょう。独裁者ゲームで400円をペアの相手に渡した人（Aさん）を考えてみます。

　Aさんは、自分が600円、相手が400円という金額が自分にとって最適な配分額だと判断したわけです。Aさんの利他性が純粋利他性であった場合は、Aさんは「相手が400円を手にしていると嬉しい」と考えています。そのため、自分が渡した金額が2倍されるマッチング寄付ゲームでは、200円を渡せば相手に400円届くようになるため、1,000円のうち200円しかペアの相手には渡さないようになります[4]。

---

[3] 独裁者ゲームではペアの相手にお金を配分しなかった人の中に、マッチング寄付ではペアの相手にお金を配分する人が出てくることや、配分額が増加することがあります。マッチング寄付は他の人と協力して寄付をするというフレームになっていることが、寄付が呼び起こされた理由の1つとして考えられています。

[4] このように、もともと寄付したいという気持ちが押し出されてしまう現象を、**クラウディングアウト**（crowding out）と言います。

一方で、Aさんの利他性がウォームグローであった場合は、Aさんは「400円を寄付する行為が嬉しい」と考えています。そのため、マッチング寄付ゲームであっても、相手に渡す金額は変わらず400円のままです。というのも、Aさんは「400円を寄付するという行為」自体から効用を得ているからです。この場合、寄付先には800円が届けられることになります。

「利他性」と一言で言っても、予想される行動がこのように変わってくるのです。特に、純粋利他性の場合、マッチング寄付では相手に渡す金額が減るという、利他性という言葉の響きとは裏腹な現象が観察されるので注意が必要です。なお、多くの人間は純粋利他性とウォームグローの両方をあわせ持っていると考えられています。つまり、マッチング寄付ゲームでは、独裁者ゲームよりも相手に渡す額が多少小さくなるという行動が観察されるというわけです。

● 不平等回避モデル

(6.1.4)式で表した利他的モデルについて、もう少し深堀りしてみます。上記のモデルでは、自分の利得が相手の利得よりも大きいかどうかを気にしていません[5]。しかし実際には、相手よりも自分の利得が少ない場合は、相手に**妬み**（**envy**）を覚えることもあります。そして、相手よりも自分の利得が多い場合には、**罪悪感**（**guilt**）を感じることもあるでしょう。自分と相手の利得の大小関係に応じて、他人を気にするパラメータ ρ の値が異なるものとして、行動経済学では次のような**不平等回避**（**inequality aversion**）**モデル**を考えます。

【不平等回避モデル】

$$U^{Inequality}(x_{self}, x_{others}) = \begin{cases} x_{self} - \alpha(x_{others} - x_{self}) \ if \ x_{self} < x_{others} \\ x_{self} - \beta(x_{self} - x_{others}) \ if \ x_{self} > x_{others} \end{cases} \quad (6.1.5)$$

---

[5]　上記のモデルは、以下のように変形することもできます。

$$U^{Altruistic}(x_{self}, x_{others}) = x_{self} - \rho(x_{self} - x_{others})$$

すると、ρ は「自分の利得と相手の利得の『差分』をどの程度評価するか」を表すパラメータとしても解釈できるようになります。

α は自分よりも相手の方が利得が高いという不平等に対して、妬みを覚えるパラメータを表します。β は自分よりも相手の利得が低いという不平等に対して、罪悪感を感じるパラメータを表します。$\alpha > \beta$ の場合、自分が得して申し訳なく思うことよりも、相手が得していることに対して腹が立つことの方が大きいことを意味します。不平等回避モデルが提案された研究では、$\alpha = 0.85$, $\beta = 0.315$ と推定されています。つまり、罪悪感よりも妬みの方を強く覚えるということわけです。

ここで、この不平等回避モデルを利用して、独裁者ゲームにおける「独り占めしない」という行動を説明できるか確認してみましょう。

罪悪感を示すパラメータ β が、$\beta = 0.6$ の時、提案者が1,000円を分ける独裁者ゲームにおいて、「全額を独り占めする（$x_{self} = 1000, x_{others} = 0$）」か「自分に600円、相手に400円を配分する（$x_{self} = 600, x_{others} = 400$）」のどちらが実現するかを考えてみます。

（1）全額を独り占めした場合

$$x_{self} - \beta(x_{self} - x_{others}) = 1000 - 0.6 \times (1000\text{-}0) = 400$$

（2）自分に600円、相手に400円を配分した場合

$$x_{self} - \beta(x_{self} - x_{others}) = 600 - 0.6 \times (600 - 400) = 480$$

後者の方が効用が高いことから、全額を独り占めしないことがわかります。「β が十分に大きく罪悪感を強く感じる人は、自分と相手の配分額を均等に配分する」ということが、不平等回避モデルの理論予測から導き出されるのです。

寄付のような利他的行動を分析する際には、分析対象者の利他性といった性質だけでなく、不平等回避のように、自分と他人との差を気にしたり、公平性を気にするといった性質にも目を向ける必要があるという点には注意してください。

Point!

・標準的な経済学では利己的な人間を想定しているが、独裁者ゲームの実験結果で見たように、多くの人は利他性も有している
・行動経済学では、利他性には「純粋利他性」と「ウォームグロー」の2種類のタイプがあると考える
・行動経済学では、自分と他人との不平等を避けようとする不平等回避選好も考慮される

6.2

やられたらやり返す人間行動：最後通牒ゲーム

交渉の分析

6.1節で紹介した独裁者ゲームは、自分から他人へ影響を与えるというように、他人の考慮の仕方は一方通行で構いません。しかし実際には、自分の行動が他人に影響を与えると同時に、他人の行動が自分にも影響を与えるというような複雑な状況もあるでしょう。そうした状況の中でも、自分の利得が自分の行動だけでなく、ペア相手の行動にも依存するような相互依存的な状況を、戦略的状況と言います。

例えば、サッカーのPKを想像してみてください。キッカーが点を取れるかどうかは、キーパーの行動にも依存しますよね。キッカーがボールを蹴った方向とキーパーがゴールを防ぐために動いた方向が違えば、キッカーのチームに点数が入りますが、キッカーが蹴った方向とキーパーが動いた方向であれば、キッカーのチームには点数が入りません。

このような「駆け引き」が行われる場面での人間行動は、**ゲーム理論（game theory）** と呼ばれる分野で分析がなされています。先ほどのサッカーのPKだけでなく、テニスのサーブもゲーム理論での分析対象です。その他、企業の価格戦略や交渉といった場面でも、ゲーム理論を用いた分析が行われます。ここでは、ドイツで行われた「オークションデータの分析事例」を見てみましょう。

⬤ Case!

Amazonを利用していない人がギフト券を持っていても使うことができないため、オークションサイトで売りに出されることがあります。Amazonを利用していない人にとってギフト券の利用価値は0円ですが、

Amazonを利用している人からすれば、ギフト券は額面通りの価値があります。

　買い手の入札行動を明らかにするため、eBayでAmazonギフト券を売るという実験が行われました。Amazonを利用していない人はできるだけ高い価格で売りたいと考え、Amazonを利用している人はできるだけ低い価格で購入したいと考えます。買い手が入札した価格を売り手が受け入れた場合は取引成立となりますが、拒否した場合は取引は不成立となり、お互いの利益は無くなります。

　この実験によって得られたデータを分析すると、買い手の入札価格の平均値は、ギフト券の元の価格の73%の価格でした。入札価格の分布を詳しく見ると、ほとんどの人がギフト券の元の価格の80〜90%の価格で入札していて、約10%の人がギフト券の元の価格の50%の価格で入札し、約5%の人が0円に近い価格で入札していました。

出所：Gizatulina and Gorelkina (2021) を元に筆者作成。

　ゲーム理論は、標準的な経済学と同じような人間像を想定して分析が行われるため、現実の人間行動をうまく説明できないことも出てきます。そうした時に、行動経済学のような社会的選好を考慮したモデルを考える必要が生じるのです。

　本節では、このオークションデータの分析事例を読み解くために、交渉をシンプルに表した**最後通牒（さいごつうちょう）ゲーム**（**ultimatum game**）と呼ばれるゲームを紹介します。標準的な経済学の考え方を応用したゲーム理論は、人と人の駆け引きが行われている状況での分析に示唆を与えてくれるため、分析者にとっても重要な知識です。

最後通牒ゲーム

では早速、最後通牒ゲームとはどのようなゲームなのか見てみましょう。

> あなたは見ず知らずの匿名の他人と、2人一組のペアになっています。今、あなただけに実験実施者が1,000円を渡したとします。そして、あなたはこの1,000円の内、いくらかをペア相手に渡すことができます。あなたが提案した金額をペア相手が受け入れた場合、その金額が実際に配分されます。ただし、提案金額をペアが拒否した場合、あなたもペア相手も0円となります。
> さて、あなたはペア相手に何円を渡しますか？

図6.2.1 最後通牒ゲーム

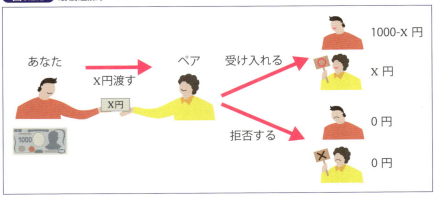

先ほど見た独裁者ゲームのように、ペア相手に1円も渡さないこともできますし、1,000円全額を渡すこともできます。しかし今回は、提案者であるあなたが提案した金額が拒否された場合、あなたの手にする金額は0円になってしまいます。

あなたは、いくら渡しますか？

そしてもし、あなたがペア相手の立場だったら、何円以下の提案額だと拒否しますか？

後ろ向き帰納法で考える経済学の予想

最後通牒ゲームでは、独裁者ゲームとは異なり「あなたが提案した金額によって、ペア相手が提案額を受け入れるか拒否するか」を決定します。ペアの相手の行動によって、あなたの最終的な利得が決まるのです。

最後通牒ゲームは、ゲーム理論の中でも**逐次手番ゲーム**（sequential game）と呼ばれるタイプのゲームです。自分が「いくらの金額を相手に提案するか」という行動をした後に、ペアの相手が「その提案額を『受け入れる』か『拒否する』か」という行動をとるように、自分と相手の行動に順番があるようなゲームを逐次手番ゲームと言います。

ゲーム理論では基本的に、相手の行動に対して自分がどのような行動をとることが最適になるかを考えます。そして、それぞれがこのような最適な行動をとることで、自分1人だけが行動を変えても利益が増えないような状況が実現します。こうした状況は、**ナッシュ均衡**（Nash equilibrium）と呼ばれます。標準的な経済学の予想のように、合理的な結果の予想として優れたもので、戦略的状況の分析をする際に1つの指針となります。

特に、逐次手番ゲームでは**後ろ向き帰納法**（backward induction）[6] を用いて、どのような行動が最適なのかを考えます。後ろ向き帰納法では、ゲームの最後に行動する人から順番に最適な行動を予測していきます。

最後通牒ゲームにおいて、最後に行動する人はペアの相手です。したがって、まずは『ペア相手は提案された金額を「受入れる」か「拒否する」かのどちらの行動をとることが最適になるか』を考えます。次に、ペア相手はその最適な行動をしてくるだろうという想定のもと、提案者はいくらの金額を提案することが最適となるかを考えます。

では、後ろ向き帰納法を用いて、標準的な経済学の予想と行動経済学の予想、それぞれがどのようになるのかを見ていきましょう。

---

6) 先読み推論と呼ばれることもあります。

（1）ペア相手の行動

　ペア相手が提案された金額を受入れた場合、その提案額を受け取ることができます。拒否した場合は、ペア相手が手にするのは0円です。

　標準的な経済学では、自分の利得のみを最大にするような人間像を考えています。そのため、「1円以上」の金額が提案された場合、拒否する理由はありません。たとえ「1円」という金額の提案がなされたとしても、拒否をしてしまうと0円になってしまうので、自分の利得を最大化するという行動原理から「拒否する」ことはあり得ません。したがって、「1円以上」の金額が提案された場合、「受け入れる」という行動はペア相手にとって最適な行動となるのが標準的な経済学の予想です。

　一方、行動経済学では、自分の利益だけでなく他人の利益も考える人間像を想定しています。ここで、(6.1.5)式で確認した「不平等回避モデル」を思い出してください。自分の方が得をしていることに対する「罪悪感」や、相手の方が得をしていることに対する「妬み」といった感情を考慮していましたね。提案者が「自分に999円、ペアの相手に1円」という提案をしてきたら、どう思うでしょう？　かなり不平等な提案なので、拒否するのではないでしょうか。

　このように、あまりにも不平等な提案であれば拒否をする可能性もあるということが、行動経済学の観点からは予想することができます。

（2）提案者の行動

　標準的な経済学であれ行動経済学であれ、ペアの相手の行動の予想をもとに、提案者は最適となる行動を考えます。

　標準的な経済学では、ペア相手が「1円以上」の金額であれば提案を「受け入れる」という予想を立てていました。この予想をもとに、提案者は最適となる行動を考えます。提案者も「自分の利得のみを最大にする」という人間像を考えているので、「1円」という金額を提案することが最適となります。というのも、1円であっても10円であっても100円であっても、「1円以上」の金額であればペア相手は受け入れてくれるからです。こうした状況のもとで「自分の利得」が最大となるのは、「1円」を提案して自分が「999円」手にすること

です。

　それに対して行動経済学では、あまりにも不平等な提案をすると拒否される可能性があるという予想を立てます。こうした予想をもとに考えると、「半分ずつとまでは言わないまでも、ある程度平等な配分をしておこう」と思うのではないでしょうか? 不平等な配分を提案すると1円ももらえなくなってしまう可能性がありますが、多少相手にお金をあげることで拒否されにくくなると考えるわけです。相手には300〜500円程度渡す、というような提案が出てくると予想できますよね。

　以上のことをまとめると、次のようになります。

・標準的な経済学の予想
　提案者は「1円」をペア相手に提案して、その提案額をペア相手は「受け入れる」[7]。
・行動経済学の予想
　提案者は「300〜500円程度」をペアに相手に提案し、ペアの相手はその提案が不平等だと感じなければ「受け入れ」て、不平等と感じた場合は「拒否する」。

━━ 最後通牒ゲームの実験結果の確認

　それでは、実験結果を確認してみましょう。ある実験の結果では、提案者が与えられた金額の20%以下の金額を提案することはほとんどなく、たいていは40〜50%の金額を提案していました。そして、30%以下の金額を提案した場合は、ペア相手に拒否されやすいことが示されました。どうやら、標準的な経済学の予想ではなく、行動経済学の予想の方が正しそうです。

---

7) 厳密には、提案者が「1,000円」を独り占めしてペアの相手には「0円」を渡すという組み合わせも、標準的な経済学の予想（部分ゲーム完全ナッシュ均衡）となります。

次に、75個の実験結果をまとめてメタ分析した結果を示します[8]。

> ・提案者は、平均40.4％の金額を相手に提案する
> ・ペア相手は、提案に対して平均16.2％の割合で拒否する

この結果は、提案する側も拒否権を有する側も、やはり標準的な経済学の予想とは異なる行動をしていることを意味しています。提案者は、1円といったごくわずかな金額以上を提案しているし、ペア相手は自分の利得が0円になったとしても「拒否」をしている人がいることがわかります[9]。つまり、行動経済学の予想の方が正しいということです。

⬤ 配分選好モデル

不平等回避モデルを考えれば、自分の利益が無くなってしまうにもかかわらず、「拒否」をする可能性があることを説明しました。ここでは、不平等回避モデルから着想を得た「**配分選好（distributional preference）モデル**」を紹介して、このような拒否行動について詳しく説明します。数学的な議論が続きますが、モデルを用いて整理すると分析仮説を立てる際に有益ですので、しっかり確認していきましょう。

配分選好モデルとは、以下のようなモデルです。

【配分選好モデル】

$$U^{Distributinal}(x_{self}, x_{others}) = \begin{cases} (1-\rho)x_{self} + \rho x_{others} & if\ x_{self} \geq x_{others} \\ (1-\sigma)x_{self} + \sigma x_{others} & if\ x_{self} < x_{others} \end{cases} \quad (6.2.1)$$

ただし、$1 > \rho \geq \sigma$。

---

[8] 提案者に最初に与えられた金額が大きい場合や、提案者がより大きな割合の金額を提案した場合、ペアの相手が拒否する割合は低いということも分析結果から示されています。

[9] 主に大学生を対象として行われるラボ実験では、1,000円程度の金額がインセンティブとして与えられます。欧米と比べて貨幣価値の低いインドで実験を行うことで、高額な金銭的なインセンティブを提供し、金額が高額になった場合、提案額の割合が小さくても拒否されにくいということを示した研究があります。

$\rho = \sigma$ の場合は、自分と相手の利得の大小関係を気にしないため、最初に考えた利他的モデルと一致します。ただし、$\rho = \sigma = 0$ の場合は利己的モデルになります。利他的モデルになるのは、$\rho = \sigma > 0$ の場合です。自分の利得と相手の利得を平等に配分する完全に利他的な人であれば、$\rho = \sigma = 1/2$ となります。

$\rho > \sigma$ の場合、相手の利得よりも自分の利得を重視します。更に、σ が0より大きいか小さいかでモデルの意味合いが変わります。

(1) $\rho > \sigma > 0$ の時：差異利他性（differential altruism）

ρ も σ も正であるため、自分であれ相手であれ、利得があれば効用が高まります[10]。ただし、相手の利得よりも自分の利得を重視（$\rho > \sigma$）しているため、自分の利得が相手より少ない時よりも、多い時の方が効用が高いです。

(2) $\rho > 0 > \sigma$ の時：不平等回避

この時、不平等回避モデルと同じ結論が導かれます。相手の利得よりも自分の利得が高い時は $\rho > 0$ であるため、自分の利得が増える状況でも、相手に対して利他的に振る舞います。一方、相手の利得よりも自分の利得が低い時は $0 > \sigma$ であるため、自分の利得が減る状況では、相手に対しても低い利得を望むようになります。これら2つの状況から、自分と相手の差をできるだけ小さくすることを好む行動をとると考えられます。できるだけ公平な配分を望むというわけです。

ここで、本節冒頭の「eBayの実験」を思い出してください。0円に近い価格を入札した人が約5%いました。こうした人は標準的な経済学の予想通りな行動をしていたわけですね。残りの人は、行動経済学の予想の方が正しいと言えそうです[11]。特に、元の価格の50%の金額を入札した人は、お互いの利益を半々にしようとする不平等回避の行動だったことがわかります。

---

10) この場合、社会全体の利得を最大にする効率的な選択が好まれることになります。
11) 実際の eBay では、交渉は1回限りではなく、売り手と買い手が交互に最大3回ずつ交渉ができる設定です。この設定は、ゲーム理論の交互提案ゲーム（sequential–offer bargaining game）の設定に非常に似たものです。実際に取引された約9000万件のデータを分析したところ、標準的な経済学の予想通り、忍耐強い買い手はより良い取引を獲得でき、交渉には費用がかかるという2つの結果が確認されています。

配分選好モデルを利用して、最後通牒ゲームで「拒否」する行動について説明します。提案者が1,000円を分ける最後通牒ゲームにおいて「自分に700円、相手に300円」という提案をしてきた時、ペアの相手がその提案を受け入れるか、拒否するか考えてみましょう。

（1）提案を受け入れた場合

$$(1 - \sigma)x_{self} + \sigma x_{others} = (1 - \sigma)300 + \sigma700 = 300 + 400\sigma$$

（2）提案を拒否した場合

$$(1 - \rho)x_{self} + \rho x_{others} = (1 - \rho)0 + \rho0 = 0$$

$300 + 400\sigma < 0$、つまり、$\sigma < -3/4$ の時には拒否されることがわかります。これは $\sigma < 0$ のケースですので、自分と相手の利得の差を小さくしたい不平等回避を表しているわけです。

━━ 互恵性

不平等回避モデルや配分選好モデルは、最終的な利得の結果のみに基づいて意思決定を下しています。しかし、最終的な結果ではなく「相手がどのような意図をもって行動をしたのか」といったことに影響するケースは無いのでしょうか？

例えば、相手の意図に応じて互恵的に行動することがあるかもしれません[12]。他人から親切を受けた時に、親切な意図を感じてお返しするような、**正の互恵性**（**positive reciprocity**）です。逆に、他人から不親切な行動をされると、不親切な意図を感じて仕返しをするような**負の互恵性**（**negative reciprocity**）も考えられます。次のミニ最後通牒ゲームを通じて、このような互恵性の重要性を考えてみましょう[13]。

---

[12] 不平等回避モデルは最終的な結果に基づいているため、**結果に基づく社会的選好**（outcome-based social preference）と呼ばれます。一方、互恵性のような意図も考慮したモデルは、**意図に基づく社会的選好**（intention-based social preference）と呼ばれます。

[13] **信頼ゲーム**（**trust game**）と呼ばれるゲームも、互恵性の重要性を明らかにしたゲームです。

あなたは見ず知らずの匿名の他人と2人一組のペアになっています。今、ペア相手に実験実施者が1,000円を渡したとします。ペア相手はこの1,000円の内、いくらかをあなたに渡すことができます。ペア相手が提案した金額をあなたが受け入れた場合には、その金額が実際に配分され、あなたが拒否した場合には、あなたもペアも0円となります。ただし、ペアの相手は「選択肢X：あなたに200円を渡す」か、シナリオによって提案金額が異なる「選択肢Y」のどちらかを選択します。

シナリオAの選択肢Y：「あなたに200円を渡す」
シナリオBの選択肢Y：「あなたに0円を渡す」
シナリオCの選択肢Y：「あなたに500円を渡す」

あなたは、各シナリオにおいて、ペア相手が「あなたに200円渡す」という提案をしてきた場合、受け入れますか？ それとも拒否しますか？

図6.2.2 ミニ最後通牒ゲーム

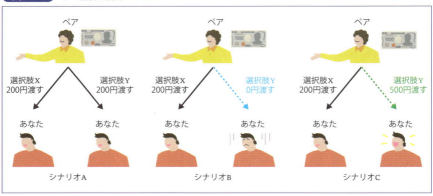

最終的な結果に基づいて意思決定をする不平等回避モデルでは、どのシナリオにおいても「あなたに200円を渡す」という提案は共通なので、拒否する人の割合は同じになると予想されます。

しかし、ミニ最後通牒ゲームを行ったある実験では、それぞれのシナリオについて「あなたに200円を渡す」という提案について「拒否」をした人の割合は、次の通りでした。

- 「あなたに200円を渡す」という選択肢しかないシナリオA：18.0%
- 「あなたに0円を渡す」という選択肢もあるシナリオB：8.9%
- 「あなたに500円を渡す」という選択肢もあるシナリオC：44.4%

これらの結果の全てを不平等回避モデルで説明することはできませんが、互恵性を考慮するとうまく説明できるようになります。

シナリオAでは「あなたに200円を渡す」という選択肢しかありませんので、ペアの相手は「良い」意図を持っているか「悪い」意図を持っているかわかりません。したがって、18%が拒否したという結果は、意図が含まれたものではなく、不平等回避の結果であると考えられます。

シナリオBでは「あなたに200円を渡す」という選択肢に加えて、「あなたに0円を渡す」という選択肢もあります。「あなたに0円を渡す」という選択ができたにもかかわらず、「あなたに200円を渡す」という選択をしたということには、「良い」意図が感じられるでしょう。その結果、拒否する人の割合は8.9%にまで下がったと考えられます。

シナリオCでは「あなたに500円を渡す」という選択肢もあります。にもかかわらず「あなたに200円を渡す」という選択をしたということには、「悪い」意図が感じられます。その結果、拒否する人の割合は44.4%にまで跳ね上がったと考えられます。

以上の結果から、正の互恵性よりも負の互恵性の方が強いことが示唆されます[14]。最後通牒ゲームのような交渉の場面では、最終的な結果だけでなく、ど

---

[14] 恩を受けた人が、その相手に直接恩を返すような行動は、**直接互恵性**（direct reciprocity）と呼ばれます。恩を受けた人が別の人に恩を与えるような互恵的な行動は、**間接互恵性**（indirect reciprocity）と呼ばれます。

のような意図をもって人々が振舞っているかを考慮する必要があります。また、互恵性を考えると、分析対象の人の前の人の行動が分析対象者の行動にも影響するわけですので、そうした人間行動の把握も分析には欠かせません。

Point!

・最後通牒ゲームのような逐次手番ゲームでは、後ろ向き帰納法を用いて行動の予想を立てる
・標準的な経済学では提案が拒否されないと考えるため不平等な提案をすると予想するが、行動経済学では不平等な提案は拒否されると考えるため、あまり不平等な提案をしないと予想する。実験結果は、多くの人が行動経済学の予想と整合的である
・互恵性には、善い行いに対して良いようにお返しをする「正の互恵性」と、悪い行いに対して悪く仕返しをする「負の互恵性」の2種類がある

6.3

ただ乗りしない人間行動：公共財ゲーム

■ 協力行動の分析

　6.2節で説明した最後通牒ゲームは、自分の行動と他人の行動が双方向に影響し合う状況を分析するものです。これはゲーム理論の中でも、ゲームの参加者が順番に行動する逐次手番ゲームと言われるものでした。ゲーム理論では、ゲームの参加者が同時に行動するような状況を分析することがあります。これは、**同時手番ゲーム**（simultaneous game）と呼ばれるものです。サッカーのPKはまさしく、同時手番ゲームの例です。

　更に行動経済学では、**公共財ゲーム**（public goods game）と呼ばれるゲームを用いて、自分の行動と他人の行動が双方向に影響し合う状況を分析することがあります。本節では、この公共財ゲームについて説明します。

　ところで、「公共財ゲームの『公共財』とは？」と思った人もいるのではないでしょうか？ 公共財とは経済学の専門用語で、「ある人が利用しても他の人が利用することは妨げない（非競合性）、誰でも使用できる（非排除性）という性質をもった財」のことです[15]。要は、皆が自由に使えるもので、ある人が使っていても他の人が使うことを邪魔しないないものです。公共財の具体例は、街灯や公共放送、Wikipedia、オンラインサイトでの口コミなどです。例えば、Wikipediaは記事の編集を行わなかったり、寄付をしなかったとしても、誰でも無料で利用できます。また、ある人がWikipediaを見ている時にも、他の人が同時にアクセスすることが可能です。つまり、非排除性と非競合性の、

---

[15]　公共財は、非競合性と非排除性の2つの性質を有していることが特徴です。森林や魚のような共有資源は非競合性を有していませんが、公共財と同じように非排除性を有しているため、自己利益を追求する結果、資源が枯渇するという**共有地の悲劇**（tragedy of the commons）という問題が生じます。

公共財の2つの性質を有しているわけです[16]。

　こうした公共財は誰でも自由に使えるため、費用を負担せずに財を利用する「ただ乗り」する**フリーライダー（free rider）**の問題が生じます。実際、2018年12月において、日本のWikipediaには7億7500万件のアクセスがありましたが、記事をアクティブに編集している人は4425人しかいませんでした。多くの人が、記事の編集や寄付といった形でWikipediaの運営に協力をせずに利用しているのです。

　つまり、多くの人がフリーライドしているわけですが、わずかであっても公共財へ自発的に貢献して協力している人がいます。ここで、中国語版Wikipediaでのデータ分析事例を見てみましょう。

📍 Case!

　Wikipediaは世界各国の言語ごとにサイトがあります。中国語版のWikipediaは、中国本土、台湾、香港、シンガポールなどの中国語利用者が主に編集をしたり、サイトを訪れています。

　2005年10月19日から2006年10月10日の間、中国本土から中国版Wikipediaへのアクセスができなくなりました。この事象を自然実験として扱い、中国本土からのアクセス禁止が、中国本土以外から記事を編集していた人の「公共財への自発的な貢献」に与える影響についての分析が行われました。

　2005年10月19日より前の、中国本土からもアクセスできている4週間において、中国本土以外から記事を編集していた人は平均して5,406件の記事を編集していました。そして中国本土からアクセスできなくなった2005年10月31日から4週間の間、彼らが編集した記事は平均して2,530件に減りました。

---

16) 厳密には、インターネットにアクセスできない人はWikipediaを利用できないので、非排除性が満たされていませんが、Wikipediaには公共財の性質が強く表れています。

6.3 ただ乗りしない人間行動：公共財ゲーム

　この結果は、中国本土からのアクセス禁止により公共財へ供給できる総人数が減ったことで、中国本土以外から記事を編集していた人の記事を編集する貢献率は42.8％低下したことを意味しています。中国本土以外の人はアクセス禁止の影響を受けないにもかかわらず、記事への貢献のやる気が下がっていたのです。記事へ貢献する集団サイズが小さくなったことによって、周りから承認（recognition）される社会的便益も減り、その結果として記事への貢献が減ったと、分析を行った研究者らは推測しています。

出所：Zhang and Zhu（2011）を元に筆者作成。

　この事例では、公共財を供給する人数が協力行動に影響を与えることを示しています。公共財的な要素が含まれているものを分析対象とする時には、公共財を供給する人数にも目を向ける必要があるというわけですね。

　次は、公共財の供給を単純化して模した公共財ゲームを通じて、標準的な経済学の予想と行動経済学の予想を比較し、人々の協力行動に関して理解を深めていきましょう。

● 公共財ゲーム

　公共財ゲームとは、以下のようなゲームです[17]。

　あなたは他のメンバーとともに、4人一組のグループに属しています。グループのメンバーには初期保有として、それぞれに1,000円が与えられます。あなたはこの1,000円を、いくら公共財に投資をするか考えてください。なお、公共財に投資された金額は2倍され、合計額が4人で均等に配分されます。
　あなたの収益は、次の通りです

17）囚人のジレンマ（prisoner's dilemma）という有名なゲームがあります。囚人のジレンマゲームの参加者は2人ですが、参加者を3人以上に拡張したものが、この公共財ゲームです。

（1000 − 公共財への投資額）+ 1/4 ×（2 × メンバー全員の投資合計額）

さて、あなたは公共財にいくら投資しますか？

図6.3.1 公共財ゲーム

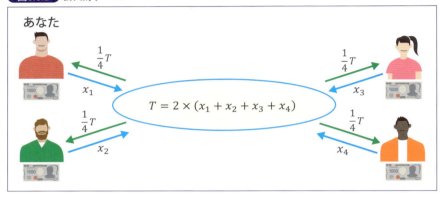

公共財ゲームは、共同プロジェクトにどれだけ投資をするかといった状況を模しています。そしてこれまでのゲームと同様に、公共財ゲームでも、あなたは1円も投資しないこともできるし、全額投資することもできます。

あなたはいくら投資しますか？

公共財ゲームにおける予想と結果

まずは、標準的な経済学の予想と行動経済学の予想を確認してみましょう。
標準的な経済学の予想は「0円」投資する、つまり1円も投資しないという行動です。以下、順を追って確認してみましょう。

自分の収益が最大化されるケースは、「自分は1円も投資せず、他の3人が1,000円を投資した」という場合です。この時、自分の収益は2,500円となり最大の利益を得ることができます。他の人の収益はそれぞれ1,500円となり、全体の収益は7,000円です。

しかし、他の3人も同様に自分の収益を最大にしたいため、全員が「0円」投資するとなるわけです。誰も投資をしない時、各人の収益は1,000円となり、全体の収益は4,000円のままになってしまいます。

このように、標準的な経済学の予想では自分の利益だけを最大にする人間像を考えているため、誰一人として投資するインセンティブはありません。他の人が公共財へ投資した便益にフリーライドしようとします。

もし、全員が1,000円全額を投資したら、各人の収益は2,000円となります。この時、全体の収益は8,000円になり最大となります。つまり、全員が協力して投資をすれば、社会全体の収益が最大化されるのです。

にもかかわらず、個々人が自分の利益を追求するがゆえに、社会全体の収益最大化からほど遠い結果となってしまう。このような状況を、**社会的ジレンマ**（**social dilemma**）と言います。

一方、行動経済学の予想は、標準的な経済学の予想とは異なり、投資する人も出てきます。というのも、6.1節や6.2節で説明してきた社会的選好を考慮したモデルから、自己利益だけでなく他人の利益も考慮して行動するからです。1円も投資せず利益を独り占めしようとする行動をとってしまうと、他人よりもより大きな利益を手にすることになり、不平等回避モデルによると罪悪感を感じてしまうので、そのような行動はしません。また、ウォームグローのように、公共財に投資をすること自体が嬉しい人もいるでしょう。ここでも、社会的選好に関するパラメータの大きさによって具体的な投資額が決まるので、どの程度投資するかは一概には言えませんが、投資する人がいると予想できるわけです。

では、実験結果はどうだったでしょうか？

あるメタ分析では、初期保有の40–60%を投資するという結果でした。ここでもやはり、行動経済学の予想の方が多くの人の行動を説明できていたわけです。

繰り返し公共財ゲーム

先ほどの公共財ゲームは、1回限りのゲームを考えていました。しかし、共同プロジェクトは1回限りではなく、複数回繰り返されることも多いでしょう。

実は、公共財ゲームでも1回限りのプレイではなく、10ラウンドなど複数回プレイされることがあります。そして、有限回数だけ繰り返してプレイされる場合、平均して初期保有の50%程度を投資することが観察されています。ただし、ゲームのラウンドが進むにつれて投資額は減っていき、最終ラウンドでは全く投資をしない人が多くなることがあることもわかっています。

公共財へ投資する理由として、他のプレイヤーが協力するなら自分も協力するという、**条件つき協力**（conditional cooperation）が有力な仮説として考えられています[18]。

条件つき協力仮説の検証実験として、2段階の公共財ゲームが行われました。1段階目は、通常の公共財ゲームです。そして2段階目は、他の3人の起こりうる全ての平均投資額が示され、各投資額だった場合にいくら投資するかを回答させました[19]。

実験の結果、他の人の投資額が増えるにつれて、同じように自分の投資額も増えるという条件つき協力者に分類される人が50%いて、他の人の投資額に関係無く、1円も投資をしないフリーライダーに分類される人が30%いました。条件つき協力者は、他の人の平均投資金額が増えるにつれて自分の投資額も増えることを意味しますが、他人の平均投資金額と完全に一致する金額を投資するわけではなく、平均投資金額よりわずかに低い金額を投資していることもわかりました。

---

18) ゲームのルールを理解していなかったため、はじめのうちは公共財へ投資をしていましたが、ラウンドを重ねていくうちにルールを学習して投資をしなくなったという学習仮説も考えられました。しかし、学習仮説だけではうまく説明できないことが知られています。

19) 1段階目での他のメンバーの実際の貢献額の平均値を算出し、その平均金額のもとでの、第2段階目の公共財ゲームの結果に応じて、被験者へは実験謝礼が支払われました。

さて、繰り返しプレイされる公共財ゲームの場合、ラウンドが進むにつれて投資額が減っていくことを紹介しましたが、これは先ほど説明した条件つき協力という考え方で説明できます[20]。グループ内にフリーライダーがいたり、あまり投資しなかった人がいた場合、もともと多くの額を投資していた人は、次のラウンドで投資額を減らすという行動をとります。その結果、投資額が次第に減っていくという現象が生じるわけです。

このように繰り返しプレイされる場合、他人がどうしているかによって自分の行動も大きく変わってきます。複数回繰り返される公共財の性質を持った対象を分析する際には、過去の情報も考慮して分析することが重要なのです。

Point!

・自己利益の追求が社会全体にとって望ましい結果にならない公共財ゲームにおいては、標準的な経済学の予想通りにフリーライドする人もいるが、自ら協力行動をとる人もいる
・繰り返し公共財ゲームの場合、他の人が協力するなら自分も協力するという条件つき協力が発生する

---

[20] 不平等回避でも、この現象は説明可能です。グループ内で、公共財へ投資をしていた人とあまり投資をしなかった人がいた場合、両者の間での利得の差が生じます。次のラウンドではグループ内での利得の差を減らそうと思うため、もともと公共財へ投資をしていた人は投資額を減らすようになります。

人々の協力行動を促進するには？

　全員が公共財に全額投資をすれば、社会全体としては利得の最大化が実現できます。ただ、個々人にはフリーライドするインセンティブがあり、全額投資をすることは実現しにくいことを確認しました。行動経済学では、「人々の協力行動を促進するには、どのような設計をすれば良いか？」という視点で、公共財ゲームのフレームワークを用いた様々な研究が行われています。ここではいくつかの代表的な研究結果を紹介します。

（1）　公共財への投資の意思決定に加えて、コストを支払ってでも自分以外のグループメンバーの利得を下げさせるという罰を与える（グループ内の平均以上を公共財へ投資していた人が、公共財へ投資しなかったフリーライダーに罰を与える）ことができる状況にすると、公共財への投資額が増える。
（2）　罰ではなく報酬を与えるという状況にすることでも投資額は増えるが、罰を与える状況の方が投資額を増やす効果は大きい。
（3）　公共財ゲームを複数のグループで行い、全グループの平均貢献額より低いグループの報酬額を一定金額下げ、高いグループには一定額の報酬金額を上げるというようなグループ間で競争をさせることで、投資金額が増える。
（4）　顔を合わせてコミュニケーションをする機会があると、投資金額が増える。

6.4

他人の目を気にした人間行動：社会的イメージへの関心モデル

他人から影響を受ける人間行動の分析

　ここまでは、自分の行動が他人に影響を与える状況（自分→他人）や、自分の行動と他人の行動が同時双方向的に影響しあう状況（自分↔他人）を見てきました。そして本節では、他人の存在が自分の行動に与える影響（他人→自分）を見ていきます。ある人の行動が別の人から影響を受けるということは、その人のみに着目して分析するのではなく、周囲の人の影響も考慮して分析する必要があるということです。「選挙での投票行動」を例に、他者の存在から影響を受ける人間行動について考えてみましょう。

📍 Case!

　スイスでは国民の代表を選ぶ連邦議会において、1978年から州ごとに郵便投票が段階的に認められていきました。郵便投票が可能になると、投票場にまでわざわざ行く費用が省けるので、投票率が上昇すると期待されます。

　1971年から2003年の投票率を差の差分析すると、郵便投票の導入によって2.2%ポイントの投票率の上昇が確認されましたが、統計的に有意な影響ではありませんでした。

　そして更に詳しく分析すると、郵便投票が投票率に与える影響は地域の大きさによって異なっていました。人口1000人未満の小さな地域が無い州では、投票率は6.5%ポイント上昇。しかし、人口1000人未満の小さな地域が多数占める州では、投票率は7%ポイント低下という結果だったのです。郵便投票が導入されることで投票の費用が下がったにもかかわらず、小さな州では投票率が下がってしまったというわけです。

出所：Funk (2010) を元に筆者作成。

小さな地域が無い州では当初の予想通り、郵便投票によって投票の費用が下がったため投票率が上がりました。これは標準的な経済学の予想と一致します。投票に行くことの費用が便益よりも高い人は、投票には行かないと予想します。そのため、費用が下がることは、投票へ行く人の増加につながるのです。

　対して、小さな地域が多数占める州でも、投票費用が下がったのは同じはず。にもかかわらず、予想に反して投票率が下がってしまいました。このような現象は、標準的な経済学ではうまく説明できません。

　以下、前述の分析結果についての考察です。

　前述の分析を行った研究者たちは、行動経済学で考慮される**社会的プレッシャー（social pressure）**の影響が郵便投票によって取り除かれたため、小さな地域では投票率が下がったと主張します。郵便投票ができなかった時は投票場に行く必要があるため、誰が投票しているかわかります。小さな地域では、互いのことをよく知っており、「選挙に行くという義務を果たしていない人は誰か」といった噂話が広がりやすいため、投票に行くことに対して社会からのプレッシャーの影響を受けていました。

　つまり、郵便投票が導入されたことで投票場に行かなくとも投票できるようになったため、このようなプレッシャーの影響が無くなったのです。郵便投票によって投票場へ行く費用が下がった効果よりも、周りからの目を気にして投票に行っていた影響の方が多かったため、小さな地域では予想外に投票率が低下するという結果になったのでした。

　皆さんも、「他人からどのように思われるのか」というように、周りの目を気にして行動することはないでしょうか？　また、「他人はどのようにしているのか」ということを意識して行動することはないでしょうか？

　本節では、他人からどのように思われているかを気にする、**社会的イメージへの関心（social image concern）**モデルと呼ばれる行動経済学の考え方について説明していきます。

社会的イメージへの関心のモデル

経済学では、何か行動をする時に費用と便益を天秤にかけ、費用よりも便益が上回っていた時（便益＞費用）に行動し、費用よりも便益が下回っていた時（便益＜費用）には行動をしないと想定します[21]。

【費用便益モデル】

$$U(a) = B(a) - C(a) \qquad (6.4.1)$$

a は周りから観察可能な行動で、$B(a)$ はその行動 a をとった時の便益を表し、$C(a)$ はその行動 a をとった時の費用を表します。

行動経済学では、この費用便益モデルに「他人からどのように思われているかを気にすること」を、社会的イメージへの関心として組み込んだ拡張をします。つまり、便益と費用の大小関係だけでなく、他人が自分に対して抱いているイメージへの関心をモデルに組み込むのです。

【社会的イメージへの関心モデル】

$$U(a) = B(a) - C(a) + \gamma S(a) \qquad (6.4.2)$$

$S(a)$ は、行動 a をとった時の社会的イメージからくる効用です。自分が関係する集団にとって、社会的に望ましいと考えているものに依存します。例えば、環境問題に関心がある集団に属している場合、省エネ行動をすることは社会的に望ましいとされますが、そうでない集団の場合、省エネを意識せずに行動することになります。

γ は、社会的イメージをどの程度気にするかを表すパラメータです。γ の大

---

21) 便益から費用を引いたものは、純便益（＝便益－費用）と呼ばれます。純便益が正の時にはその行動をし、純便益が負の時にはその行動をしないとなるわけです。

きさによって、人々の行動は変わってきます。

（1）　$\gamma = 0$ の時：社会的イメージを気にしない

　$\gamma = 0$ の時は、定式化したモデルの最後の項が0となり消えるので、行動 a をとった時の便益と費用の大小関係のみで判断をすることになります。これは社会的イメージへの関心を考慮していない、通常の費用便益モデル (6.4.1)式に一致します。

（2）　$\gamma > 0$ の時：社会的イメージを気にして、同調するように行動

　$\gamma > 0$ の時は、社会的イメージへの関心が考慮されます。社会的イメージへの関心を気にするパラメータ γ が正であるということは、社会的に望ましいと考えられる行動をとることによって、より高い効用が得られることになります。したがって、周囲からのプレッシャーを感じて、社会的に望ましい行動に同調しようと行動するわけです。

（3）　$\gamma < 0$ の時：社会的イメージを気にして、反駁するように行動

　$\gamma < 0$ の時も、社会的イメージへの関心が考慮されます。しかし、今度は社会的イメージへの関心を気にするパラメータ γ が負なので、社会的に望ましいと考えられる行動をとれば効用が低くなってしまいます。それゆえ、社会的に望ましい行動とは反対の行動をするような、天邪鬼な行動をすると考えられます。

　ただし、社会的イメージを気にして反駁するように行動する人は少なく、実際には、社会的イメージを気にしない人と、社会的イメージを気にして周りに同調するような行動をとる人が多いと考えられます。

　ところで、社会的イメージから得られる効用 $S(a)$ は、「自分が関係する集団にとって、社会的に望ましいと考えているものに依存する」と説明しましたが、「自分が関係する集団」というのが非常に複雑です。なぜなら、人は1つの集団だけでなく複数の集団と関係しているからです。

6.4 他人の目を気にした人間行動：社会的イメージへの関心モデル

「学生が勉強をするかどうか」という例で考えてみましょう。

学生が勉強をすることは、社会全体や親・教師にとっては望ましいことです。そのため、社会的イメージを気にする学生は、親や教師からのプレッシャーを感じて、遊ぶのではなく勉強するという選択を取ります。一方で、学生は同級生とも1つの集団を形成しています。学生という集団の中では、勉強することよりも遊ぶことのほうが望ましいと考えられているでしょう。この場合、同級生からの受けるイメージを気にする学生は、勉強するのではなく遊ぶという選択を取ります。

このように、異なる社会集団からは受ける社会的プレッシャーの影響は、異なる帰結をもたらすことがあるのです。

また、勉強している姿が他の人に観察されるかどうかで、行動が変わることもあります。同級生に観察されるような放課後の教室では勉強しないけれど、同級生には見られない自宅では勉強したという経験はないでしょうか。周りから観察可能な場合は社会的イメージの影響を受けますが、周りから観察されない場合は社会的イメージの影響は受けません[22]。

社会的プレッシャーの影響は様々な場面で観察される

冒頭に示したスイスの郵便投票の事例は、周りから観察されることが社会的プレッシャーに繋がることを示した代表的な例です。そして投票行動以外にも、教育現場、職場など様々な場面で社会的プレッシャーの影響を受けることが知られています。

（1）教育現場における社会的プレッシャー

教室では同級生から自分の行動が観察されるため、社会的プレッシャーの影

---

[22] 一方、「自分をどう思いたいか」という自己イメージへの関心（self-image concern）を気にする場合や、「自分はどういう人間か」というアイデンティティ（identity）を気にする場合、他人から観察されようとされまいと行動は変わりません。

響を受けやすいです。例えば、アメリカの高校において、日本の共通試験に相当するSATと呼ばれる試験対策のオンライン授業（無料）を受けるかどうかという意思決定が、社会的プレッシャーの影響を受けることを示したフィールド実験があります。この実験では、追加のオンライン授業を申し込んだことが同級生に知られる公開条件群と、同級生には知られない非公開条件群に生徒をランダムに割り当てました。習熟度別に見ると、申込率は図6.4.1の通りです。

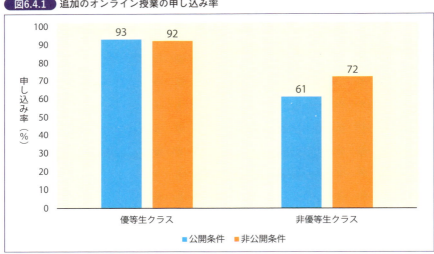

図6.4.1 追加のオンライン授業の申し込み率

出所：Burszyn and Jensen (2015)のFigure 4を元に筆者作成。

　優等生クラスでは、公開条件と非公開条件で申込率に差はありませんでした。一方、非優等生クラスではオンライン授業を申し込むことが公開される場合、公開されない場合よりも申込率が低くなりました。

　この結果は、社会的に望ましいとされる行動が習熟度によって異なることを示しています。優等生クラスでは「オンライン授業を受けることが望ましい」とされているのに対して、非優等生クラスでは「オンライン授業を受けることは望ましくない」とされているわけです。

　このように、同級生から観察されるかどうかが生徒の行動に影響するため、教育データを分析する際には、周囲からの観察可能性を考慮して分析することが重要です。

（2）職場における社会的プレッシャー

職場では同僚から働きぶりが観察されてしまうため、社会的プレッシャーを感じることが多くあります。

イタリアのあるスーパーマーケットのレジ係のレジ打ちデータを分析し、生産性の高いレジ係がシフトに入ると、他のレジ係の生産性も上昇することを明らかにした研究があります。ただし、この生産性の向上の影響が見られたのは、生産性の高いレジ係が見える時ではなく、生産性の高いレジ係に見られている時にのみ観察されています。自分の視界に入るレジ係が生産性が高かったとしても、自身の生産性には影響を与えなかったわけです。更に、生産性の高いレジ係と交流のあった人ほど、この効果は大きかったという結果が得られています。

つまり、生産性の高いレジ係に見られているという社会的プレッシャーによって、生産性が向上したと考えられるわけです。

職場の同僚のような「仲間」から影響を受けることを、**ピア効果（peer effect**）と呼びます[23]。更に、職場においては生産性だけでなく、労働時間にも同僚の存在が影響することがあります。例えば、オランダのコールセンターの人事データを分析し、自分の周りの人の労働時間が長いほど、自分の労働時間も長くなるという関係性を示す研究があります。

ただし、ピア効果を分析することは非常に難しいです。なぜなら、自分の行動は他人の影響を受けると同時に、他人にも影響を与えるというように、相互に影響し合っているからです[24]。つまり、自分から他人への因果効果と、他人から自分への因果効果の両方が含まれるというわけです。他人から自分への因果効果であることを推論するためには、レジ打ちデータの分析のように「自分は他人を観察できず、他人からしか自分は観察されない」など、影響が一方向

---

23) ピア効果は職場だけでなく、スポーツの場面でも観察されています。自由形の競泳において、自分より遅い選手が隣のレーンにいた場合、隣のレーンが見えるクロールでは成績が高くなるけれど、隣のレーンが見えない背泳ぎでは成績には影響が無かったという結果を示す研究があります。

24) こうした反射問題（reflection problem）に加えて、仲間を自分で選べる場合には選抜問題（selection problem）が生じるため、更にピア効果の因果効果を明らかにするのが困難になります。

のみとなるような条件をうまく見つけ出して分析することが重要になってきます。

社会規範に従うように行動する

ここまでは「他人からどのように思われるか」を意識した人間行動を見てきましたが、ここからは「**社会規範（social norm）の影響**」を意識した人間行動を見ていきます。

法や習慣、性別、国籍、宗教など社会を構成する各要素には、それぞれ規範が存在します。そして、多くの人はこれらの規範に従うように行動していると言っていいでしょう。

社会規範には「人々はこのようにすべきだと思っている」といった命令的規範（injunctive norm）と、「人々はこのようにしている」という記述的規範（descriptive norm）があります。そこで、それぞれの規範が人々にどのような影響を与えているかを見ていきたいと思います。

（1）命令的規範：性規範の例

「男は外で働き、女は家庭を守るべき」といった性別役割分業は、社会規範の代表的な例です。このような性規範は、男女の働き方、特に女性の社会進出を妨げる影響があります。

実際、アメリカの社会保障受給調査と呼ばれる大規模な統計調査を用いて「夫婦世帯の妻の所得割合の分布」を分析すると、夫よりも妻の所得の方が上回るような世帯は少ないという結果が出ました（図6.4.2）。これは、性別役割分業意識という社会規範が背後にあるため、妻は夫よりも多くの所得を稼ぐことを嫌い、その結果、このような分布が形成されていると推察されます。更に、妻の方が稼いでいる世帯では結婚満足度が低く、離婚しやすいという結果も確認されています。

これらの結果は、性規範に従って人々が行動していることを示しています。では、その規範を誤認していた場合はどうかと言うと、「誤認した規範に従っ

図6.4.2　性別役割分業意識が妻の働き方に影響

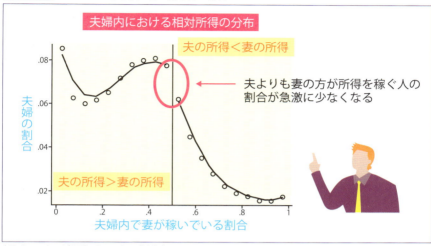

出所：Bertrand et al. (2015) のFigure1 を元に筆者作成。

て行動をしてしまう」と考えられます。ただし、正しい情報を伝えると認識を修正し、正しい規範に従って人々の行動が変わることもわかっています。

　サウジアラビアでは、妻が働きに出るには夫からの同意が必要なケースが多いそうです。そして、若い既婚男性の87％が個人的には妻が家の外で働くことを支持しているのに対して、彼らの妻の4％しか働きに出ていないことがある調査で明らかになりました。
　この調査結果は、「自分は妻が働きに出でも良いと思っているが、女性は外で働きに出るべきでないと皆が思っているから、自分の妻が働きに出ると、自分が他の男性から冷たい視線を送られる」という多元的無知によって、妻が働くことを許可していないという可能性を示唆しています。

　そこで、この調査を行った半数の男性に「回答者の87％が、女性は外で働くことを許すべきだと思っている」という正しい情報を伝えました。そして、残りの半数の男性には情報を伝えませんでした。
　あらためて全員の男性に女性向けの就活サイトを紹介したところ、正しい情

報を得た男性の妻のサイト登録率は32%で、情報が伝えられなかった男性の妻の登録率よりも9.5%ポイント高いという結果になっています。

（2）記述的規範：納税遵守規範の例

　違法行為やルール違反が観察されることは多々ありますが、「多くの人がこのようにしている」という記述的規範を提示することで法令順守が促進されることがあります。

　イギリスの国税庁が、税金の支払いを滞納している人に対して督促状を送るフィールド実験を実施しました。結果、「10人のうち9人は税金を期限内に支払っています」という記述的規範を明記した督促状が送られた処置群では、このような記述の無い督促状が送られた対照群よりも、納税率が1.3%ポイント高かったそうです。

　また、「イギリスにおいて、10人のうち9人は税金を期限内に支払っています。今のところ、あなたはまだ納税していないという非常に少数派の人です」という督促状を送った群では、対照群よりも納税率が5.1%ポイント上昇していました。この結果は、国民意識を強調（「イギリスにおいて」）し、滞納することは多数派から逸脱した行動であることを明示（「非常に少数派の人です」）することで、より納税遵守率を高めたことを示唆します。

　更に追加の実験を行い、「命令的規範を明示することよりも、記述的規範を明示した方が効果的である」ことも示しています。督促状に規範を明記しない対照群と比べて、「イギリスにおいて、誰もが期限内に税金を納めるべきものであるということに多くの人が同意しています」という命令的規範を督促状を送った群は納税率が0.6%ポイント高かったのですが、統計的に有意ではありませんでした。一方、「イギリスにおいて、大多数の人が期限内に税金を納めています」という記述的規範を督促状に明記した群は、対照群と比べて納税率は1.4%ポイント高かったのです。

6.4 他人の目を気にした人間行動:社会的イメージへの関心モデル

　人間は規範に従って行動します。そして、社会や所属する集団によって規範は異なるので、データ分析する際には「背後に隠れている規範」を意識して分析することが重要です。また、規範から逸脱する行動が観察される場合、記述的規範の情報を提供することで、規範に従うように行動してくれるようになるかもしれません。

第2部

第6章　他者を考慮した分析：社会的選好

Point!

・社会的イメージへの関心モデルでは、通常の便益と費用の大小関係に加えて、社会的に望ましいと考えられている行動からの効用も考慮される
・社会的イメージには、周囲からのプレッシャーや社会規範が含まれる
・社会的イメージへの関心があると、多くの場合、社会的に望ましいと考えられる行動に同調するような行動が観察される
・行動が周囲から観察可能かどうかによって、社会的イメージの影響を受けるかどうかが変化するため、分析の際には観察可能性を考慮する必要がある

247

6.5

社会的選好とインセンティブ

インセンティブがもたらす 予想外の人間行動の分析

　本節では、社会的選好とインセンティブの関係について考えます。標準的な経済学では、自己利益を最大にするように人は行動すると想定しているので、インセンティブが与えられると人はやる気になります。しかし、良かれと思って提供したインセンティブが予想外の結果をもたらすこともあるのです。

　まずは、スウェーデンで行われたフィールド実験の事例を見てみましょう。

Case!

　献血は自発的な利他的行動です。しかし、人々の利他性のみに頼っていては、十分な献血が集まらないこともあります。では、どのようにすれば献血を増やすことができるでしょうか？ まず思いつくのは、お金のような金銭的報酬を提供することでしょう。無償で行われている献血に報酬を与えれば、献血は増えると予想されます。

　スウェーデンの献血センターで、こうした予想を検証するフィールド実験が行われました。従来通り無償で献血を行ってもらう無償群と、献血に対して約800円の金銭的報酬を支払う有償群にランダムに分けて、金銭的報酬が献血に与える影響を検証したのです。

　結果、無償群の献血率は43％だったのに対して、有償群の献血率は33％でした。つまり、献血に対してお金を提供することで、予想に反して献血率が下がったのです。

出所：Mellström and Johannesson（2008）を元に筆者作成。

金銭的なインセンティブを付けることで、かえって献血行動が抑制されたという結果になったわけですが、標準的な経済学が想定するモデルではこの行動をうまく説明できません。そして、こうした予想外の結果を理解するには、行動経済学の知識が有効です。これは特に、社会的選好と深い関りがあります。

そこで本節では、インセンティブが逆効果に働いてしまうケースについて、行動経済学のモデルで説明します。

モチベーションクラウディングアウトを
説明するモデル：評判への関心

金銭的インセンティブが逆効果になる人間行動は、社会的イメージへの関心モデルと非常に似た構造をしています。このモデルでは、(1) 金銭的インセンティブのような外部からの働きかけである外発的動機 v_y、(2) 自分の内なる関心から生じる内発的動機 v_a、(3) 他人にどのように思われたいかという評判 $r(a, y)$、の3つの部分から効用を得て、その行動を取ることの費用の大小関係を比較します。

【評判への関心モデル】[25]

$$U(a) = v_y y + v_a + r(a, y) - C(a) \qquad (6.5.1)$$

---

y はインセンティブの大きさです。では、(1)〜(3) のそれぞれについて詳しく見ていきましょう。

(1) 外発的動機 v_y

標準的な経済学で考えている通り、お金のような金銭的インセンティブが得られる場合、個人はその行動を促進するようになります。また、外発的動機にはプレゼントや社会的承認のような、非金銭的インセンティブも外発的動機に

---

[25] 社会的イメージへの関心モデル（P239）における便益の部分（$B(a)$）が、外発的動機と内発的動機の部分（$v_y y + v_a$）に該当し、社会的イメージへの関心の部分（$\gamma(S(a))$）が評判（$r(y)$）の部分に該当します。

含まれます。インセンティブが大きくなればなるほど、外発的動機 v_y から得られる効用は高くなります。

（2）内発的動機 v_a

自分の興味関心に基づいて行う行動は、内発的動機によってもたらされます。行動経済学で考えているウォームグローのような行為自体から効用を得ることは、内発的動機な代表例です。外発的動機とは関係なく、その行動をとりたいといった気持ち、やりがいなどが内発的動機に該当します。

（3）評判 $r(a, y)$

「他人からどのように思われたいか」という評判は、少し複雑な動きをします。まず、このような評判の影響を受けるのは、他人から行動が観察される場合のみです。他人から受ける評判には、利他的行動をとることは「あの人は利他的な人だ」と思われるプラスの影響と、お金をもらうことは「あの人は貪欲な人だ」と思われるマイナスの影響の両方があり、それぞれの影響の大きさは個人によって異なります。貪欲に思われたくない人ほど、インセンティブが与えられると、自ら進んで行っていた行動をとりたくなくなってしまうでしょう。

このように、外発的動機が内発的動機を駆逐することを、**モチベーションクラウディングアウト**（motivation crowding out）と言います。

図6.5.1をご覧ください。冒頭の事例のような献血行動を、評判への関心モデルで整理したものです。献血することで金銭的インセンティブが与えられると外発的動機が刺激され、献血する意欲が高まります。また、ウォームグローのような内発的動機がある人は、外発的動機の有無にかかわらず献血をします。そして、献血すること自体は、献血会場へ行く時間的費用や注射の痛みなどの心理費用がかかります。この時点では、外発的動機と内発的動機から得られる便益が費用よりも高い場合は献血に行きます。

この時、最後の「評判を気にする部分」を入れるとどうなるでしょうか？

「あの人は献血に行くような利他的な人」というように、良い人に思われる

ことはプラスの影響があるので、依然として献血に行くでしょう。しかし、「あの人はお金をもらって献血に行くような貪欲な人」と思われることを気にする場合はマイナスの影響があるため、「それなら献血に行かないでおこう」となってしまいます。このように、お金という外発的動機が入ることで、進んで献血に行こうという内発的動機を駆逐してしまう可能性があるのです。

図6.5.1 評判への関心モデル

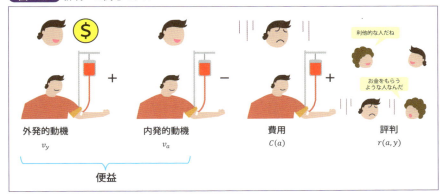

インセンティブと内発的動機

評判への関心を考慮することで、モチベーションクラウディングアウトを説明できることを示しました。そして「評判を気にする」といった要因以外にも、金銭的インセンティブのような外発的動機が内発的動機を駆逐するメカニズムがいくつか考えられています[26]。

予想外の分析結果が得られた時、説明に困ることもあるでしょう。そうならないためにも、インセンティブが逆効果に働く理由を知っておくことは有益です。ここでは、モラルの不活性化、悪い知らせのシグナル、コントロール嫌悪といった代表的な要因を紹介します。

---

26) ここでは、モラルの不活性化、悪い知らせ、コントロール嫌悪という3つのくくりで分けて紹介していますが、相互に重なり合っている概念でもあります。例えば、悪い知らせとコントロール嫌悪は、過剰正当化（overjustification）としてまとめられることもあります。

（1）モラルの不活性化（moral disengagement）

　インセンティブが道徳的モラルを駆逐してしまうことがあります。イスラエルの保育園で行われたフィールド実験では、お迎えの遅刻に対して罰金を導入することで、かえって遅刻が増加することが示されました。

　実験の内容ですが、イスラエルにある10か所の保育園を20週間にわたって観察しました。最初の4週間は罰金を導入せずに、遅刻の数を観察しました。5週目から16週目については、ランダムに選ばれた6か所の保育園には遅刻に対して約300円の罰金を科し、残りの4か所には罰金を科しませんでした。この期間に遅刻した人数を観察すると、罰金を科さなかった保育園で遅刻した人は9.2人であったのに対して、罰金を科した保育園で遅刻した人は16.4人でした。「遅刻してはいけない」という社会規範が、罰金という金銭的インセンティブが導入されることで「罰金さえ支払えば良い」という市場規範に置き換わったため、遅刻する人が出てきてしまったのです。

　17週目以降は罰金を撤廃しましたが、罰金を導入した保育園では遅刻の数が元に戻りませんでした。インセンティブによる規範の置き換えの効果は、長続きするのです。

図6.5.2　罰金の導入がかえって遅刻を誘発する

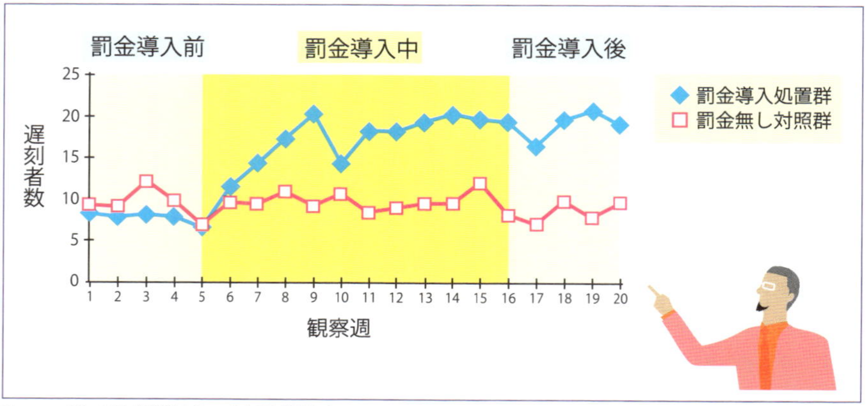

Gneezy and Rustichini(2000) のFigure1を元に筆者作成。

（2）悪い知らせ（bad news）というシグナル

インセンティブが提供されるということは、そのタスク自体が魅力的ではないという情報を伝えることや、タスクを実行する人の内発的動機や能力を信頼していないというシグナルを発することになります。前者は、タスクを依頼する人はそのタスクの魅力度や困難度を理解しているので、「インセンティブが無いとやってもらえないだろう」と感じ、タスクを依頼する時にはインセンティブを提供したということを指します[27]。後者は、タスクを依頼する人は、「タスクを実行する人は、インセンティブをあげないとやってくれないだろう・できないだろう」というように、タスクを実行する人を信頼していないシグナルを指します。タスクを実行する人は、このような「悪い知らせ」を受け取り、内発的動機を低下するというメカニズムです。

ウガンダで行われた、地域の衛生推進者を募集するフィールド実験で、期待される賃金を高い水準で提示すると、求職者は地域の健康促進という社会的目的ではなく、お金を稼ぐための私的な仕事という認識になることが示されました。この実験では、同一仕事内容の求人チラシに、期待できる賃金が高賃金、中賃金、低賃金の3種類をランダムに用意して、仕事に対する印象をアンケート調査しました。結果は、提示された賃金水準によって労働時間や仕事の難易度、労働者が求められる能力への印象には違いがありませんでしたが、健康サービスよりもビジネスライクな仕事に費やす時間が多いという認識を持つようになったそうです。高い賃金を提示することで求職者は増えましたが、社会的に役に立ちたいという内発的動機に動かされる求職者の応募が少なくなってしまったわけです。

（3）コントロール嫌悪（control aversion）

インセンティブは人々を「操る」ことができます。しかし、人間は尊厳と自律性をもって扱われることを望んでいます。インセンティブは自律性に影響を

---

27) タスクを依頼する人をプリンシパル（principal）、タスクを実行する人をエージェント（agent）と呼ばれ、契約理論（contract theory）や情報の非対称性（information asymmetry）と呼ばれる分野で詳細に研究されています。

与えるため、「行動をコントロールされたくない」という思いがインセンティブを逆効果にしてしまう可能性があります。

　例えば、イスラエルの大学で「IQテストから取ってきた問題を50問解くという課題を課した場合、インセンティブを全く与えなかったグループよりも、少額のインセンティブを与えたグループの方が成績が低かった」ことを示したラボ実験が行われました。この実験では、固定報酬に加えて、正解数に応じて報酬が得られるという設定で実験が行われています。

　結果ですが、正解に応じた追加報酬が得られなかった対照群の正解数は28.4問であったのに対して、正解1問につき約3円の追加報酬が得られる少額インセンティブ群での正解数は23.07問でした。追加報酬が無かった時は、問題を解く楽しさに従って自律的に問題を解いていたのが、インセンティブが導入されることで自律性が阻害され、やる気の低下が生じたと考えられます。

　この実験では、正解1問につき約30円や約90円を支払うインセンティブ群も設定されていました。結果、これらの群での正解数はそれぞれ、34.7問、34.1問と、対照群よりも高い成績を収めました。自律性を阻害する影響よりも金銭的インセンティブによる外発的動機づけが強かったため、成績が良かったと考えられます。少額のインセンティブしか用意できない時は、一切インセンティブを与えない方が効果的なのかもしれません。

　一方で、高額なインセンティブはかえってプレッシャーとなり、パフォーマンスを低下させることがあることを示したラボ実験もあります。

　マサチューセッツ工科大学の大学生を対象に、「制限時間内に12個の数字の中から、足すと10になる2つの数字をできるだけ多く探す」という課題を行いました。被験者は、正解数が9問以下の時には追加報酬無し、10問正解すると約1,500円が得られ、それ以降正解ごとに約150円が得られるという少額インセンティブ条件と、少額インセンティブ条件の10倍の報酬が得られる高額インセンティブ条件の、2つの条件で足し算を行いました。結果は、「70.8%の被験者は高額インセンティブ条件の方が正解数が低い」です。

更に、同様のインセンティブ設計で、4分間、キーボードの「X」と「Y」を交互に押すというタイピングタスクも行っており、82.6%の被験者が、高額インセンティブ条件の方が成績が良かったということもわかっています。タイピングタスクのような単純なタスクではインセンティブは線形の効果をもたらしますが、足し算タスクのような認知的負荷のかかるタスクでは、高額なインセンティブはプレッシャーとなり成績が悪化したと考えられます[28]。

報酬のような正のインセンティブは人々の行動を促進させ、罰金のような負のインセンティブは人々の行動を抑制させます。しかし、インセンティブと社会的選好の関係を考えると、予想通りの帰結がもたらされるとは限りません。直感に反するような人間行動が起きうるからこそ、データを用いて検証することは非常に大切なのです。

Point!

・内発的動機がインセンティブのような外発的動機によって駆逐される、モチベーションクラウドファンディングアウトという現象がある

・評判を気にするという社会的選好を考慮することで、こうした現象を説明することができる

・その他、モラル不活性化、悪い知らせのシグナル、コントロール嫌悪が内発的動機を駆逐する要因となる

---

[28] インセンティブとパフォーマンスの関係を検証するには、スポーツデータが頻繁に用いられます。例えば、ダーツ大会のデータを分析すると、アマチュア選手やユース選手は、勝負が決まる決定的な瞬間ほどパフォーマンスが下がっていたことが示されました。

第 **7** 章

限定合理性：体系的に誤る意思決定

　私たちは日々たくさんの意思決定を行っています。常にベストな選択をできれば良いのですが、残念ながらそうとは限りません。標準的な経済学では、計算能力が高く完全に合理的な判断ができる人間を想定していますが、実際はそうではないでしょう。計算能力が限られているため、限定合理的な判断をします。行動経済学では、こうした人間行動に着目します。

　本章では、限定合理性に関する様々な性質について説明します。その多くは、認知バイアスと呼ばれる人々の認知のクセによって体系的に生じるものです。ベストな判断から、ある一定方向に体系的にズレることが知られています。どのような場面で、どのようにズレるのかを知ることで、より良い判断をするためのヒントを掴んでください。

7.1

経験則による体系的誤り

● 合理的な判断から体系的にズレる人々の行動

　本章では、「人間は合理的に意思決定しようとしても、認知能力の限界があるため限定合理的にしか意思決定できない」という、限定合理性（bounded rationality）に関連する様々な性質について説明します。

　標準的な経済学では、利用できる全ての情報を利用して、自らの効用を最大にするように行動できる人間像の下で分析を行っています。つまり完全合理性を想定しているわけですが、実際には、いつも効用を最大にするベストな選択ができるとは限りません。最大化しようとしても計算間違いをしてしまうことが多々あるでしょう。

　ただし、この間違え方、ズレ方には一定のパターンがあります。このような体系的な誤り（systematic error）の多くは**認知バイアス**（**cognitive bias**）によって生じるものです。そのため、ここでも標準的な経済学の予想からのズレは予測可能なのです。行動経済学では、こうした認知バイアスを考慮した人間像を用いて分析します。

　なお、限定合理的であることによって人々の行動が体系的にズレることを認識するのは、分析対象者の行動を理解するうえで重要なだけではありません。「分析者も、このようなズレによって間違った判断を起こしうる」ことにも気づかせてくれます。

● 体系的にズレる直感の分析

　最初に取り上げるのは、直感による判断の体系的なズレです。人間の思考方

法には素早く直感的に考える自動システム（システム1）と、遅くじっくりと考える熟考システム（システム2）の2種類があると言われています。自動システムは無意識的に働くため、労力をかけることなく判断します。そして直感的な判断が正しいこともありますが、時として判断にゆがみをもたらすことがあります。一方、熟考システムは意識的に熟考するため、過剰に負荷がかかってしまったり、時間がかかってしまうことがあります。

　ではここで、「ハーバード大学の学生でさえも、直感的な判断によって間違えることがある」という事例を見てみましょう。

📍Case!

　ハーバード大学の学生に、以下3つの質問（**認知熟考テスト：Cognitive Reflection Test**）について素早く直感的に答えてもらいました。

（1）　バットとボールを買うには、合わせて1.10ドルかかります。バットの値段はボールよりも1ドル高いです。ボールの値段はいくらでしょうか？
（2）　5個のおもちゃを作るのに、5台の機械で5分かかります。では、100台の機械が100個のおもちゃを作るのには、何分かかりますか？
（3）　毎日、浮草の面積が倍になっていきます。もし、48日で浮草が池全体を覆ってしまったとすれば、池の半分を覆うのに何日かかったでしょうか？

　それぞれ正解は「0.05ドル」「5分」「47日」です[1]。そして、全問正解した学生は20％しかいませんでした。
　その後、世界各国で同様の質問をした研究が行われました。21か国44,558名の回答結果をまとめて分析したところ、全問正解した人は18％しかおらず、38％の人は全問不正解だったという有様です。

出所：Frederick (2005) およびBrañas-Garza et al. (2019) を元に筆者作成。

---

[1]　直感に基づく典型的な誤答例は、それぞれ「0.1ドル」「100分」「24日」です。

このように、「直感による判断」は時として間違ってしまいます。標準的な経済学の想定のように計算能力の高い人間であれば正しく計算できますが、実際の人間はそこまで計算能力が高くありません。また、計算能力が高い人でも、直感に頼って素早く判断すると間違ってしまうこともあるのです。

このような直感で判断する方法の中でも、行動経済学では「**ヒューリスティックス（heuristics）**」と呼ばれる経験則に基づく思考法に着目します。直感的に判断するヒューリスティックスは、意思決定のコストを下げる反面、ある一定方向にバイアスを生み、間違った判断をもたらしてしまうことが知られています。分析対象者の行動にどのようなバイアスが生じるのかを理解すると同時に、分析者自身がバイアスにとらわれないために、しっかりと理解していきましょう。ここでは、分析者自身にもバイアスをもたらしうる、代表性ヒューリスティックス、利用可能性ヒューリスティックス、アンカリングという3つのヒューリスティックスについて解説します[2]。

● 代表性ヒューリスティックス

代表性ヒューリスティックス（representative heuristics） とは、典型的なものとの類似性によって、物事の確からしさを判断する性質のことを言います。以下のリンダ問題（Linda problem）を考えてみてください。

> リンダは31歳の独身で、積極的に発言する非常に聡明な人です。大学では哲学を専攻し、学生時代には差別や社会正義の問題に関心を持っていました。また、反核デモにも参加しています。
> さて、現在のリンダについて推測する場合、以下の①と②のどちらの可能性が高いと思いますか？

---

[2] ここで紹介したヒューリスティックス以外にも、再認ヒューリスティック（知っているものを選択しやすい）や、情動ヒューリスティック（その時々の感情が意思決定に影響する）など、その他にも様々なヒューリスティックスがあることが知られています。

(1) リンダは銀行員である
(2) リンダは銀行員で、フェミニズム運動もしている

おそらく、(2) と思った方の方が多いのではないでしょうか？
しかし、正解は「(1) の方が可能性が高い」です。

銀行員である集合を A、フェミニズム運動の参加者である集合を B とすると、銀行員でフェミニズム運動の参加者である集合は、両者の重なった部分 $L = A \cap B$ となります。したがって、「銀行員で、フェミニズム運動もしている」可能性は、「銀行員である」可能性よりも小さいです。

図7.1.1 リンダ問題

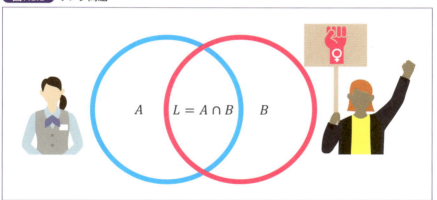

「銀行員であり、かつフェミニズム運動をしている」($A \cap B$) という事象を、「銀行員である」(A) や「フェミニズム運動をしている」(B) といった単独の事象よりも起こりやすいと判断してしまう性質は、**連言錯誤**（**conjunction fallacy**）と呼ばれます。

ところが文章を読んでいると、差別に対する関心や反核デモへの参加といった代表例に引きずられて、フェミニズム運動への関心がありそうと判断してしまうわけです。このリンダ問題では、「ある特別なカテゴリーに属する確率」という属性を「特別なカテゴリーの代表的なものに類似しているか」と置き換えて判断してしまい、誤った推論になってしまったのです。

なお、「ある事象が起こる確率が高い」ということを「その事象が起きる数が多い」と類推してしまうことも、代表性ヒューリスティックスです。

次の問題を見てください。

　　ある町に2つの病院があります。大きい病院では、毎日約45人の赤ちゃんが生まれています。小さい病院では毎日約15人の赤ちゃんが生まれます。全ての赤ちゃんのうち、男の子の割合は約50%です。しかし、正確な男女の割合は日によって異なります。50%より高い日もあれば、低い日もあります。

　　1年間にそれぞれの病院で生まれた赤ちゃんのうち、男の子の割合が60%を超える日を観察してみました。どちらの病院の方が、その条件を満たす日を多く観察できたと思いますか？

おそらく、大きな病院も小さな病院もほぼ同じだと思った方が多いでしょう。

しかし、小さな病院の方はサンプルサイズが小さいため、分散は大きくなります。そのため、50%という平均値からズレた値が観察されやすいのです。確率的に考えるのではなく、小さい病院も大きい病院も同じように「全体を代表とした集団を表している」と判断してしまい、誤った推論をしてしまったわけです。

● 利用可能性ヒューリスティックス

利用可能性ヒューリスティックス（availability heuristics）とは、ある事象を推測する時に、その事象に関連する思い出しやすい情報をもとに推論する性質のことを言います。ここでも、次の問題を考えてみてください。

　　英語の文章からランダムに単語を選んだ場合、その単語は次のどちらの単語の可能性が高いと思いますか？

（1）kで始まる英単語

（2）3番目の文字がkの英単語

　（1）の「kから始まる英単語」は、king,kitchen,key,keep,kid...と、ある程度
はすぐに思いつくと思います。一方、（2）の「3番目の文字がkの英単語」は、
ask... take...like ...と、なかなか思いつきにくかったかもしれません。そのため、
（1）の方が多いと推論したのではないでしょうか？

　しかし、正解は（2）の「3番目の文字がkの英単語」で、kから始まる英単
語よりも約2倍多いことが知られています。

　このように、ある事柄を推測する時に「入手しやすい情報」をもとに判断を
してしまうことが、利用可能性ヒューリスティックスです。利用可能性ヒュー
リスティックスは、情報の**入手しやすさ（accessibility）**だけでなく、情報の
顕著性（salience）にも影響を受けます。

　では、顕著性に影響を受けることを実感してみましょう。

　2022年に殺人で亡くなった人と、自殺で亡くなった人では、どちらが多い
と思いますか？

　正解は、「自殺で亡くなった人の方が多い」です[3]。しかし、メディアでは殺
人の報道が頻繁に流れるため、殺人に関する情報は自殺に関する情報よりも入
手しやすいですよね。芸能人の自殺はニュースに取り上げられることがあって
も、一般人の自殺は取り上げられにくいです。一方で殺人は、印象的な報道が
目立つことも多いでしょう。そのため、自殺よりも殺人で亡くなる方の方が多
いと推論してしまいがちなのです。

　このように、入手しやすい情報や目立つ情報から推論することは、間違いを
もたらすケースがあります。

---

[3] 警察庁の統計によると、殺人で亡くなった方は853名であるのに対して、自殺で亡くなった方は21,843名で
す。

図7.1.2 利用可能性ヒューリスティックス

入手しやすい情報（最近得た情報など）や、目立つ情報（極端な情報、接触頻度の高い情報など）といった利用可能性の高い情報のみに基づいて推論するのが、利用可能性ヒューリスティックスです。誤った推論を犯さないためには、俯瞰的に全ての情報に目を向けることが重要なのです。

分析の場でも、「入手しやすかったり目に入りやすかったりする、利用可能性の高いデータ」のみを使用して行ってしまうことがあるでしょう。ですが、皆さんはぜひ、利用可能性にとらわれることなく幅広い視点でデータを収集するようにしてください。より良い分析のためには、それが必須なのです。

● アンカリング

アンカリング（anchoring）とは、何らかの見積もりや推定を出す前に、ある特定の数字が示されると、その数字の影響を受ける現象のことを言います。

では、1つ問題を出しましょう。

7.1　経験則による体系的誤り

以下の質問に答えてください。

（1）　世界で最も高いアメリカ杉は、1200フィート（365.76メートル）よ
　　り高いでしょうか？ 低いでしょうか？
（2）　世界で最も高いアメリカ杉の高さは、どれぐらいだと思いますか？

　これは、サンフランシスコの科学教育センターで実際に出されている問題で
す。ただ、（1）については「世界で最も高いアメリカ杉は、180フィート（54.86
メートル）より高いでしょうか？ 低いでしょうか？」という形で質問される
こともあるそうです。
　「1200フィートより高いか低いか」と質問された人たちの平均推測値は、
844フィートでした。対して、「180フィートよりも高いか低いか」という質問
をされた人たちの平均推測値は282フィートだったそうです。両者の間で、
562フィート（171.30メートル）もの差が確認されたわけです。

　（2）は、世界で最も高いアメリカ杉の高さを推定するという同じ課題ですが、
事前に与えられる（1）の質問で、「1200フィート」という数字と「180フィー
ト」という数字が異なっていることによって、推定する値に大きな差が観察さ
れました。
　前者は「1200フィート」を基準として、それよりは低いだろうという推論
をしていくのに対して、後者は「180フィート」を基準として、それよりは高
いだろうという推論をして、自分の予想する値を導き出すように**調整
（adjustment）**をしていきます。多くの人は、この調整を止めるタイミングが
早いため、前者のような「高いアンカー」を示された場合は高い数値を予測し、
後者のような「低いアンカー」が提示されると低い数値を予測することになり
ます[4]。

---

[4]　アンカリングの心理メカニズムは、このような調整メカニズムと、アンカーと一致するイメージを選択的に想
　　起させるプライミングメカニズムの2種類があることが知られています。

265

つまり、分析結果の定量的な解釈をする際には、アンカーに引きずられすぎないようにすることが重要なのです。例えば、予測をする際には「過去の実績等の数値」は往々にしてアンカーとなるでしょう。ですが、アンカーにとらわれすぎてはいけないのです。別の観点からも数値を見つめることが、より正確な解釈をもたらしてくれます。

Point!

・直感的で簡便な経験則であるヒューリスティックスは、間違った判断をもたらすことがある
・代表性ヒューリスティックスは、典型的な類似性に基づいて判断を行うものである
・利用可能性ヒューリスティックスは、入手しやすかったり目立つ情報に基づいて判断を行うことである
・アンカリングとは、定量的な判断を行う前に、無関係な数字であっても特定の数字を見せられると、その数字の影響を受けてしまうことを指す

自然災害と利用可能性ヒューリスティックス

　地震や洪水のような自然災害は発生頻度の低いランダムな事象ですが、自然災害からのリスクを軽減するため保険に加入することが一般的です。そして「保険への加入には、利用可能性ヒューリスティックスが影響を与える」ということを示したアメリカの研究があります。

　アメリカでは洪水が時おり発生しますが（日本における地震のイメージ）、そのリスクを軽減するための洪水保険があります。そして、アメリカ全土での「洪水保険への加入率」に関するデータを分析すると、洪水が発生した直後に加入率が急増し、約10年後には洪水が発生する前の水準まで加入率が低下していくということが示されました。
　この結果は、「過去のリスクに基づいて保険に加入するかどうかを選択しているのではなく、直近に起こった洪水の情報から保険加入の選択を決めている」ことを示唆しています。

　更に、洪水の影響を受けた地域と受けなかった地域に分けて詳しく分析してみたところ、洪水の影響を受けなかった地域でも、同じエリア内で洪水が発生した地域があった場合、そのニュースを伝えるローカルテレビがあることによって洪水保険の加入率が上昇していることもわかりました。メディアから伝えられる利用しやすい情報をもとに、保険に入るかどうかの意思決定をしているわけです。

　分析者が利用可能性ヒューリスティックスによって間違った判断をしてしまうように、分析対象者もヒューリスティックスによって体系的に間違った判断をしてしまっている可能性があることを意識しておきましょう。

出所：Gallagher（2014）を基に筆者作成。

7.2

推論における体系的誤り

分類評価の推論にも表れる誤り

　ここでは、体系的なズレの1つである「推論におけるズレ」について考えてみます。分析者の役割は、既知のデータや情報から未知の事柄を予想し論ずることであり、その際には確率的な推論をすることもあります。しかし、確率の計算は難しく、ある一定の方向に間違えてしまうことも多々あるのです。

　では、架空事例を1つ見ていただきましょう。

📍 Episode!

　私は、猫の写真を検出するための機械学習アルゴリズムを開発しました。このアルゴリズムは、「猫」と「猫以外」の写真の割合が1:1000のデータセットで実行しています。猫の写真を検出した場合は、アルゴリズムは間違いを起こさないのですが、猫以外の写真を検出した時には2%の確率で、それを猫の写真だと間違ってしまいます。

　猫以外の写真を検出した時も2%しか「猫の写真だ」という誤った判断をしないわけだから、猫の写真として検出された場合の、実際に猫写真である確率は98%、つまり100%に近い確率だと考えていいでしょう。
　ところが、このアルゴリズムを実装した際、かなりの確率で「猫以外の写真を猫の写真だと判断してしまっている！」とクレームが入ったのです。

出所：Mike and Hazzan (2022) を元に筆者作成。

　この事例は、機械学習の分類を評価する時の精度の推論を誤ってしまったことによって生じたものです。猫の写真として検出された場合、実際に猫写真で

ある確率は98％と推論していますが、実は正解は4.8％なのです。かなり違いますね。

　計算能力が高いと想定する標準的な経済学の人間像では確率推論も正しくできますが、実際の人間は行動経済学で考えるように計算能力が高いとは限りません。だから、確率推論を誤ってしまうことがあります。分析者である我々も同様です。典型的な間違え方を知ることは、誤った推論をしないようになるためにも役立つのです。だから本節では、推論の体系的誤りを紹介していきます。

基準率の無視

　冒頭の猫の写真の分類評価において誤った推論をしてしまった原因は、**基準率の無視**（base–rate neglect）と呼ばれる、基準とすべき情報を無視したり軽視したりする性質にあります。そして、この基準率の無視を理解するためには、**ベイズの定理**（Bayes' theorem）の理解が必要です。ここではまずベイズの定理について解説し、基準率の無視との関係について別の例を用いて整理していきます。次の問題を考えてみてください。

　ある町のタクシーの色は、緑色か青色の2種類。85%が緑色のタクシーであり、15%が青色のタクシーです。
　ある夜、事故が起きました。目撃者は「青色のタクシーが事故を起こした」と証言しています。目撃者の証言の正確性を確かめるため、同様の条件でこの証言が正確かを検証したところ、正しい色を判別できる確率は80%、つまり20%の確率で誤った色を答えることがわかりました。
　さて、青色のタクシーが事故を起こした確率は、どの程度でしょうか？

　おそらく皆さんは、80%ぐらいだと思ったのではないでしょうか？
　実は、正解は41.3%です。
　この問題を解決するには、事前確率と新しい情報を組合わせて事後確率を求める、ベイズの定理を利用する必要があります。

ベイズの定理を利用するにあたって、条件つき確率（conditional probability）の定義を振り返ってみましょう。$P(A)$ ＝事象 A が起きる確率、$P(B)$ ＝事象 B が起きる確率、$P(A|B)$ ＝事象 A が起きたもとで事象 B が起きる確率、$P(B|A)$ ＝事象 B が起きたもとで事象 A が起きる確率とした時、条件つき確率 $P(A|B)$ は次のようになります。

$$P(A|B) = \frac{P(B|A)P(A)}{P(B)} \qquad (7.2.1)$$

このように、ベイズの定理は条件つき確率を変形することで得られるのです。そして新しい情報が与えられると、ベイズの定理では次のように確率を修正します。

$$P(H|E) = \frac{P(E|H)P(H)}{P(E)} \qquad (7.2.2)$$

ここで、H はある特定の仮説（Hypothesis の H）を表し、E は観察された証拠やデータ（Evidence の E）を表します。

左辺の $P(H|E)$ は、**事後確率（posterior probability）** と呼ばれ、新たな証拠 E を踏まえたうえで仮説 H が正しいと推定される確率です。

右辺の分子 $P(H)$ は、**事前確率（prior probability）** と呼ばれ、新たな証拠やデータが得られる前に推察される仮説 H が正しいとされる確率です。また、$P(E|H)$ は、仮説 H が正しい際に、その証拠 E が観察される条件つき確率で、仮説 H が正しい時の証拠 E の尤もらしさを表す**尤度（likelihood）** とも呼ばれます。

最後に、右辺の分母、$P(E)$ は全ての起こりうる仮説のもとで新たな証拠 E が観察される事前確率を表し、**周辺尤度（marginal likelihood）** と呼ばれるものです。

$$P(E) = \sum P(E|H_i)P(H_i) \qquad (7.2.3)$$

以上、ここまで整理できたら、(7.2.2)式に先ほどのタクシーの事故問題を具体的に当てはめていきましょう。H_1を「タクシーは青色のタクシーであるという仮説」、H_2を「タクシーは緑色のタクシーであるという仮説」、Eを「事故を起こしたのは緑色のタクシーという目撃者の証言」とします。

目撃者の証言をもとに、事故を起こしたのが青色のタクシーである確率は次のように表すことができます。

$$P(H_1|E) = \frac{P(E|H_1)P(H_1)}{P(E)} = \frac{P(E|H_1)P(H_1)}{P(E|H_1)P(H_1) + P(E|H_2)P(H_2)}$$

青色のタクシーは15%であることが事前にわかっているので、事故を起こしたタクシーは青色であるという仮説H_1が真である確率を表す事前確率は$P(H_1) = 0.15$で、$P(H_2) = 0.85$となります。また、目撃者が正しく色を判別できるのは80%ですので、その仮説H_1が正しい時に証拠Eが観察される可能性を表す尤度は$P(E|H_1) = 0.8$で、緑色のタクシーを誤って事故を起こした青色のタクシーであると判断してしまう可能性は$P(E|H_2) = 0.2$となります。

したがって、

$$P(H_1|E) = \frac{0.8 \times 0.15}{0.8 \times 0.15 + 0.2 \times 0.85} = 0.413$$

となり、目撃者の証言通り、青色のタクシーが事故を起こした確率は41.3％と計算されます。

ところが、多くの人は「正しい色を判別できる確率は80%（$P(E|H_1) = 0.8$）」という情報をもとに、およそ80%の確率で青色のタクシーが事故を起こしたのではないかと推論します。確かに、色を判別できる確率は80%ですが、そもそも青色のタクシーは15%しかいないという事実を無視して判断してしまっています。このように、基準とすべき情報を無視したり軽視したりする性質が、基準率の無視なのです。

新たな証拠やデータが得られた時には、そのような情報に目が行きがちです。しかし、事前に持っている情報を使わないと誤った推論をしてしまうことがあります。基準となる情報にも目を向けることが重要なのです。

ところで、人間は確率の計算が苦手なので、確率ではなく頻度に置き換えて表現した場合、この問題の正答率が上がることが知られています。図7.2.1をご覧ください。この図では、先ほどのタクシー事故問題を確率ではなく、100台という具体的な数値に直したものです。

　85台の緑色のタクシーと15台の青色のタクシーがあります。目撃者が正しい色を判別できる確率は80%なので、青色のタクシーの内80%を青色だと正しく認識し、緑色のタクシーの内20%を誤って青色だと認識してしまいます。つまり、15台の青色のタクシーの内12台（= 15 × 0.8）を青色のタクシーと認識し、85台の緑色のタクシーの内17台（= 85 × 0.2）を青色のタクシーだと誤って認識しまうのです。青色だと思っている29台のタクシーの内、緑色のタクシーが多く含まれています。しかし、そもそも15台しか青色のタクシーが無いということを思い出せれば、青色だと思っているタクシーの中には誤って緑

図7.2.1 タクシーの事故問題を数値で置き換えて考える

15台の青色タクシーと85台の緑色タクシーがある中、目撃者が「青色」だと認識したタクシーは29台あります（青線で囲まれたタクシー）。そもそも青色のタクシーが15台しかないことを思い出せば、青色だと認識しているタクシーの中には緑色のタクシーを誤って青色のタクシーだと思っている数も多くなっていることに気づけます。

色のタクシーが数多く入ってくることにも気づけます。

このように、得られた情報を別の表現から眺めてみることが、正しい推論の手助けとなることもあるのです。

基準率の無視と分類の評価方法

ところで、冒頭の「機械学習の分類での評価」の話が、実はこのタクシーの事故問題と似ていることに気づけたでしょうか？

猫の写真として検出された場合に、実際に猫写真である確率を98％と推論してまった人は、基準率を無視しています。ここでの基準率とは、元々の学習データの猫と猫以外の写真の比率（1:1000）です。こうした事前に与えられた情報を無視し、「猫以外の写真を検出した時には、2％の確率で誤って猫と検出してしまう」という新しい情報をもとに推論してしまったのでした。

機械学習の分類を評価する際には、面倒でも混同行列（confusion matrix）を用いて丁寧に確認することで、正しく計算できるようになります。混合行列とは、予測と実際の分類を行列形式でまとめたものです。

混同行列は以下の4つで構成されます。

・**真陽性（True Positive: TP）**
　実際の値が正事例のものに対して、正事例と予測したもの。
・**偽陽性（False Positive: FP）**
　実際の値が負事例のものに対して、正事例と予測したもの。
・**偽陰性（False Negative: FN）**
　実際の値が正事例のものに対して、負事例と予測したもの。
・**真陰性（True Negative: TN）**
　実際の値が負事例のものに対して、負事例と予測したもの。

そして、猫の写真分類の問題は、図7.2.2の混同行列で表現できます。

図7.2.2 機械学習の分類問題における混同行列

		予測	
		猫として検出	猫以外として検出
実際	猫	1 TP	0 FN
	猫以外	20 FP	980 TN

≡ TPとTNは予測と実際が一致しているものを表し、FNとFPは予測と実際が異なるものを表しています。

　猫の写真として検出された場合に、実際に猫写真である確率を求めるには、実際に猫である写真（TP）と、実際には猫以外の写真であるにもかかわらず猫と判断された写真（FP）との両者の中（ピンク色で囲まれた部分）で、実際に猫である写真（TP）の割合を求める必要があります。こうした割合は、猫として検出された写真が実際に猫である確率、適合率（precision）と呼ばれ[5]、次のように計算できます。

$$Precision = \frac{TP}{TP + FP} = \frac{1}{1 + 20} = 0.048$$

　猫として検出された写真が実際に猫である確率は4.8％という結果で、かなりの確率で誤った判断をしてしまっていたことがわかりますね。

　モデルの評価をする際には、直感で評価するのではなく、少し面倒でも混同行列を用いて丁寧に評価することで、バイアスの無い正しい評価ができます。

● 少数の法則

　ベイズの定理を活用した複雑な確率推論だけでなく、もっと単純な場面での

---

[5]　適合率以外に、正解率（$accuracy = \frac{TP + TN}{TP + FP + FN + TN}$）、再現率（$recall = \frac{TP}{TP + FN}$）、F 値（$F\text{–measure} = \frac{2 Precision \times Recall}{Precision + Recall}$）も分類の評価指標として使われます。

確率の計算でも人は間違ってしまうことがあります。そして行動経済学では、その間違え方にはクセがあり、なぜそのように間違ってしまうかも明らかにしています。典型的な間違い方とその理由を知ることは、こうした間違いを犯さないためにも重要です。以下の問題を通じて、これらを確認していきましょう。

> 歪みのないコインを5回投げるゲームをしています。
> 4回目まで表が出ましたが、5回目に出る目はどうなると思いますか?

図7.2.3 コイントス問題

そろそろ裏が出ると思った人もいるかと思います。あるいは、次も表が出ると予想したかもしれません。コイントスだから、裏か表か出る確率は半々だと予想した人もいるでしょう。

正解は、最後の「裏か表か出る確率は半々」です。コイントスは独立な試行ですので、各試行において表が出る確率も裏が出る確率もそれぞれ1/2だからです。

でも、裏が出る確率は1/2なので、「5回目は裏が出ないと、裏が出る確率が1/2に近づかない」と思ってしまう方もいますよね。たしかに、たくさんの回数のコイントスをしたら、大数の法則(サンプルサイズが十分に大きい時、サンプル平均は母集団平均に近づく)により、裏が出る確率は1/2に近づきます。しかし、5回のような少数の試行では、大数の法則は当てはまりません。

また「4回も表が出ているから、このコインは歪んでいるはずだ。だから次も表だろう」と、少ないサンプルから過度に一般化してしまうのも誤りです。

サンプルサイズが少ないにもかかわらず、サンプルが母集団を代表していると考えて推論してしまう性質のことを、**少数の法則**（law of small numbers）と言います[6]。そして少数の法則は、代表性ヒューリスティックスの一種です。

　例えば、オランダで毎週行われている宝くじのデータを分析した結果では、前の週に当選した数字はそれ以外の数字よりも2％選ばれにくいことが示されています。数字はランダムに選ばれるので、同じ数字が連続して当選する可能性は低いと判断した人が多かったようです。しかし、実際はランダムなので「先週の当選数字は、今週は選ばれにくくなる」ということはありません。
　このような少数の法則はギャンブルの場面でよく観察されるため、**ギャンブラーの誤謬**（Gambler's fallacy）とも呼ばれます。

　「前の週で当選した数字」は選ばれにくくなるわけですが、その前の週でも当選していたというようなケース、つまり、何度も同じ数字が連続して当選していた場合、その数字は逆に選ばれやすくなることも同じデータから分析されています。これは、最近起こっている出来事は次にも起きやすいと誤って推論する、**ホットハンドの誤謬**（Hot-hand fallacy）と呼ばれます。独立したラ

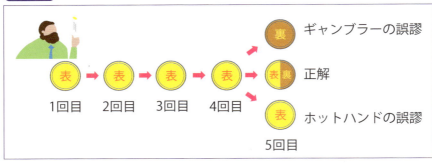

図7.2.4　少数の法則

---

[6] 少数の法則は、ギャンブルのようにある順番の次を予測するような予測タスクだけでなく、ランダムな順番を生成する生成タスク、与えられた順番がランダムであるかどうかを識別する識別タスクにおいても観察されることが知られています。

ンダムな事象にもかかわらず「ツイている」と思い、誤った推論をしてしまうのです。

確証バイアス

　最後に、仮説検証における推論について考えてみましょう。仮説検定型の分析において、分析者は事前に仮説を設定し、その仮説を検証することが基本です。ところが、仮説を検証する際には、人間は体系的に誤った検証方法を用いて結果を推論してしまうことが多々あるのです。
　次のウェイソン選択課題（Wason selection task）を考えてみてください。

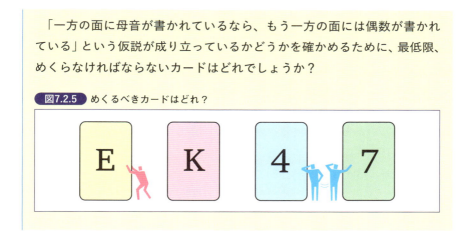

図7.2.5　めくるべきカードはどれ？

　おそらく皆さんは、「E」と「4」のカードをめくる必要があると思ったのではないでしょうか？
　でも実は、正解は『「E」と「7」のカードをめくる必要がある』です。
　「E」と「4」のカードをめくることは、仮説の「確証」にはなります。ですが、「4」の裏面が母音であるかどうはか、この仮説の成立には関係ありません。仮説を検証するためには、「E」と「7」のカードをめくることで仮説を「反証」する必要があるのです。

このように、仮説や信念を検証する際に、それを支持する情報ばかりを収集し、反証する情報は集めようとしなかったり無視しようとする傾向のことを、**確証バイアス（confirmation bias）**と言います。自分の都合の良い情報しか探さなかったり、解釈しなかったり、思い出さなかったりするということです。

　また結果を知った後に、その結果が予測可能だったと考えてしまう**後知恵バイアス（hindsight bias）**にも注意が必要です。分析結果を見るまでは仮説が支持されるかどうかわかっていなかったにもかかわらず、後知恵バイアスによって「そういう結果になるとわかっていた」と思ってしまい、確証バイアスが強化され、更にそのような結果を支持するデータしか探さない/分析しないようになってしまうのです。

　分析する際に大事なのは仮説検証です。しかし、「結論ありき」の確証バイアスと「こうなるとわかっていた」という後知恵バイアスによって、自分の都合の良いデータばかりを集めたり分析してしまうことが多々あります。

　これらのバイアスに陥らないためには、分析前に方針を明確にしておくことが重要です。仮説を立て、どのようなデータを収集するのか、どのような評価指標を用いるのかを事前に定める必要があります。その後、確証的に分析をするのであれば、客観的に全体を見ながら仮説を反証するような分析を、あるいは仮説の反証に活かせるデータを追加収集した上での分析を心がけてください。

Point!

- 基準とすべき情報を無視したり軽視したり、あるいは基準率の無視によって推論を誤ることがある。入手している情報全てに目を向けることや、得られた情報を異なる表現で眺めることが正しい推論の手助けとなる
- 十分に大きいサンプルに当てはまる法則を小さいサンプルにも当てはめて誤った推論をすることを、少数の法則と言う
- 結論ありきの確証バイアスによって、仮説検証ではなく仮説確証となる分析をしてしまわないように注意することが重要

裁判官も陥る
ギャンブラーの誤謬

　連続して何らかの判断を下さなければならない状況において、ギャンブラーの誤謬に陥ってしまうことがあります。

　アメリカの難民亡命裁判所での難民申請を「承認」するか「棄却」するかという判断をする際に、ある申請者について亡命を承認した時、次の申請者に対して約0.5％承認しにくくなることを示したデータがあります。申請者の割り当てはランダムであるため、それぞれの申請は独立であるにもかかわらず、前の判断に引きずられた判決を下してしまったのです。

　なお、経験年数が豊富な裁判官であるほど、こうした傾向は逓減されることが確認されています。

　裁判官ですら、このような誤謬に陥ってしまうのですから、多くの人の意思決定においてこのようなバイアスがあり得ることは心に留めておく必要があるでしょう。データ分析によってバイアスが確認された場合は、意思決定者にフィードバックするようにしてください。

出所：Chen et al. (2016) を元に筆者作成。

7.3

評価に対する体系的誤り

━━ 評価におけるバイアスとは

ここで考える体系的なズレは「評価におけるズレ」です。

自己評価などの「評価」には、何らかのバイアスがつきものです。次の架空
事例を見てください。

● Episode!

とある企業のデータサイエンティストは、様々な業務におけるデータの
分析を日々実行しています。ある時、過去に行った業務に「新しいデータ」
を追加して、改めて分析し直して欲しいという依頼が入りました。

過去に行った業務の延長なので簡単に分析できるだろうと思い、短めの
納期を設定したところ、当時書いたコードにはコメントが付されていな
かったため、どのような分析をしているのかが明確ではありません。

結果、自分で書いたコードのはずなのに全くわからないという事態に陥
り、結局は一からコードを書くことになり納期を延ばしてもらうことに
なってしまいました。

出所：三浦（2022）を元に筆者作成。

この分析者はおそらく自分の記憶力を過信して、当時は「コメントを書いて
おかなくとも、自分で書いたコードなら後で読み返しても理解できる」と甘く
考えたのだと思います。

本節では評価に関する様々なバイアスについて紹介していきます。分析対象
者が下す評価にどのようなバイアスが含まれうるかを知ることで、バイアスを

7.3　評価に対する体系的誤り

考慮して分析結果を解釈することの重要性に気づけるでしょう。

● 自信過剰

　最初に着目する評価は、自身の能力に関する評価です。標準的な経済学のような人間像では自身の能力を正しく評価できますが、実際の人間は自分の能力を過信することが多々あります。行動経済学では、このような**自信過剰**（**overconfidence**）を、**過大絶対評価**（**over-estimation**）、**過大相対評価**（**over-placement**）、**精度過剰**（**over-precision**）の3つに分類して整理しています[7]。

（1）過大絶対評価

　自分の能力やパフォーマンス、成功確率などの絶対評価を過大に見積もることを、過大絶対評価と言います。

　例えば、ある実験では参加者が「換金の有効期限のある小切手を、期限の30日以内に換金する確率」を80％と見積もっていましたが、実際に換金した参加者は約30％だけでした。

　過大絶対評価の中でも「タスクやプロジェクトが完了する時間に対しての見積もりが甘く、計画通りに実行できない」ことを、**計画錯誤**（**planning fallacy**）と言います。

　冒頭に示したデータサイエンティストの話は、能力の中でも記憶力に対する過大絶対評価の例です。記憶力に対する自信過剰は分析者にとっても命取りになります。コードを書いた後に読み直す自分は、もはや「他人」です。他人が読んでもわかるように、読みやすいコード（いわゆるリーダブルコード）で書く習慣を身につけておくことが、優れた分析者になるための第1歩だということなのです[8]。

---

[7]　自信過剰と似た考えに、**楽観主義**（**optimism**）があります。能力やタスク、信念について過大評価することが自信過剰であるのに対して、楽観主義はより一般的な性格を表しています。

[8]　このような自信過剰による命取りを防ぐためにリーダブルコードを書くためのヒントは、以下のブログが参考になります。
　三浦貴弘、（2022）プログラマーのための行動経済学（自信過剰とリーダブルコード）

（2）過大相対評価

あるタスクにおいて、他人よりも自分の方が相対的に優れていると過信することを過大相対評価と言い、平均以上効果（better than average effect）と呼ばれることもあります。

アメリカの大学生を対象に、自動車の運転技術に関して行われた調査では、90％近くの学生が「自分の運転技術は真ん中より上に位置する」と回答したそうです。正しく評価できるのであれば、真ん中よりも上に位置する学生は50％しかいないはずです。しかし、多くの学生が「自分の運転技術は平均以上」と、他人よりも相対的に優れていると順位を評価していました。

（3）精度過剰

自身の予想に対する正確さを過大に見積もることを、精度過剰と言います。精度過剰を検証する際には、「ナイル川の長さはどれくらいか？」というような数値で答えられる質問に対して、「90％の確率で正解していると思う下限値と上限値を答えてください」という、90％信頼区間を回答してもらいます。ある研究では、回答された信頼区間は非常に狭く、その信頼区間の中に正しい答えが含まれるのは5割も満たなかったそうです。この結果は、自分は正しい答えを知っていると過信してしまっていることを示唆しています。

● 投影バイアス

自己評価が自信過剰によって体系的にズレるように、物事の価値判断も体系的にズレることがあります。特に、現在の状態が将来も続いていると推論し、現在の状態に引きずられた評価を下してしまうことを、**投影バイアス**（projection bias）と言います。

投影バイアスを検証するため、あるオフィスで、「リンゴのような健康的なお菓子」と「チョコレートのような不健康なお菓子」のどちらを選ぶのかという実験が行われました。

実験では、1週間後にもらうお菓子を選択してもらいます。この時、①お菓子を選ぶタイミングと、②お菓子をもらうタイミングが実験参加者によって異

なりました。①お菓子を選ぶタイミングは、(a)お昼ご飯を食べた後（満腹）か、(b)午後4時半ごろ（空腹）の2種類。お昼ご飯を食べた後はお腹がいっぱいな状態であるのに対して、午後4時半ごろはお腹が空いている状態ですね。また、②お菓子をもらうタイミングも、(a)お昼ご飯を食べた後か、(b)午後4時半ごろかの2種類を用意しました。

図7.3.1 投影バイアスを示す実験結果

条件	選択時の状態	お菓子をもらうタイミングでの状態	不健康なお菓子を選ぶ人の割合	選択時の状態での差
1	a. 空腹	a. 空腹	79%	22%
2	b. 満腹	a. 空腹	56%	
3	a. 空腹	b. 満腹	42%	16%
4	b. 満腹	b. 満腹	26%	

お腹が空いている時（条件1や条件3）は、お腹が空いていない時（条件2や条件4）と比べて不健康な食品を選ぶ割合が高いという結果になりました。

　例えば、食後に食べたい物の好みが決まっている人は、選ぶ時に空腹であろうと満腹であろうと、同じものを選択すると考えらるでしょう。しかし、実験結果は「お腹が空いている時は、不健康な食品が選ばれる割合が高くなった」となりました。

　お腹が空いていると、リンゴのような健康的なものよりチョコレートのような不健康なものを食べたいと思い、一方で、お腹がいっぱいの時は不健康なものより健康的なものを好むという結果になったわけです。
　この実験結果は、こうした「今のお腹の状態」が、将来貰えるお菓子の好みに対して影響を与えてしまっていたわけです。現在の自分自身の状態での好みを、将来に誤って投影してしまったということですね。

お腹の状態以外にも、天気の状態が人々の選択に影響を与えることが知られています。例えば、寒い日にはネット通販でセーターの注文が多くなることを示した研究や、暑い日にはオープンカーがよく売れるということを示した研究があります。暑い日にオープンカーを試乗すると気持ちがいいですよね。そのような「気持ちの良い体験」が将来も続くと考え、オープンカーを購入する消費者が多くなるというわけです。

消費行動を分析する際には、お腹の状態や、天候、気分といった意思決定時点での状態などが「隠れた変数」として重要な要因になっているかもしれません。こうした変数は観測可能なものもあれば観測不可能なものもありますが、消費者の意思決定が、意思決定時点での状態の影響を受けて、ある一定方向にバイアスがもたらされることを意識して分析することが重要なのです。

━━ 帰属バイアス

投影バイアスは、現在の状態を将来にも投影してしまい、判断が体系的に間違ってしまうことを示していました。一方で、過去の状態を誤って反映し、現在の判断に影響させてしまうこともあります。こちらのケースは、**帰属バイアス（attribution bias）**[9]呼ばれます。

アメリカのフロリダ州にあるテーマパークで行われた満足度調査の分析結果から、帰属バイアスによってテーマパークでの体験評価が体系的に異なることが示されています。

この調査によると、テーマパークに訪れた時の天気が良かった人ほど、テーマパークでの体験が楽しかったと答え、家族や友人にオススメする可能性や再訪する可能性が高いと答えたそうです。

実際に、調査の2〜3年後に再訪しているかどうかを購買データと結びつけ

---

[9] 帰属バイアスは過去投影バイアスと訳されることもあります。このような投影バイアスには、自分のみが持っている情報にもかかわらず、他人も持っていると誤認する情報投影バイアス（information projection bias）と呼ばれるものもあります。

て分析してみたところ、訪問時の天気が悪かったと調査で回答した人の約46％が再訪していたのに対して、天気が良かったと回答していた人は約52％が再訪していました。過去に天気が悪かった場合、今後そのテーマパークに訪れてもあまり良い体験ができないと勘違いして、再訪しない人が出てくるのです。

顧客満足度など「体験を評価するようなデータ」を分析する際には、体験時の状態によって体系的にゆがめられた評価が起きうることを認識しておいてください。

図7.3.2 投影バイアスと帰属バイアス

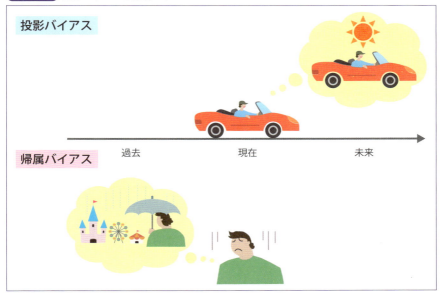

現在の状態を将来にも反映してしまうのが投影バイアスで、過去の状態を現在にも反映してしまうのが帰属バイアスです。

Point!

・自分の能力を過大評価する自信過剰は、実力以上に自己評価する「過大絶対評価」、他人よりも相対的に優れていると思う「過大相対評価」、自分の見積もりの精度を過信する「精度過剰」の、3つのタイプに分類される
・現在の状態が将来も続いていると推論し、将来の評価に対して現在の状態での評価を投影してしまうことを投影バイアスと言う
・過去の状態を現在にも続いていると推論し、現在の評価に対して過去の状態での評価を投影してしまうことを帰属バイアスと言う

7.4

判断における体系的誤り

■ 意思決定のクセによってゆがめられる判断

最後に取り上げる体系的なズレは、判断におけるズレです。

標準的な経済学では「自分の効用を最大にするように、利用可能な情報は全て使って、正しく計算し判断できる」と想定します。ところが実際は、情報を不完全にしか使えなかったり、誤った計算方法を用いてしまいます。意思決定のクセによって、ベストな選択を取れないことも多々あるでしょう。

次の架空事例を見てください。

◉ Episode!

ある分析者は、新しい機械学習モデルを開発するプロジェクトのため、データ収集とモデルの訓練に多くの時間と費用を費やしてきました。ですが、途中でプロジェクトの方向性が変わってしまい、現在開発しているモデルが適切ではないことが明らかになりました。

そこで彼は、これまで作成してきたモデルを修正することで対応しようとしました。新しいモデルを一から作り直したほうが早かったにもかかわらず、これまで費やしてきた労力を無駄にしたくないという思いに固執したからです。

結果、プロジェクトの完了までに多大な時間と無駄なリソースを消費してしまうことになってしまいました。

これは、**サンクコストの誤謬**（sunk cost fallacy）と呼ばれる誤った判断の例です[10]。プロジェクトの方向性が変わった時に考えるべきなのは、既存モ

---

10) サンクコストの誤謬は、コンコルドの誤謬と言われることもあります。これは、超音速旅客機コンコルドの開発は、赤字になることが見込まれていたにもかかわらず開発が進められ、負債が大きくなり最終的には開発会社が倒産してしまったという出来事に由来します。

デルを修正するのであれ、新しいモデルを作成するのであれ、これからかかる費用や労力についてです。費やしてきたお金や時間、労力が返ってくることはありません。既存モデルを修正した時にかかる費用と便益、新しいモデルを作成した時にかかる費用と便益を比較して、どちらがより良いかを考えるべきでしょう。にもかかわらず、「これまで費やしてきた努力を無駄にしたくない」という思いから、既存モデルの修正にこだわってしまうのです。その結果、無駄が多くなってしまうのでした。

プロジェクトを無駄なく素早く完了させることが合理的な判断ですが、前述のようにサンクコストの誤謬にとらわれてしまうことで、ベストな選択ができなくなることがあります。行動経済学では、利用可能な情報を一部しか使わずに計算したり、誤った計算方法を用いることで、正しい判断からズレてしまうことを明らかにしています。こうしたズレは、分析対象者の行動だけでなく分析者自身の行動にも表れるので、しっかり理解していきましょう。

サンクコスト

サンクコストの誤謬の「サンクコスト」とは、すでに発生していて回収できない「埋没した費用（お金だけではなく、時間や労力も含む）」のことを指します。ここで、お金がサンクコストとなっている例での、サンクコストの誤謬を見てみましょう。次の質問を考えてみてください。

あなたは自宅で、2時間の映画を観ようとしています。Amazonプライムで、1,500円で購入した映画です。評判の映画でしたが、観ていてすぐにつまらない映画だとわかりました。
さて、あなたは映画を観続けますか？
それとも、映画の途中で観るのをやめて他のことをしますか？

おそらく多くの方が、「せっかく購入したので、1,500円の元を取ろう。最後まで観よう！」と考えたのではないでしょうか？

こうした行動がまさしくサンクコストの誤謬なのですが、実は、サンクコストは意思決定に考慮する必要はありません。その理由を説明します。

　経済学では、費用と便益を比べて、便益の方が高ければその行動をとることを見てきました。複数の選択肢がある場合は、選択肢ごとに純便益（＝便益－費用）を計算して、純便益が最も高いものを選ぶことがベストな選択です。先ほどの「映画を観続ける」か、「映画を観るのをやめて他のことをする」かどうかという選択を、図7.4.1に定式化してみました。

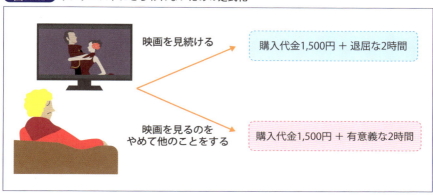

図7.4.1　サンクコストにとらわれないための定式化

　すでに購入代金の1,500円は支払っていますので、どちらの選択肢にも含まれます。「映画を観続ける」場合、つまらないと思いながら退屈な2時間を過ごすことになります。一方、「映画を観るのをやめて他のことをする」場合、無駄な時間を過ごさず有意義な2時間を過ごすことが可能です。

　2つの選択肢を見比べると、どちらの選択肢にも「購入代金1,500円」が含まれています。ということは、2つの選択肢を比較する際に本質的に重要になってくるのは、「退屈な2時間」と「有意義な2時間」のどちらが良いかという違いだけです。したがって、既に支払って回収が不可能なサンクコストである「購入代金1,500円」は、意思決定に考慮する必要が無いのです。

「退屈な2時間」と「有意義な2時間」では、「有意義な2時間」のほうがいいですよね。というわけで、「映画を観るのをやめて他のことをする」方がベストな選択肢なわけです。

映画を観続けるか、やめて他のことをするかというような、「現状を維持する」か「別の選択肢を選ぶ」かという意思決定において、サンクコストの誤謬にとらわれないためには、定式化することが重要です。定式化することで、これまでかかった費用は何で、今後かかる費用や便益は何か、ということがわかるようになります。また、これまでかかった費用はサンクコストで、意思決定には重要ではなく、着目すべきは今後かかる費用や便益のみであることにも気づけます。

メンタルアカウンティング

サンクコストは、**メンタルアカウンティング**（mental accounting）と呼ばれる評価方法と密接な関係があります。メンタルアカウンティングとは、「物事をどのように評価するかは、それを割り当てる心の中でのカテゴリーに応じて異なる」ということです。特に、お金に関する評価の仕方に用いられます。

例えば、「収入」という大きなカテゴリーは、「月給」と「ボーナス」などに細かくカテゴリー分けされていますよね。普段節約している人でも、ボーナスが入るとついお金を使いすぎてしまった経験があるかと思います。これは、同じ収入でも「ボーナス」と「月給」を異なるカテゴリーに入れているため、お金の使い方が違ってしまったのです。

1万円をどのように入手しようと、何に使おうと、1万円は1万円の価値があるはずですが、お金に色がついているように判断してしまうのがメンタルアカウンティングです。標準的な経済学では、お金には色をつけず、1万円は1万円として考えてベストな選択をすることを想定しています。一方、行動経済学ではお金に色をつけるメンタルアカウンティングによって、「同じ1万円」でも「異なる1万円」として人々が行動することを予想します。

7.4 判断における体系的誤り

では、支出と収入、それぞれのケースにおいて、メンタルアカウンティングがどのように影響するかを見てみましょう。

（1）支出

まずは、支出におけるメンタルアカウンティングです。以下の質問を考えてみてください。

> **シナリオ1**
> 　映画を観るために事前にチケットを購入し、1,000円を支払いました。そして映画館に到着した時、そのチケットを失くしたことに気づきました。あなたは、別のチケットを購入するためにもう1,000円を支払いますか？

この場合、新たにチケットを買うという人は少数派であることが知られています。

では、次のシナリオではどうでしょうか？

> **シナリオ2**
> 　映画を観に行くため映画館に行きましたが、1,000円を失くしたことに気づきました。あなたは、それでもチケットを購入するため1,000円を支払いますか？

このケースでは、多くの人がチケットを買うことが知られています。1,000円を失くしているのはどちらも同じで、チケットを購入した場合に最終的に支払う金額は2,000円となりこちらも同じですが、行動が変わってしまったのです。

ここで、サンクコストの誤謬を思い出してください。チケットを購入するかどうかの意思決定には、すでに購入したチケット代や、失くしてしまった1,000円のことをサンクコストで考慮すべきではありません。考慮すべきは、1,000円支払うという費用が映画を観るという便益を上回っているかどうかです。上

291

回っていればチケットを購入して観れば良いし、下回っていれば観なければ良いですよね。事前に購入した時に支払った「1,000円」も、失くした「1,000円」も本来は意思決定に影響しないはず。ところが、行動が変わってしまったわけです。

　この行動は、メンタルアカウンティングの考え方を用いると、「映画代」という支出のカテゴリーにすでに支出されているかどうかの違いで説明できます。
　最初のシナリオでは「映画代」というカテゴリーにすでに1,000円を支払っているため、別のチケットを購入する場合は「映画代」に2,000円を支払うことになり、「映画代に2,000円も支払いたくない」と感じます。一方、次のシナリオでは失くした1,000円は「映画代」とは別のカテゴリーに含まれているため、この1,000円が「映画代」の支出には影響を与えないため購入するのでした。

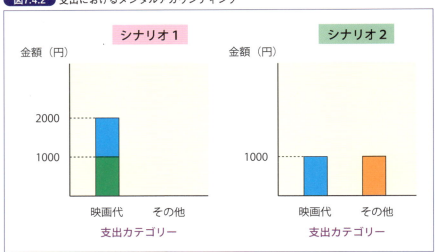

図7.4.2 支出におけるメンタルアカウンティング

すでに購入した映画チケット（緑色）を失くした場合に、再度映画チケットを購入すること（青色）は、「映画代」に2,000円も支払うことになると考えます。一方、1000円を失くした（橙色）場合は「その他」のカテゴリーに入るため、映画チケットを購入することは「映画代」に1,000円を支払うことになると考えます。そのため、それぞれのシナリオで行動が変わってしまうのでした。

（2）収入

次は、収入に関するメンタルアカウンティングです。以下の事例をご覧ください。

📍 Case!

アメリカには、低所得者に対して「食料品店でのみ使用できる、現金の代わりとなるフードスタンプ」を提供するという、SNAP（Supplemental Nutrition Assistance Program）と呼ばれる制度があります。SNAP受給者の多くは、フードスタンプで購入できる金額よりも多くの金額を食料品に支出しているそうです。

SNAP未受給者がSNAPを受給するようになれば、食料品支出にフードスタンプを使用できるので、これまで食料品支出用に確保していた現金を使わなくて済むようになります。そのため、余裕ができた現金を食料品以外の購入に充てることもできるわけです。

経済理論的には、仮に現金1ドルを受け取った場合、食料品の支出は10セントしか増えないという予想が立ちます。しかし、大手食料品店の約50万世帯による「60億件以上の購入品のデータ」を分析した結果、SNAPを受給することによって、フードスタンプ1ドル分あたりの食料品への支出は、50セントも増加することがわかりました。

出所：Hastings and Shapiro (2018) を元に筆者作成。

現金であれ、フードスタンプであれ、1ドルは1ドルです。ところが、メンタルアカウンティングによって「フードスタンプ＝食料品を買うためのもの」というカテゴリー化をしているため、より食料品を購入するようになってしまっているのでした。

収入の中でも、ギャンブルなどで儲けたり、たまたま手に入ったりした「棚ぼた（windfall）」は、苦労して稼いだ労働所得とは使い方が異なることが知られています。

例えば、次のくじではどちらを選びますか？

> くじＡ：確実に3,000円をもらう
> くじＢ：50％の確率で3,900円をもらえ、50％の確率で2,100円をもらう

　どちらも期待値は同じ3,000円ですが、リスク回避的なくじＡを選ぶ方が多いでしょう。

　では、あなたは3,000円をもらったとします。この時、次のくじではどちらを選びますか？

> くじＣ：お金は増えも減りもしない
> くじＤ：50％の確率で900円もらえ、50％の確率で900円失う

　くじ自体の期待値はどちらも0円ですが、最終的に手にする期待値はどちらも同じ3,000円です。ですが今度は、ギャンブル性の高いくじＤを選ぶ方が多いと思います。

　標準的な経済学の期待効用理論では、くじＡを選んだ人ならリスク回避的なくじＣを選ぶはずですが、そうはなっていません。これは**ハウスマネー効果**（**house money effect**）と呼ばれる現象で、苦労せずに稼いだお金はリスクの高い使われ方をすると言われています。実際、「競馬で勝った後は、リスクの高い賭け方をする」ことを明らかにした研究があります。

　あるいは、クーポンも棚ぼたの一種と考えられるため、メンタルアカウンティングによって普段と異なる消費パターンになります。アメリカのオンラインスーパーで行われたフィールド実験では、10％オフのクーポンを提示された人たちは、クーポンが提示されなかった人たちよりも1.59ドル支出が多くなり、中身を見ると普段買わない商品を購入することで、いつもより多く消費していたことがわかりました。

　いずれにせよ、「棚ぼたを手した状態では行動が変わりうる」ことを頭に入れて分析することが重要なのです。

7.4 判断における体系的誤り

不注意

　標準的な経済学では、利用可能な情報を全て活用してベストな判断をする人間を想定しています。しかし、実際の人間は認知能力には限りがあるため、利用可能な情報を不十分にしか活用できず、**不注意**（inattention）な判断を行うことがしばしばあるでしょう。注意深く全ての情報を活用することができないため、ベストな判断からずれるケースあることを、行動経済学では明らかにしています。

　次の事例は、「実質的には同じものであっても、表現の仕方の違いによって行動が変わる」ことを示したものです。

Case!

　ネットオークションサイト eBay では、輸送費の 4 ドルを入札価格に含める方式と、含めない方式で入札行動が変わるかどうかを検証するフィールド実験が行われました。

　入札価格に輸送費を含める方式の場合、最低入札は輸送費の 4 ドルとなり、入札者には送料無料と伝えられます。入札価格に輸送費を含めない方式の場合、最低入札価格は 0.01 ドルとなり、入札者には送料が 3.99 ドルかかると伝えられます。

　どちらの場合も、最終的に支払う価格は同じです。ところが、実験の結果、入札価格に輸送費を含めない方式の方が入札者の数が多く、また入札価格も高くなり、その結果、売り手の収入が高くなることがわかりました。eBay はその後、入札価格に輸送費を含めない方式を実装したそうです。

出所：Hossain and Morgan 82006) を基に筆者作成。

　この eBay の事例のように、商品の価格はウェブページの見やすい位置に書かれていますが、輸送費は比較的小さく見えにくい場所に書かれていることが多いです。標準的な経済学で想定しているように、注意深く情報を入手して活用できる人であれば、輸送費が小さく書かれていようと大きく書かれていようと正しく把握して判断するため、表示方式によって行動は変わらないはずで

す。ところが実際の人間は、行動経済学が想定しているように、注意力に限りがあります。そのため、目立つ情報しか活用しないというように、輸送費が小さく書かれていた場合は、この情報を考慮に入れず、表示されている価格のみで判断してしまいます。入札価格に輸送費を含めない方式の場合、輸送費をあまり考慮せずに入札したため、入札価格が高くなったのでした。

　このように最終的には同じ金額を支払う必要があっても、不注意から行動が変わってしまうことは、アメリカの小売店で行われたフィールド実験からもわかっています。

　この研究では、税抜き価格の値札のみをつける店と、税抜き価格の値札に税込み価格の値札をつける店をランダムに割り当てられました。税抜き価格の値札のみをつけた店でも税金を支払わなければならないので、最終的に支払う金額は同じです。しかし売り上げを比較すると、税込み価格の値札がつけ加えられた店の売り上げは平均8%ほど低いことがわかりました。税込み価格の値札よりも、税抜き価格の値札の方が「見た目の価格」が安く感じます。だから、税込み価格の値札を見せられた場合、税が目立ち購買意欲が下がったのでした。

　これらの事例からわかることは、人間は提示された情報を全て使うのではなく、一部の情報のみを使って判断することがあるということです。行動経済学では、はっきりと目立つ情報と不明瞭な情報で扱い方が違いうるとして、不注意に関する人間行動をモデル化します。

　まず、あるものの価値 V が、はっきりと見える部分 v と、見えにくい部分 o の2つで構成されているとします。

$$V = v + o \qquad (7.4.1)$$

　商品の価格ははっきりと見えますが、輸送費や消費税は見えにくい部分に該当します。標準的な経済学で想定する「注意深く計算能力の高い人間」であれば、上記のように価値を判断できるでしょう。対して、行動経済学で想定するような注意力に限りのある人は

$$\hat{V} = v + \alpha o \qquad (7.4.2)$$

というように、見えにくい部分について、不注意のパラメータ $0 \leq \alpha \leq 1$ だけ過小評価することになります。不注意のパラメータが $\alpha = 1$ の時は、完全に注意力のある人の価値判断と同じになりますが、過去の研究をまとめた研究からは $\alpha = 0.44$ と推定されています。つまり、見えにくい部分の価値は半分程度割り引いて評価されるというわけですね。

第1章で説明した左桁バイアスも、このような不注意モデルで説明することができます。例えば、198円という価格の一番左桁の数字「1」がはっきりと見える部分で、残りの数字「98」は見えにくい部分となるため、198円は「198円よりも安く」感じます。アメリカのあるチェーン店のPOSデータを分析したところ、「.99」で終わる価格から1セント（.01）値上げすることは、あたかも20セント(.20)値上げしたかのように消費者が反応することがわかりました。少しの変化であっても、数字の桁数が変わる前後では行動が大きく変わりうるという知見は、細かく数字を見て分析する際には役立つでしょう。

以上、本章で見てきたように、限定合理性による誤った判断は分析対象者だけでなく、分析者自身にも起こりうるものです。だから、バイアスが生じうることを意識したり、バイアスを防ぐ仕組みを導入することで、より良い判断ができるようになるのです。

Point!

・過去に費やしたお金や時間、労力といったサンクコストに人々はとらわれ、誤った判断をしてしまうことがある
・メンタルアカウンティングによって、物事の評価の仕方が異なることがある
・不注意によって、利用できる情報を全て使って正しく計算できないこともあり、結果、体系的なズレが発生する

第8章 ナッジ：行動経済学を活用して行動変容を後押しする

　これまで述べてきたように、様々な行動経済学的特性によって人々の行動が体系的にズレることがありますが、そのズレは予測可能です。だから、行動経済学的特性を理解することで対処が可能であり、その特性を活用することで人々の行動を変容させることもできます。

　本章では、行動経済学の知見を活用して望ましい行動をとれるように後押しをする、ナッジについて説明します。具体的なナッジの事例と共に定義を紹介し、ナッジの作り方を学んでいただきます。更に、最後にはナッジ活用の際の注意点についても触れていきます。より良いナッジを作る方法を、ぜひ身につけてください。

8.1

ナッジとは

━━ 結果指標の改善をもたらすナッジ

　本章では、これまで説明してきた行動経済学の知見を活用して現実問題に応用する、行動インサイトと呼ばれる手法の中でも最も有名な、ナッジという考え方について説明します。

　行動インサイト（**behavioral insights**）とは、人間行動の意識的・無意識的な要因のエビデンスを可能な限り現実問題に適応させ、その結果を評価するアプローチのことを言います。第4章から第7章までで見てきたように、人間は損失回避、現在バイアス、社会的選好、限定合理性といった様々な要因によって、標準的な経済学の人間像から体系的にズレます。そして、こうした体系的なズレは予測可能でした。予測可能なので、ズレないようにするための対策を事前に考えることができれば、より良い行動を選択できるようになるというわけです。

　次の事例は、長時間座り続けることが健康に悪いとわかっていても、ついやってしまうという問題に対して、リマインダーによって気づかせるというナッジの一手法を活用することで、「定期的に立つ」を促すことができたというものです。

📍 Case!

　Apple Watchはユーザーが長時間座り続けることを防ぐため、1時間の内50分間座ったままだと「スタンドの時間です！立ち上がって、1分間ほど歩きましょう」といった通知が行くように初期設定されています。
　Apple Heart and Movement Studyで公開されているユーザー約

> 160,000人の760億分のデータを用いて回帰不連続デザインで分析したところ、通知によって立つ確率が最大43.9%高まることがわかりました。

出所：Nazaret and Sapiro (2023) を元に筆者作成。

　座っている時間が50分未満の人は通知が来ない対照群となりますが、50分以上の人は通知が来る処置群となります。通知が来る50分を分断点として、その前後の人たちを比べることによって、リマインダー通知の因果効果を検証したのです。

　人は、長時間座りっぱなしが健康に良くないことを知っています。ですが、人の認知能力には限りがあり、ついそのことを忘れて座りっぱなしになってしまいます。そこへ「立ち上がって」というリマインダー通知が来ると、自分が長時間座っていたことに気づき、立ち上がるようになるのです。

　このように人々の行動に変化をもたらすことができれば、結果指標の改善につながります。分析者が結果指標の改善につながる策を知っておくことは、分析対象者により良い便益をもたらし、ひいては社会全体の利益を高めることにもなるでしょう。

━━ 行動変容のツール

　「ある行動を起点に、別の行動をとるようになる」というように人々の行動が変化することは、**行動変容**（**behavioral change**）と言われます。今取っている行動がベストな行動であれば、行動を変える必要はありません。ですが、選択肢Aを取っている人が、より望ましい選択肢Bを選べていない場合、選択肢Bを選べるように行動を変えれば満足度をより高めることが可能なわけです。

　「選択肢Bの方が望ましいことを知らなくて、選択肢Aを取っている」という場合もあれば、「選択肢Bの方が望ましいことを知っているけど、何らかの理由で選択肢Aを取ってしまっている」ということもあるでしょう。いずれにせよ、人々の行動を変える方法としては、規制、インセンティブ、情報提供という3つのツールがまず挙げられます。

（1）規制

規制（regulation）とは、禁止のようにある行動を取れなくすることや、強制のようにある行動を取らせるといったように、行動に制限を課す方法です。法律やルールを定めることによって、強制的に行動に影響を与えることができます。選択肢Aを利用できなくすることで、望ましい選択肢Bを選べるようになるのです。

しかし、このような規制的手法は、導入のための手続きコストや、規制を遵守しているかどうかの監視コストがかかります。また、選択の自由を奪うため、受け入れられないかもしれません。

（2）インセンティブ

インセンティブ（incentive）とは、金銭的報酬やポイント、補助金、罰金、税金のように経済的なインセンティブを与えて行動に変化をもたらす方法です。費用と便益を考えて意思決定している場合、金銭的報酬のような正のインセンティブが与えられる行動は促進され、罰金のような負のインセンティブが与えられる行動は抑制されます。選択肢Aに負のインセンティブを与えることや、望ましい選択肢Bに正のインセンティブを与えることで、行動変容を起こさせるわけです。

しかし、保育園の罰金の例（P252）で見たように、インセンティブが意図せぬ方向に働く可能性もあります。また十分な金額ではなかったり、インセンティブ設計が正しく成されていない場合、うまく機能しないこともあります。

（3）情報提供

情報提供（information provision）とは、行動に関する情報を提供することによって、リテラシーや知識を向上させ、行動変容を促すものです。選択肢Aよりも望ましい選択肢Bがあることを伝えたり、選択肢Bの良さを伝えることによって行動変容することを期待します。

ただし、情報を伝えたとしても、正しく理解してくれるとは限りませんし、心に響くとも限りません。情報が複雑だったりすると、そもそも情報を受け取ってくれないことすらあります。

以上、3つのツールは適切に使えば有効に機能する時もありますが、得手不得手があったり、常に使えるとは限りません。

冒頭の「長時間座っている人に立ってもらう」という例に当てはめて考えてみましょう。50分座りっぱなしだと強制的に立ってもらうような仕組みを作るといった、規制的手段は現実的ではありません。罰金を与えたり、定期的に立つとインセンティブを与えるという方法もできなくはないですが、管理が大変です。最後の情報提供は、長時間座ることが悪いということはすでに知っている情報で、知識が無いからできないというわけではないので、単なる情報提供では効果が期待できなさそうです。

そこで登場するのがナッジです。

冒頭に示したリマインダーはナッジの1つです。座りっぱなしであることを適切なタイミングで伝えることで気づかせれば、立ち上がらせることができます。もちろん、通知が来ても無視することは可能で、立ち上がることは強制されていません。このリマインダーというナッジは、個人の自由を阻害することなく、人々の健康を促進する方法なのです。

運動したり野菜を食べることが健康に良いこと、環境のために省エネをした方が良いことなど、知らなければそもそもそのような行動は起こせません。また知っていても、現在バイアスや、目の前のタスクの複雑さ、不注意、誘惑など様々な心理的障壁によって行動が阻害され、そのためにできないというケースもあるでしょう。

望ましい行動を知らせたり、このような心理的障壁を取り除いたりすることで望ましい行動を後押しするのがナッジなのです。

ナッジの定義

これまでの説明で、ナッジとは「行動経済学の知見を活用して、人々の行動変容を促すもの」というイメージを持ったのではないかと思います。辞書的に

は、ナッジは「肘でチョンとつつく」という意味なのですが、ここでナッジを提唱した、ノーベル経済学賞を受賞したリチャード・セイラー氏とキャス・サンスティーン氏による正確な定義を紹介します。

　ナッジとは、「選択を禁じることも、経済的なインセンティブを大きく変えることもなく、人々の行動を予測可能な形で変える選択アーキテクチャーのあらゆる要素」のことである。

　この定義内には、実は複数のポイントがあります。

　まず、『選択を禁じることも（なく）』という部分、これは規制的手段とは異なり、選択の自由が保たれていることを意味します。

　次に『経済的なインセンティブを大きく変えることもなく』というのは、インセンティブと関連する部分です。インセンティブはナッジに含まれないという誤解がしばしばあるのですが、そうではありません。経済的なインセンティブを大きく変えない場合は、ナッジに含まれます。金銭的報酬や税金、罰金といったインセンティブ自体を大きく変えることはナッジに含まれませんが、「インセンティブを目立たせたりすることによって、インセンティブを働きやすくする」ことはナッジに含まれるのです。

　最後の『人々の行動を予測可能な形で変える選択アーキテクチャーのあらゆる要素』という表現は少しわかりにくいですが、重要な部分です。

　『人々の行動を予測可能な形で変える』とは、これまで説明してきた行動経済学の知見のことを指します。将来のことよりも今のことを重視する現在バイアス、利得よりも損失のインパクトの方が大きい損失回避、他人のことも気にする社会的選好、そして限定合理性など様々な要因によって、人々の行動は「予測可能な」形でズレます。こうした知見を活用することで、人々の行動を変えるわけですね。

　そして『選択アーキテクチャーのあらゆる要素』という部分。**選択アーキテクチャー（choice architecture）**とは、人々が選択する際の環境のことを言います。選択肢や情報の提示方法、具体的にはメッセージの文言やデザイン

（例：ユーザーインターフェイス）、仕組みなど、人々の行動に影響を与える様々な要因が当てはまります。

こうしたナッジは、リバタリアン・パターナリズム（libertarian paternalism）の考え方に基づくと言われます。自由主義を意味するリバタリアニズムと、父権主義を意味するパターナリズムの間を取った考え方です。セイラー氏とサンスティーン氏の著書『NUDGE 実践行動経済学 完全版』の表紙には、親象が子象のお尻を鼻でチョンとつついて行き先を誘導する様子が書かれています。この絵は、ナッジの特徴をうまく表現しているわけです。

ここで図8.1.1をご覧ください。象の例を使って、リバタリアニズム、パターナリズム、ナッジの違いを示しています。自由放任に歩かせていたら、正しい行き先に辿りつかないかもしれません。一方で、親象の背中の上に小象を乗せて運ぶという強制的な動かし方もありますが、小象の選択の自由を奪ってしまっています。ナッジのように、小象のお尻を鼻でチョンとつつくという方法は、小象の選択の自由を保ちつつ望ましい行き先へ後押しできるのです。

図8.1.1 リバタリアニズム、パターナリズム、リバタリアン・パターナリズム

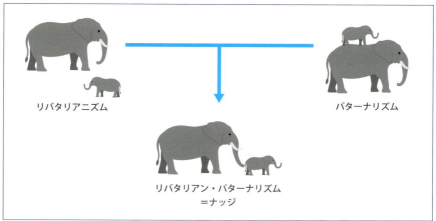

小象が自由に歩くことを許しつつ、望ましい方向へ後押しするのがナッジです。

> **column** **世界各国で設立されるナッジユニット**
>
> ナッジを政策的に活用する組織は「ナッジユニット（nudge unit）」と呼ばれ、世界各国で設立されています。2010年にイギリスで設立された「Behavioural Insight Team（BIT）」を皮切りに、政府や非営利組織での設立が相次ぎ、経済協力開発機構（OECD）によると300を超えるナッジを活用する組織が存在しているようです。また日本では、2017年に環境省が主導となって「日本版ナッジユニット（Behavioral Sciences Team, BEST）」を立ち上げて以降、経済産業省といった省庁だけでなく、横浜市（YBiT）等の地方自治体においても設立され、ナッジの政策活用が進んでいます。

ナッジの具体例①：損失回避の活用

ここまでは概念的な話が続いてきましたが、ここからは具体的なナッジの例を通じて理解を深めていきましょう。第4章から第7章までで説明してきた内容をもとに、得た知識をどのように活用できるのかを順に説明します。

まずは、損失回避の活用です。

第4章で説明したように、損失回避とは「利得よりも損失の方が約2倍大きく感じる性質」のことです。また、同じ内容でも表現が異なれば行動が変わる「フレーミング効果」というものがあり、利得フレームと損失フレームでは行動が変わってくるということを、アジア病問題という思考実験から確認をしました（P140）。

メッセージの表現方法を変えればフレーミングが変わるため、行動も変わる可能性があります。だから、利得ではなく損を強調する表現が、しばしばナッジに基づくメッセージとして活用されるのです。例えば、2016年に八王子市では、大腸がん検診受診を促進するために、フレーミングを活用したナッジメッセージの効果を検証するフィールド実験が行われました。

8.1　ナッジとは

Case!

　2016年、八王子市では前年度にがん検診を受診した人に対して、春ご
ろに検査キットを送付し、秋になっても検査キットを使用しなかった人に
対して、はがきで勧奨を行いました。その際、対象者をランダムに2つの
グループに分け、半数の人には『今年度、大腸がん検診を受診された方に
は、来年度「大腸がん検査キット」をご自宅へお送りします』という文言
を記載したはがきを送付し、残りの半数の人には『今年度、大腸がん検診
を受診されないと、来年度「大腸がん検査キット」をご自宅へお送りする
ことができません』という文言を記載したはがきを送付しました。

出所：福吉（2018）を元に筆者作成。

　どちらも伝えている内容は同じです。今年度に検査を受ければ来年度も検査
キットが送付されますが、検査を受けなければ来年度は検査キットが送付され
ません。しかし、前者の文言が「今年度に大腸がん検診を受けると、来年度も
検査キットをもらえる」という利得を強調するメッセージ（利得フレーム）と
なっているのに対して、後者の文言は「今年度に大腸がん検査を受けないと、
来年度は検査キットをもらえない」という損失を強調したメッセージ（損失フ
レーム）になっています。

　結果、冬の時点での受診率は、利得フレームのメッセージを受け取ったグ
ループは22.7%であったのに対して、損失フレームのメッセージを受け取った

図8.1.2　利得フレームと損失フレームの例1：メッセージへの応用

	利得フレーム	損失フレーム
メッセージの内容	今年度、大腸がん検診を受診された方には、来年度、『大腸がん検査キット』をご自宅へお送りします	今年度、大腸がん検診を受診されないと、来年度、ご自宅へ『大腸がん検査キット』をお送りすることができません
今年受診した場合、来年度検査キットは	届く	届く
今年受診しなかった場合来年度検査キットは	届かない	届かない
受診率	22.7%	29.9%

出所：福吉（2018）を元に著者作成。

利得フレームであれ損失フレームであれ、最終的な結果は同じです。しかし、損失フレームでは来年度の損失
が強調されていることで、損したくない気持ちが働き受診率が高まったのです。

307

グループは29.9％でした。つまり、損失フレームのメッセージに変えるだけで、受診率を約7％ポイント上昇させることができたのです。

とはいえ、「損失フレームを活用したメッセージは、利得フレームを使ったものと比較しても行動に与える影響に違いはない」ということを示す研究もあるので注意が必要です。伝え方を変えるだけでは、直接的なインセンティブには大きな影響が与えられていないため、行動を変えることができるとは限らないのです。

損失フレームは、直接的なインセンティブの提供の仕方にも応用されます。例えば、通常ボーナスは目標達成した後など、事後的に支払われるものですが、先にボーナスを与え目標が達成できなかった場合は没収するという報酬の与え方のような、損失契約（loss contract）が考えられます。
実際に、このような損失契約の効果を確かめるフィールド実験が、中国のある電機メーカーの工場で行われています。

◆ Case!

事前に毎週の目標生産量を決めた工場労働者を、2つのグループにランダムに分けて4週間観察しました。1つ目のグループは「目標生産量を達成できた週には、80元のボーナスがもらえる」という通常の利得契約です。そして2つ目のグループは「320元のボーナスを初日に渡し、目標生産量を達成できなければ、その週には80元を返金する」という損失契約です。目標を達成できれば、どちらのグループも最大320元のボーナスがもらえるという意味では同じです。

出所：Hossain and List (2012) を元に筆者作成。

実験の結果、利得契約よりも損失契約の方が生産量は1％高く、目標生産量を達成する割合も2％～9％高くなることがわかりました。「一度手にしたボーナスを手放したくない」という損失回避の性質が働き、損失契約の方がより頑張ったのです[1]。

---

1) 損失契約を実際に導入するには、制度的に難しいことがあるかもしれません。また、損失契約が逆に生産性を下げたことを示す研究もあるので、導入は慎重に行う必要があります。

図8.1.3 利得フレームと損失フレームの例2：インセンティブへの応用

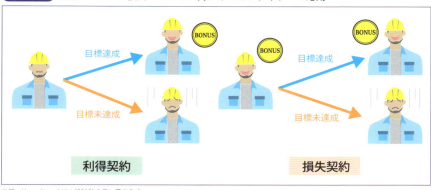

出所：Hossain and List (2012) を元に筆者作成。

利得契約であれ損失契約であれ、最終的な結果は同じ（目標達成時にはボーナスがもらえ、目標未達成時にはボーナスはもらえない）ですが、損失契約には損したくないという気持ちが働き、より努力するようになります。

このように、情報提供やインセンティブといった伝統的な行動変容のツールにナッジを加えることで、その効果を更に発揮することができます。また、メッセージの文言を変えることに追加費用は必要無い、つまりナッジ導入の追加的費用はほとんどかからないので、費用対効果が非常に高いことがわかります。

ナッジの具体例②：現在バイアスに対処

第5章で学んだように、将来のことよりも現在のことを重視してしまうという現在バイアスによって、計画を立てても先延ばしをしてしまうことがあります。このような時は、コミットメントや誘惑バンドリングが有効であることを前述しました。また、忘れてしまって行動ができない場合はリマインダーが効果的でした。

実行意図（implementation intention）の活用という選択肢もあります。「何かをしよう」という意図があったとしても、実際の行動が伴わないことは珍しくないでしょう。こうした現象は、意図と行動のギャップ（intention–behavior gap）と言われます。「何らかの目標を達成したい」という目標意図があっても、その目標の実現に向けた行動はなかなかできないものです。目標意図を実現す

るためには「Xという状況になったら、目標を実現するためのYという行動を
する」という、ある行動をするという実行意図を明確に定めておくことが有効
です。具体的には「いつ、どこで、どのように行うか」を事前に決めておきます。

実行意図の活用事例としては、アメリカで行われた「社員のインフルエンザ
ワクチンの接種率向上を目指したフィールド実験」があります。

このフィールド実験では、インフルエンザワクチンの接種の案内の手紙を3
種類用意し、1つの対照群と2つの実行意図介入群の、合計3つのグループに
ランダムに送付しました。

図8.1.4 実行意図の活用で先延ばしを防ぐ

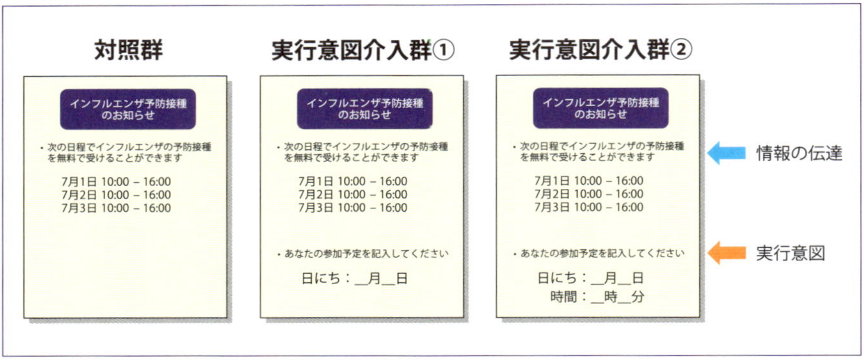

出所：Milkman et al. (2011) を元に筆者作成。

対照群に送られた案内手紙には、予防接種が無料で受けられるという案内
と、予防接種を受けられる日が記載されています。介入群①に送られた案内手
紙には、対照群の文面に加えて「予定を記入しておくことは役立ちますので、
予定日を記入してください」と説明し、接種予定日を記入する欄を設けました。
そして介入群②に送られた案内手紙には、介入群①の文面に加えて、接種予定
日ではなく接種予定日時までを記入する欄を設けました。

結果は、予防接種が受けられる日のみを記載した対照群のワクチン接種率は
33.1％でした。一方、予定日の記入欄を設けた介入群①の接種率は35.6％、予

定日時の記入欄を設けた介入群②の接種率は37.1％となり、対照群よりも多くの人が接種するようになったのです。

ナッジの具体例③：社会的選好の活用

次は、第6章で説明した「自己利益だけではなく、他人のことも気にする社会的選好に関連するナッジ」です。社会的選好に関連するナッジは、**社会比較**（social comparison）、**社会規範**、**利他性プライミング**（altruism priming）と呼ばれるものに大きく分類されます。

社会比較とは、他人がどのように行動しているかという情報を伝え、自分と他人の行動を比較させることによって、人々に行動変容を促すものです。例えば、省エネ行動を促進するために、電気料金の明細書に自分の電気使用量だけでなく、近隣住民の電気使用量や、近隣の省エネ家庭の電気使用量を掲載したという事例が該当します（P27）。

社会規範とは、命令的規範（「人々はこのようにすべきだと思っている」）や記述的規範（「人々はこのようにしている」）を示すことで、こうした社会規範から外れていることに気づかせたり、少数派であることを伝えることで周りの多くの人と同調するように行動の変化を期待するものです。このような多数派の情報を示すことは、**同調性**（conformity）だけでなく、周りの人と合わせておけば間違いないという意思決定を簡素化するヒューリスティックスを働かせることができ、**社会的証明**（social proof）と呼ばれることもあります。例えば、滞納者に対して「今のところあなたは、まだ納税していないという非常に少数派の人です」という文言を追加した督促状を送ることで納税遵守率が高まるという事例がまさしく、社会規範を活用したナッジです（P246）。

社会比較や社会規範を活用するナッジは、多数派が望ましい行動をしている場合は使える手法です。しかし、金銭的インセンティブと比べて効果が小さいことや、逆効果になってしまうことがあることも知られています。

例えば、アメリカの401K（日本でいう企業型確定拠出年金のこと）と呼ばれる老後貯蓄プランへの加入促進における、社会比較の有効性を検証したフィールド実験が逆効果の例です。このフィールド実験では、自分と同じ年代の加入率や、給料6%以上を拠出している人の割合といった周囲の情報を知らせました。すると予想とは逆に、貯蓄率が減少してしまいました。周囲の人が自分よりも多く貯蓄していることに気づき、落胆したと考えられています。

　最後の利他性プライミングとは、「他人のためになる」というように、利他性に訴えかけて人々の行動変容を促すものです。**プライミング**（priming）とは、ある刺激にさらされると、その後の刺激に対する反応が無意識に影響を与えるというもので、ある行動を起こす前に受けた情報などが、その後の行動に無意識的にも影響することを言います。

　例えば、利他性に訴えかけるようなメッセージ（「あなたが外出をやめ、3密を避け、手洗いやマスクをすることで身近な人の命を守れます」等）を伝えることで、新型コロナウイルス感染症に対する予防行動を促進できることを示した、オンライン調査を活用した筆者らの実験研究があります。自分が感染しても良いと思っている場合は、「自分の命を守れます」というような利己的な便益を強調されても響きません。しかし、そのような人でも利他性があった場合、「身近な人の命を守れます」というように他人の便益を強調されると、その人のために感染予防に努めようと行動できるのです。ただし、追跡調査の結果では、このような利他性を強調するようなメッセージは短期的にしか効果は無く、持続性が無かったこともわかっています。

　以上のように、社会的選好に関連するナッジは逆効果をもたらすこともあることから、導入の際にはしっかりと効果を検証する分析を行うことが重要です。また、持続性があるとは限らないため、長期的な分析を心がける必要もあります。

8.1 ナッジとは

ナッジの具体例④：限定合理性の活用

最後は、第7章で説明した限定合理性に関連したナッジです。

ヒューリスティックスを用いて誤った判断をしてしまうことがあったり、認知能力に限界があるために情報を正しく活用できなかったり、更には「情報に気づかない」ことすらあるでしょう。このような問題の解決に役立つナッジの1つが、**デフォルト**（default）です。

デフォルトとは初期設定のことです。何かを選択するという文脈では、何もしなかった時に選ばれる選択肢のことを指します。こうした初期設定をどのように設定するかによって、人々の行動は大きく変わります。第1章で紹介した臓器提供の同意率の違い（P 30）以外にも、例えば老後貯蓄のための確定拠出年金への加入にもデフォルトが影響することが有名です。

老後のために貯蓄をしないといけないことはわかっていても、なかなか行動には移せないものです。例えば、確定拠出年金へ加入する場合、自分で申し出なければなりません。つまり、「未加入」がデフォルトとなっています。あるアメリカの企業では、このような自ら申し出る必要がある**オプトイン**（opt–in）制度の下では、雇用開始直後の加入率は20%と非常に低いものでした。そこでこの企業では、拠出率や資産配分を決めたプランに自動加入し、加入したくない場合は申し出をするという**オプトアウト**（opt–out）制度に変更したところ、新規雇用者の雇用開始直後の加入率は90%まで跳ね上がりました。デ

図8.1.5 デフォルトの違い：オプトイン制度とオプトアウト制度

	オプトイン	オプトアウト
デフォルト	未加入 ☐　年金制度に加入する	加入 ☑　年金制度に加入する
加入する場合	加入申込みが必要 ☐　→　☑	何もする必要が無い ☑
加入しない場合	何もする必要が無い ☐	辞退申し込みが必要 ☑　→　☐

オプトインはデフォルトでは何も選択されていないので、選択する場合は自ら手続きをする必要があります。
オプトアウトはデフォルトで既に選択されているので、何も手続きをしなければその選択が実行されます。

フォルトを「未加入」ではなく「加入」に変更することで、大きな変化があったのです。

　標準的な経済学では、将来のことを考えて年金制度に入る方が良いと思った人は入り、不要だと思う人は入らないという明確な意思決定ができるはずでしょう。つまり、デフォルトが加入であれ未加入であれ、そんなことは関係なく正しい選択ができるはずなのです。ところが、この調査結果はそうはなっていません。デフォルトの設定によって、大きく人の行動が変わってしまいました。

　デフォルトナッジが作用する要因は4つあると言われています。
　1つ目は「自動的に選択がなされているので、自ら決定を下さなくて良い」というように、意思決定が容易だという点です。2つ目は、選択「すべき」選択が初期設定になっていると感じ、その社会規範に従おうとするものです。3つ目は、初期設定の現在の状態から変更することで損が生じる可能性があるので、損失回避の性質により現状をそのまま選択しようとする**現状維持バイアス**（**status-quo bias**）によるものです。4つ目は、意思決定を先延ばししてしまった結果、デフォルトが適用されてしまうというように、現在バイアスによるものです。
　つまり、社会規範、損失回避、現在バイアスといった行動経済学的な特性によって、デフォルトナッジが効果的に作用するというわけです。

　選択肢の設定方法は、人々の行動に大きな影響を与えます。例えば、選択肢の設定方法として「デフォルトを設定しない」ということもあるでしょう。このような、必ず何らかの選択を行わなければならないという選択肢の設定方法は、**能動的選択**（**active choice**）と言われます。能動的選択制度を導入することで、オプトイン制度よりも年金加入率が25％ポイント上昇した企業もあるようです。

このように、選択肢の設定方法を工夫することで人々の行動は大きく変わるのですが、選択肢が多すぎて選べないという**選択肢過多**（**choice overload**）や**情報過多**（**information overload**）には注意しなければなりません。認知能力の限りがある人にとっては選択の障壁となります。そのため、望ましい選択を取りやすくするためには、**簡素化**（**simplification**）や、情報を目立たせる**顕著性プライミング**（**salience priming**）を行う必要が出てくるのです。

Point!

- 規制、インセンティブ、情報提供といった伝統的な行動変容のツールに加えて、ナッジが新たな行動変容のツールとして存在する
- ナッジとは、行動経済学の知見を活用して、人々に選択を強制することや高額のインセンティブを用いることもなく、自分自身にとって望ましい選択を自発的に取れるように後押しするための仕組みやメッセージのことである
- 例えば、損失回避、現在バイアス、社会規範、デフォルトなどの行動経済学の知見がナッジに活用されている

8.2

ナッジの作り方

● 良い選択アーキテクチャーの作り方

　本節では、自らナッジを活用できるようになるための、ナッジの作り方について説明します。

　まずは、ナッジの提唱者であるセイラー氏とサンスティーン氏が提唱する「良い選択アーキテクチャーを作るための6原則：NUDGES」を紹介し、次にナッジユニットで広く使われているナッジのフレームワークを紹介します。それぞれ重なり合う部分もあるので、自身がナッジや行動インサイトを活用した介入策を作成する時に使いやすいものを選んでください。

　「良い選択アーキテクチャーを作るための6原則」は、以下の英語の頭文字等をとって「NUDGES」としたものです。

・iNcentives：インセンティブ
・Understanding mappings：マッピングを理解する
・Defaults：デフォルト
・Give feedback：フィードバックを与える
・Expect error：エラーを予測する
・Structure complex choices：複雑な選択を構造化する

　順に見ていきましょう。

　まずは「インセンティブ」です。標準的な経済学で考えると、人はインセンティブに反応するので、その人にとって利益になることであれば行動すると考えられます。しかし、そのインセンティブに気づいていなければ行動してくれ

ません。つまり、インセンティブが伝わっていないのなら、インセンティブの顕著性を高めることでその効果をうまく発揮することができるわけです。

「マッピングを理解する」とは、選択と選択によって得られる結果の対応関係であるマッピングを理解することを指します。「メニューの中から何を選んで食べるか」といった比較的簡単な選択の問題もあれば、「どのような金融商品を選択するか」といった難しい選択問題まで様々なレベルの問題があります。食事のようなものであれば経験もあり、何を食べればどれくらい嬉しいかは簡単にわかるでしょう。しかし金融商品の場合は、どのような結果になるのかがわかりにくいため、複数の金融商品にリスクやリターンといった数値情報を示すことで、この商品を選べばどのような結果になるのかということの理解が促進されます。

「デフォルト」は、8.1節の最後に説明したものですね。人は楽をしたいので、選択肢にデフォルトが設定されているなら、それを選びます。望ましい選択があり、デフォルトの設定が可能なら、それをデフォルトの選択肢として採用すれば良いのです。

「フィードバックを与える」とは、自分の取った行動に対して結果をフィードバックすることで、良い結果であればその行動が良かったことに気づき、悪い結果であればその行動が間違いだったことを自覚できます。
　例えば、自己ベストや自己平均の運転パフォーマンスよりも良かったことをフィードバックすることで、運転スキルの向上が見られたことを示すフィールド実験があります。うまくできたか悪かったのかがわからない時には、フィードバックをしてあげることでパフォーマンスを向上できるのです。

「エラーを予測する」とは、「人はミスをするものなので、間違え方のパターンを予測してそれに対処しておく」というものです。ヒューリスティックによって間違うことや、注意力が限られていることで間違うことがあるので、そうした要因によって間違った行動を取りうる前提で選択アーキテクチャーを設計しておくのです。

最後の「複雑な選択を構造化する」とは、選択肢を体系立てて整理することで選択しやすくさせることを言います。例えば、たくさんある本の中から1冊を選ぶという選択は非常に難しいでしょう。Amazonでは、ジャンル等で検索することで本の選択肢を絞るだけでなく、協調フィルタリングと呼ばれるアルゴリズムを活用してユーザーの好みと近い他の人の選択を使い、そのユーザーが好みそうなものを提示することによって良い選択をする手助けをしています。

以上、この6原則に従うことで、「望ましい行動を簡単に取れるようにする」（Make it easy）とセイラー氏らは主張します。更に、「望ましい行動を楽しくできるようにする」（Make it fun）ことも、良い選択アーキテクチャーの重要な要素だとセイラー氏らはつけ加えています。

● ナッジ作成のフレームワーク①：MINDSPACE

次は、より実践的なナッジの作成に役立つフレームワークを紹介しましょう。必要な要素の確認ができる「チェックリスト型」と、一連の流れで気をつけなければならない点がまとめられた「プロセスフロー型」の2種類があります。

「チェックリスト型」のフレームワークとして有名なものに、**MIDNSPACE**と**EAST**があります。どちらも、イギリスにおいて2010年からナッジの政策活用の中心的役割を担ってきた組織BIT（P306）が作成したものです。

そして、「プロセスフロー型」のフレームワークとして有名なものは、OECDが作成したBASICです。

ここではまず、**MIDNSPACE**について解説します。

MINDSPACEとは、Messenger（メッセンジャー）、Incentive（インセンティブ）、Norms（規範）、Defaults（デフォルト）、Salience（顕著性）、Priming（プライミング）、Affect（感情）、Commitment（コミットメント）、Ego（エゴ）の頭文字を取ったものです。ナッジを作成した時に、これらの要素が含まれているかをチェックするのに有効なチェックリスト型のフレームワークです。

インセンティブ、規範、デフォルト、顕著性、プライミング、コミットメントについてはすでに説明してきたので、ここでは新たに出てきたメッセンジャー、感情、エゴについて説明します。

図8.2.1　ナッジのフレームワーク①：MINDSPACE

分類	内容
Messenger （メッセンジャー）	誰が情報を伝えているかに大きく影響される
Incentive （インセンティブ）	インセンティブへの反応は、予測可能な判断のショートカットによって方向づけられる 例：参照点依存、損失回避、小さな確率を過大評価、メンタルアカウンティング、現在バイアス
Norms （規範）	他の人がしていることに影響される
Defaults （デフォルト）	デフォルトの選択肢をそのまま取りやすい
Salience （顕著性）	新しいものや自分の関係があるものに注意が行く
Priming （プライミング）	意識的に気づいていない手掛かりに影響される
Affect （感情）	感情が人の行為を形作る
Commitment （コミットメント）	公言した約束に反しないように行為に報いようとする
Ego （エゴ）	自分自身の気分を良くしようとする

出所：ホールズワース・カークマン（2021）を元に筆者作成。

　「メッセンジャー」とは、情報の伝え手によって人の受け取り方が違うため、行動の違いが出てくることを指します。例えば、専門家のような権威のある人から発せられた情報と、周囲の人からの情報では、権威のある人の情報の方が正しく感じられるでしょう（権威性バイアス（authority bias）と言われます）。同じ情報であっても、専門家のような権威がある人から伝える方が良いのか、有名人のような親しみがある人から伝えるべきのかなど、伝え手を工夫することで、行動に与える影響は異なります。

　「感情」は人々に大きな影響を与えます。喜怒哀楽など様々な感情がありますが、感情の変化によって時間選好やリスク選好、社会的選好など好みも変わり、行動が変わります。例えば、戦争による恐怖体験を思い出すと、リスク回避的になることが知られています。

　その時々の感情に従って行動をしてしまう、情動ヒューリスティックス

（affect heuristics）と呼ばれる認知バイアスもあります。イタリアの30年間の
ベストセラーリストを分析したところ、作家が亡くなると、その作家がベスト
セラーリストに載る確率が100％以上も上昇することがわかりました。これ
は、感情が人々の購買行動に大きな影響を与えたことを示唆しています。

　最後の「エゴ」とは、自分自身が気持ち良くなるために、そのような行動を
とることです。人間は、自己イメージを気にして自分自身を良く見せるような
行動をとることがあります。また、自分は一貫しているものと考えがちで、行
動が自分の考えと矛盾した場合、行動ではなく考えを変えることがあります。
　こうした一貫性の性質を利用した、フット・イン・ザ・ドア（foot–in–the–
door）と呼ばれる手法があります[2]。フットインザドアとは、本命のリクエスト
を最初にするのではなく、最初は受け入れやすい小さなリクエストをして、そ
の後、より大きな本命のリクエストをお願いするという方法です。一度提案を
受け入れると、自分の考えとは違っていても、その次の提案も受け入れてしま
うという行動の一貫性を活用するものです。

━━ ナッジ作成のフレームワーク②：EAST

　MINDSPACEは、顕著性や感情のように心理的プロセスに影響を与えるもの
もあれば、インセンティブやデフォルトのようにプロセス自体に影響を与える
ものもあるように、全てを網羅した相互排他的な理論フレームワークではあり
ませんが、体系的に整理されたフレームワークの1つです。
　そして、このMINDSPACEを踏まえてよりシンプルにしたものがEASTで
す。図8.2.2に示したように、EASTとは、Easy（簡単に）、Attractive（魅力的に）、
Social（社会的に）、Timely（タイムリーに）の頭文字を取っています。

---

[2]　フット・イン・ザ・ドアに並んで、ドア・イン・ザ・フェイス（door–in–the–face）と呼ばれる説得手法もあ
　　ります。こちらは、本命のリクエストよりも拒否されやすい大きなリクエストを最初に伝え、拒否した後に本
　　命のリクエストを出すことによって承諾率を上げるという手法です。両方の説得手法を比較するメタ分析の結
　　果では、効果の大きさにあまり違いはないようです。

図8.2.2 ナッジのフレームワーク②：EAST

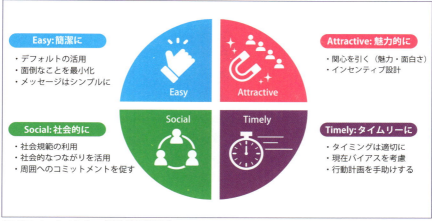

出所：Behavioural Insights Team (2014) を元に筆者作成。

　「簡単に」というポイントは、セイラーらの主張（Make it easy）と共通しています。望ましい選択をデフォルトにしておけば、選択せずとも望ましい選択ができるので最も簡単です。また、手間のかかる行動は途中であきらめてしまうので、手間や「行動を阻害する要因」はできるだけ無くしておけば簡単に行動できるようになります。更に、メッセージを簡素・明確にすることで「何をすれば良いのか」をわかりやすくすることも、簡素化のコツです。

　「魅力的に」というポイントも、セイラーらの主張（Make it fun）と類似しています。面白くなかったり魅力を感じなければ、人はその行動をとろうとはしません。望ましい行動や取って欲しい行動を魅力的にするには、金銭的インセンティブや非金銭的インセンティブの活用が有効です。また、単純に金銭的なインセンティブを与えるのではなく、損失回避を活用したインセンティブ設計や、宝くじ型のインセンティブを用いることもインセンティブの効果を高める工夫です。

　「社会的に」とは、人が周囲の人を気にするという性質を活用することです。社会規範、例えば多くの人がとっている望ましい行動を示すことで、そうした

行動を促すことができます。また、コミットメントをする際には周囲に公言することが効果的でしょう。

最後の「タイムリーに」とは、適切なタイミングで介入を行うことを言います。本章の冒頭に示した「立ち上がるためのリマインダー」はまさしく、適切なタイミングでの介入でした。また、現在バイアスによって、将来の価値は今の価値よりも大きく割り引かれることを考慮に入れないといけません。そのため、投資財の場合は将来の便益を高めるか現在のコストを下げる、余暇財の場合は将来のコストを高めるか現在の便益を下げる、といった工夫が必要です。

チェックリスト型のフレームワークであるMINDSPACEであれEASTであれ、全ての要素を1つの選択アーキテクチャーに入れ込む必要はありません。なぜなら、全てを入れ込もうとすれば「簡単な」ものではなくなってしまうからです。

また、どのような行動に変化をもたらしたいか、なぜその行動ができないのかという分析を事前に行う必要もあります。行動を阻害する要因や目標とする行動によって、効果的なポイントが異なることがあるからです。

なお、行動の事前分析には、次に説明するプロセスフロー型のフレームワークの活用が有効です。

━━ ナッジ作成のフレームワーク③：BAISC

ナッジのような行動インサイトは、介入策を作って終わりではありません。介入策を実験的に検証し、分析結果を把握してからスケールアップするまでが一連の流れです。このようなプロセスフローを反映したフレームワークに、OECDが作成したBASICがあります。

まず、ターゲットとなる行動（Behavior）を特定します。次に、その問題となる行動の背景を行動経済学的に分析（Analysis）し、その分析結果を踏まえ

て介入戦略（Strategy）、ナッジを設計します。作成したナッジが有効であったかについて、ランダム化比較試験のような介入（Intervention）実験を行い、検証結果を踏まえて今後どのように変更（Change）を加えるかを考えます。

以上の5ステップについて、順に解説していきましょう。

図8.2.3 ナッジのフレームワーク③：BASIC

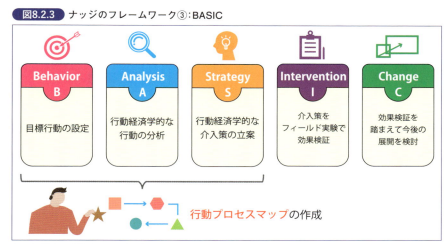

出所：経済協力開発機構（OECD）編 (2021) を元に筆者作成。

最初の3つのステップ（Behavior、Analysis、Strategy）は、行動を深く観察して介入策を考えるという最も重要なステップです。着目すべき行動を明らかにするためには、課題を整理する必要があります。何を改善したいのか、どんな行動なら行動変容を期待できるのか、何をターゲットとする行動にすれば良いのかといった観点から課題を整理し、目標とする行動を特定します。

その際には、ターゲットとする行動を引き起こすまでの意思決定や行動のプロセスを詳細に記述する、**行動プロセスマップ**を活用することが一般的です。どのような行動をとっているかを把握するために、既存データの分析やアンケート調査の実施のような定量的な手法だけでなく、インタビューやフォーカスグループと呼ばれる定性的な手法を用いて、人々がどのように考えているかを把握すること、行動を直接観察することが有効なのです。

行動プロセスを図式化できたら、どこの段階に躓いてしまうボトルネックがあるのか、「なぜ、人はその行動をとらないのか？」という行動の阻害要因を明らかにしていくことができます。

例えば、現在バイアスによって先延ばしをしてしまっているのか、ヒューリスティックスによって間違った判断をしてしまっているのかなど、行動経済学的に分析していきます。そうすることで、具体的な対応策が見えてくるのです。

行動の阻害要因が行動経済学的特性によって生じていなかったとしても、ナッジを活用することで行動変容が期待できます。EASTやMINSDPACEのようなチェックリスト型のフレームワークを用いて、阻害要因に打ち克つナッジなどの介入策を立案します。また、図8.2.4で示したような心理的障壁に応じて介入策を整理した表も、介入策のヒントになるでしょう。

図8.2.4 心理的障壁に対応した介入策の整理

心理的障壁	介入策
意思決定に関する情報へのアクセスが制限	簡素化するなど情報をわかりやすく翻訳
	フィードバックや情報の顕著性を高める
	社会規範など社会的な参照点を提供
意思決定の構造が複雑	望ましい選択肢をデフォルトに設定
	選択しやすいように金銭的・心理的費用を調整する
	選択肢の数や構成を調整
	社会的選好、リスク選好、時間選好などを考慮して、選択結果の便益や費用を調整
注意力や自制心に問題があり、意思決定の補助が必要	リマインダーの活用
	コミットメントの活用

出所：Münscher et al. (2016) およびMertens et al. (2022) を元に筆者作成。

介入策まで練ることができれば、Interventionの段階です。ここでは、第2章で説明したランダム化比較試験を試行的に行い、ナッジの効果検証を行います。現状などを対照群として、ナッジを施した介入群と比較することにより、ナッジによってどの程度人の行動が変わったかの因果関係を明らかにすることができます。実験を計画する際には、計測するアウトカムを定義し、分析計画

を事前に設定して、必要なサンプルサイズを確保することが重要です。これらを行うことで、実験結果の信頼性や再現可能性を高めることが可能です。

　効果検証が終われば、今後の展開を考えます（Change）。作成したナッジが有効でなかった場合は、なぜ効果が無かったのかを考察し、新たな介入策を考え、実験を行い効果検証を再び行います。有効であった場合は、全面展開に向けて検討を行います。介入の内容によっては、そのまま全面展開できるものもあれば、予算やロジスティックの関係上、全く同じ介入を行えないケースがあるかもしれません。介入策に変更を加えた場合、潜在的に効果が小さくなる可能性があるため、スケールアップする際にも引き続きデータ分析を行い、影響の大きさを把握することが重要です。

Point!

・ナッジを作る際には、プロセスフロー型のフレームワーク「BASIC」を活用し、課題の整理と分析を行うことが欠かせない
・行動プロセスマップを作成しボトルネックとなっている個所を明らかにできたら、チェックリスト型のフレームワーク「EAST」や「MINDSPACE」を活用して、行動経済学的な介入策、ナッジを考える
・ナッジを作れば終わりではない。ナッジの効果検証を行い、有効でなければ新たなナッジを考えるというように、試行錯誤を繰り返していく必要がある

8.3

ナッジに関する注意点

分析的観点

　ここからは、実際にナッジを活用していく際に注意しなければならない点、具体的には「分析的観点」「ナッジの悪用」「倫理的観点」の3つについて説明していきます。

　まずは分析的観点です。「効果の大きさ」、「方向性」、「持続性」、「再現性・一般化可能性」の4つについて説明します。

（1）効果の大きさ

　ナッジの効果量は、実際にはどの程度なのでしょうか？

　図8.3.1をご覧ください。これは、ナッジに関する100の研究を用いてメタ分析を行い、ナッジの効果量を示したものです。

　ナッジ全体の効果量の大きさの中央値は0.21で、小さな効果量と分類されます[3]。図に示したように、ナッジの種類によって効果の大きさは異なります。最も効果が大きかったのはデフォルトを活用したナッジで、効果量の中央値は0.5と中程度の効果量でした。しかし、その他のナッジの効果は小さく、特に実行意図やコミットメントの効果量は非常に小さいことがわかります。[4]

　ナッジは学術研究だけでなく、ナッジユニットによって実施され結果が公開されています。両者のナッジの効果を比較した研究では、学術論文におけるナッジの平均処置効果は8.68％ポイントであったのに対して、ナッジユニット

---

[3]　一般的に、効果量は0.2であれば小さな効果、0.5であれば中程度、0.8であれば大きな効果と呼ばれます。

[4]　ナッジのメタ分析は複数行われていて、出版バイアスを調整すると、ナッジの有効性は無いと指摘する研究もあります。

8.3 ナッジに関する注意点

図8.3.1 ナッジのメタ分析[4]

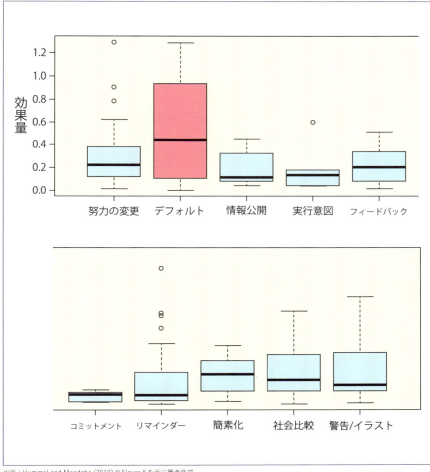

出所：Hummel and Maedche (2019) の Figure 5 を元に筆者作成。

各ナッジの効果の大きさを示す箱ひげ図です。黒い太線は中央値を示しています。ひげの上端が最大値、箱の上端が上位25パーセンタイル、箱の下端が下位25パーセンタイル、ひげの下端が最小値を表します。

でのナッジの平均処置効果は1.39%ポイントという違いが確認されました。

学術研究のナッジの効果は大きく感じますが、3つの点で注意が必要です。

---

[5] 「努力の変更」というナッジは、バイキングレストランでサラダバーを取りやすい位置に配置をするなどのことを言います。

第1に、ナッジユニットでは手紙などの通知を用いた簡単なナッジが多いのに対して、学術論文では対面で行うなど効果が強く出やすいナッジが活用されているというように、用いられているナッジの性質自体が違う点です。

　第2に、出版バイアスの有無です。学術論文の場合は出版バイアスがあり、効果の無かったものは論文として掲載されにくいため、p–hackingなどの疑わしき研究実践（P79）が行われてしまっていることや、報告されずお蔵入りにしてしまっていることがあり得ます。一方、ナッジユニットの場合は効果の有無にかかわらず報告されているため、出版バイアスの恐れはありません。

　第3に、検出力の違いです。学術論文では1つのナッジの介入当たり500名程度のサンプルしか確保されていないため検出力が低いのに対して、ナッジユニットの場合は10,000人程度と十分なサンプルサイズの確保のもとで実験が行われているため検出力が高いです。

　このように、特にナッジの性質の違いと出版バイアスの要因によって、両者の効果の大きさに違いがあることが指摘され、出版バイアスを考慮すると学術研究とナッジユニットのナッジ効果の差が無くなることも、分析結果から示唆されたのです。

（2）方向性

　ここまでは「基本的にナッジは予想された方向で効果がある」ということを主張してきました。ところが、予想に反した効果、逆効果になることがある点にも注意が必要です。例えば、テキサス州において交通事故を減らすために、デジタルサイネージを活用して、その道路上での先週の死者数を表示させて注意を引くというキャンペーンを実施しました。交通事故が多いことを知らせる顕著性を高めるナッジです。その結果、予想に反して10km以上の衝突事故の回数が4.5％も増加してしまいました。デジタルサイネージで注意を引くことはできたのですが、逆に看板に気を取られ過ぎてしまって事故を起こしてしまったわけです。

（3）持続性

効果の大きさや方向性だけでなく、効果がどれくらい続くのかといった持続性にも注意を向ける必要があります。介入を受けた時だけ行動変容を起こすのか、介入を一度受けると行動変容が続くのか、どちらなのかという長期的な視点です。

第1章で紹介したホームエナジーレポート（P27）では、社会比較を行うため、近隣の省エネ家庭の電気使用量だけでなく、節電のためのヒントや省エネ家電に関する情報提供も行われていました。そして、その効果が長期的に残るのかを検証するため、介入を受けた人の中で引っ越しをした人たちを追跡しました。アメリカでは日本とは異なり、家電などの設備は備えつけになるため、引っ越しの際に家電を持っていくことはありません。つまり、引っ越しをしても節電が続いたのであれば、社会比較のナッジの効果であることがわかるのです。

分析の結果、社会比較ナッジの効果ではなく、エネルギー効率の高い家電に置き換えたことによって節電していた効果の方が大きいことがわかりました。省エネ家電に置き換えてデフォルトを変更するといったナッジは持続性が高いと考えられますが、社会比較のようなナッジでは習慣形成には結びつかなかったのです。

図8.3.2 ホームエナジーレポートの省エネ効果の持続性の分析

	引っ越ししなかった人	引っ越しした人
社会比較の効果	○	○
省エネ家電買い替えの効果	○	×

ホームエナジーレポートには、社会比較による省エネ効果と省エネ家電の買い替えによる省エネ効果の2つの効果があります。引っ越しした人には省エネ家電の買い替えによる効果が無いため、社会比較による省エネ効果のみが観察されます。そのため、引っ越しした人としなかった人を比較することで、省エネ効果に持続性があった場合、どういった効果によって省エネ効果が持続していたのか判断できるのです。

一度限りの介入の持続性だけでなく、同じ介入を繰り返し行った時にも効果が持続するのかといった観点も重要です。例えば、2012年と2013年にけいはんな学研都市（大阪府、京都府、奈良県にまたがる京阪奈丘陵に位置する広域都市）で節電に関するフィールド実験が行われました。

Case!

　このフィールド実験では、約700世帯の住民に対して、リアルタイムに電気使用量を把握できる機械を提供しています。そしてその際、『「○月○日の午後1時から4時までの間、電力の使用をお控えください」のように、モラルに訴えかける節電要請を行うグループ』、『「○月○日の午後1時から4時までの間、電気料金が×円に値上がりするので、電力の使用をお控えください」のように、金銭的インセンティブに訴えかける変動電気料金グループ』、何も介入を行わない対照群、の3つのグループにランダムに分けました。

　節電要請グループでも変動電気料金グループでも、介入時間中において節電していました。しかし、このような介入を繰り返し行った場合、節電要請グループの節電効果は小さくなってしまいました。一方、変動電気料金グループの方は、節電効果が持続しました。

出所：Ito et al. (2018) を元に筆者作成。

　このように効果が持続するとは限らないため、短期的な効果検証にとどまるのではなく、長期的に効果検証を行う前提で計画することが重要となります。

（4）再現性・一般化可能性

　最後は、再現性と一般化可能性についてです。2.4節で説明したように、心理学や行動経済学などの行動科学は「再現性の危機」に瀕していると言われています。例えば、統計的なエラーによってたまたま有意な結果であった場合は、追試を行った際には再現できないことがあります。意図の有無にかかわらず、p–hackingやHARKingといったう疑わしき研究実践が行われていたことによって再現できないこともあります。更に、データ捏造などの研究不正によって再現できないことも指摘されました。

　ただし、研究不正は論外ですが、疑わしき研究実践に関しては、分析を行う前に仮説や分析方法を登録する事前登録や事前分析計画を立てておくことで、再現可能性を高めることができます。

330

ところで、結果の再現性を高めることも重要ですが、結果を活用したり応用したりするためには一般化可能性にも目を向けなければなりません。実験を行ったサンプルの元の母集団へも結果を一般化できるのか、あるいは異なる母集団にも結果が一般化できるのかといった、分析対象集団を変えるという点だけでなく、同じような介入を異なる文脈で行っても同じような結果が得られるかなど、様々な観点から一般化可能性を気にしなければなりません。

例えば、冒頭に示したApple Watchの一般化可能性について考えてみましょう。リマインダーが立つことを促したという結果でしたが、では全国民にApple Watchを配布することで、長時間座りっぱなしになる人が減るでしょうか？

答えは否です。なぜなら、Apple Watchをつけている人は健康意識が高いというセレクションバイアスがあるため、Apple Watchをつけていない人に無理やりつけさせたとしても、効果は小さくなる可能性があるからです。

このように、分析対象を拡大した時にはどのような結果になるのか、サンプルの特性を考慮しながら予想を立てることが重要なのです。

特に、効果には異質性があることを認識しておくことが大切です。ランダム化比較試験などの因果推論においては、平均処置効果（全体として、平均的にどの程度効果があったのか）に着目しています。

平均的な処置効果はあくまでも平均で、実際の個人の処置効果は人によって異なります。そのため、観察可能な属性ごとに分けたサブグループ分析を行うことや、ランダムフォレストのような機械学習を活用して効果の異質性を検証することが、ナッジの効果により深い理解をもたらすのです。

なお、効果の異質性は文脈によっても大きく影響を受けます。同じような介入であっても、文脈によって効果が変わってくるのです。例えば、SMSを通じたメッセージによる情報提供は、滞納した罰金の徴収改善には効果的であった一方、学業成績の改善には結びつかなかったそうです。

━━ スラッジ

　次に、ナッジの悪用について説明します。本章では、「望ましい選択肢Bがあるのに、何らかの理由で望ましくない選択肢Aを取っている人」に対して、「望ましい選択肢B」を取るような行動変容を促すために、規制やインセンティブ、情報提供に加えて、ナッジのような行動インサイトが活用できるとお伝えしてきました。しかし、これらの行動変容を促すツールは、選択肢の望ましさに関係なく行動変容を促せることが潜在的に可能です。

　セイラー氏は、賢い意思決定や向社会的行動を難しくさせるような悪いナッジのことを、**スラッジ（sludge）** と呼んでいます。スラッジは「ヘドロ」を意味する言葉です。意思決定に摩擦を生むものを指し、「本人にとって望ましい行動には導かず、ある特定の人や企業、組織に利益をもたらすために使われるナッジ」のことです。例えば、サブスクリプションの契約はワンクリックでできて非常に簡単ですが、解約するページが見つかりにくかったり、手順が複雑なことがあります。これがまさしくスラッジです。

　あるいは、その他にイメージしやすいのは、**ダークパターン（dark pattern）** と呼ばれるユーザーインターフェイスです[6]。メルマガの購読にチェックを入れておくようにデフォルトを設定することや、実際には在庫は十分にあるにもかかわらず「在庫がわずか」と謳い希少性を強調して消費者にプレッシャーを与えるものなどが該当します。

　ナッジの目的は、「自分で判断して、より良い選択をする」の手助けをすることです。そのため、潤滑油のように「望ましい行動」を簡単に取れるようにすることが本来の目的です。望ましい行動を阻害する障壁を作ることや、意思決定を惑わすものは良いナッジとは言えません。

---

[6]　ダークパターンのほうが日本では広く知られている名称ですが、現在では欺瞞的パターン（deceptive pattern）と呼び名が変わっています。

図8.3.3 ダークパターン

出所：Mathur et al. (2019) を元に筆者作成。

時間や在庫に余裕が無いことを示す希少性でプレッシャーを与えることや、他の人の行動を示す社会的証明により同調行動を期待したり、選択肢を設定する側が得になるような情報を顕著に表すことで行動を誘導することも、ダークパターンの例です。

倫理的観点

最後に、倫理的側面についてもう少し確認して、より正しくナッジを使えるようになっておきましょう。

「本人がその選択が望ましいことを知っているけど、心理的障壁などによってできないこと」を後押しするようなナッジは、本人も受け入れてくれることが容易に想像できます。しかし、本人が「その選択が望ましいこと」を知らない場合や、本人にとっては望ましくないけど社会にとって望ましい選択である場合に行動変容を促すことは、おせっかい（パターナリスティック）に感じるかもしれません。特に、デフォルトのようなものは選択の前後で介入の意図を理解しにくいといった、**透明性（transparency）の欠如**が批判されています。また、状況や能力によっては介入に抵抗することができないため、**自律性（autonomy）を侵害**しているという批判もあります。これらの批判に対応するためには、ナッジされている行動とは異なる選択肢を常に確保したり、ナッジの介入に対して倫理委員会など中立的な組織が事前審査したうえで、ナッジの効果検証を行い結果を事後的に公表するべきでしょう。

ナッジ作成のフレームワークと同じように、倫理のフレームワーク「**Nudge FORGOOD**」があります[7]。人の行動を変えうるナッジは高い倫理観を持って使用する必要があるわけですが、このフレームワークにおける倫理的考慮事項を確認することで、作成したナッジの誤用を防ぐことができます。各項目については図8.3.4に簡単に記していますが、それぞれについて詳しく見ていきましょう。

図8.3.4 ナッジ倫理のフレームワーク：Nudge FORGOOD

分類	内容
Fairness （公平性）	その行動方針は望ましくない再分配効果を持っていないか？
Openness（公開性）	その行動方針は公開されているか、隠されていて操作可能ではないか？
Respect（尊厳）	その政策は人々の自律性、尊厳、選択の自由、プライバシーを尊重しているか？
Goals（目標）	行動方針は、善良で正当な目標に役立つか？
Opinions（意見）	人々は行動方針の手段と目的を受け入れているか？
Options（選択肢）	より良い介入策が存在し、それが正当化されるか？
Delegation（委任）	介入立案者は、委任された力を使ってナッジする権利と能力を持っているか？

出所：Lades & Delaney (2022) を元に筆者作成。

・公平性

ナッジは望ましい行動をとれるようにすることが目的ですが、社会全体にとって望ましい行動であっても、人によって望ましい行動ではないこともあるため、「ある人にとっては望ましくない行動を促進してしまう」という公平性の問題が生じることがあります。

・公開性

規制やインセンティブ、情報提供といった伝統的な行動変容ツールは、明らかに目に見えるものです。対してデフォルトナッジのように、人々は介入に気づかないケースがあります。このような透明性の欠如により、気づいた時には

---

7) Nudge FORDGOOD は、セイラー氏がサインを求められた時に「nudge for good」とサインすることが由来となっています。

選択が操作されていると感じることがあります。介入の意図を明らかにし、ナッジによる介入を受ける前後に行動変容を起こすかどうか考えるチャンスを用意することが求められます。

・尊厳

行動介入が受け入れられるためには、自律性、尊厳、選択の自由、プライバシーの尊重が必要です。だから自律性を尊重し、ナッジを受ける人を馬鹿にしていないか、選択の自由を奪っていないか等に気をつける必要があります。

・目標

より良い選択を行うことがナッジの目的ですが、その介入目標が倫理的に受け入れられるものでなければなりません。本当にその人にとって、また社会にとってより良いものになるのか、どのように良くなると定義できるのか説明できることが重要です。

・意見

人によってナッジに対する賛否は異なります。例えば、臓器提供の際の同意については、日本ではオプトアウト形式ですが、オプトイン形式に変更することは賛成されるでしょうか？ つまり、ナッジを適用する人々の受容性を考慮する必要があるのです。

・選択肢

ナッジはあくまでも、行動変容のツールの1つです。その他にも、規制、インセンティブ、情報といったツールもあります。その中で、ナッジが果たして効果的なツールであるのかをよく考える必要があります。また、ナッジや他のツール単体だけでは効果が見込めない場合、これらのツールを組み合わせて使うことも検討してみてください。

・委任

　ナッジを行う主体と、ナッジを受ける人の倫理的な関係にも考慮が必要です。ナッジは人の行動に影響を与えるため、ナッジを行う主体は、誰に、どのように、なぜその権限を委任されたかを自問自答することが求められます。また、ナッジを行う主体がナッジをデザインし、実行して検証できる能力を有しているかどうかを考える必要もあります。

　以上のように、ナッジは人の行動を変えることができるため、前述のような倫理的観点に配慮した上で設計することが重要なのです。

Point!

・ナッジの効果を分析する際には、再現性を意識した検証デザインのもと、効果の大きさや方向性に注意を向けて分析する必要がある
・望ましい行動をとりにくくしたり、選択を惑わすことは、ナッジではなくスラッジと言われる
・「Nudge FORGOOD」における倫理的考慮事項を確認することで、ナッジの誤用を防ぐことができる

第9章

行動経済学的分析の応用事例：ビジネス・向社会的行動・向環境的行動

　本章では、行動経済学を分析に応用した様々な事例を紹介します。最初はビジネスの現場での応用事例です。データをビジネスに活かしているテック企業において、行動経済学をどのよう使っているかを紹介します。そして次は、寄付や献血などの向社会的行動での応用事例です。行動経済学的な視点で向社会的行動を整理することで、分析対象への理解を深めるという一例を示します。

　最後は、省エネなどの向環境行動を促進するために行動経済学を応用した事例を紹介します。特に「社会比較ナッジ」に関する事例を取り上げ、より良い分析を行うために意識すべき点についても説明します。

9.1

ビジネスの場で 行動経済学を応用している事例

テック企業で活躍する経済学者

本章では、行動経済学を分析に応用している事例を紹介します。行動経済学的な特性やバイアスがあるかどうかをデータから確認する事例、行動経済学の知見を活用した「人々の行動を変える介入策」の効果検証など、様々な分析事例を通じて行動経済学の実践的な活用方法を学んでください。

本節ではビジネス、主にテック企業における事例を紹介します。

テック企業とは、GoogleやMicrosoft、Amazon、Appleといったテクノロジーを活用した企業のことです。こうしたテック企業では、行動経済学を学んだ経済学の博士号取得者を含む経済学者を多く採用しています。図9.1.1は、経済学者を採用しているテック企業の一例です。

図9.1.1 経済学者を採用しているテック企業の一例

Alibaba	Facebook	LinkedIn	Pinterest
AirBnB	Google	Lyft	Quora
Amazon	IBM	Microsoft	Uber
eBay	Indeed	Netflix	Walmart
Expedia	Intel	OpenAI	Yahoo!

出所：Athey and Luca(2019)を元に筆者作成。

聞きなじみのある多くの企業が並んでいますよね。日本でも、サイバーエー

ジェントやSansanなどが経済学者を採用しています。

ではなぜ、経済学者がテック企業で採用されているのでしょうか？ 大きくは2つの理由があります。

1つは、第2章で説明した「因果関係を明らかにする手法と方法」について、企業が関心を持っているからです。テック企業は大量のデータを分析してビジネスに活かしています。そのため、機械学習や人工知能を学んだデータサイエンティストも多く採用されています。ビジネス上の課題においては、予測をすることだけでなく、ある介入策に効果があったのかという因果関係を特定することも必要です。経済学者は、後者の因果推論を行うデータ分析や、機械学習と因果推論を組み合わせて分析を行うことなどを期待されて採用されているのです。

そして2つ目は、企業が「市場とインセンティブの設計」に関心を持っているからです。この点は、第3章で説明した経済モデルが関連しています。人間がどのように行動するかというのはまさしく、どのようなインセンティブ、誘因に反応して人間が行動するのかを分析しているものでした。特に行動経済学では、標準的な経済学で想定する人間像からズレがあることも考慮して、人がどのように行動するか、どうすれば人の行動が変わるのかということを分析します。

本書では、基本的には1人の人間がどのような意思決定を行うかということに着目して説明してきました。ですが、経済学や行動経済学は、こうした1人の人間の行動の予想だけでなく、2人以上の人間が意思決定に相互に影響し合うような状況の分析も行い、どのような帰結になるかも分析します。

例えば、第6章で少し紹介したゲーム理論と呼ばれる分野や、経済学の主なイメージである需要と供給といった市場分析です。どのような価格設定をするのか、売り手と買い手を結びつける市場をどのように設計すれば良いのか、商品のレビューシステムをどのように設計すれば良いのかなど、個人で完結する意思決定よりも複雑な意思決定に対しても、理論的な示唆を与えることができます。

このように、テック企業では経済学や行動経済学の知見を製品設計や価格設定、価格戦略などに活かし、A/Bテストのようなランダム化比較試験を繰り返すことで因果関係を明らかにして、ビジネスの成果を改善することが日々行われているのです。

以降では、いくつかのテック企業で行われた分析事例を通じて、行動経済学がどのように活かされているかを紹介します。

■ Lyft

最初に取り上げるテック企業は、タクシー配車サービスを行っているLyftです。日本ではUberの方がライドシェアサービスとして馴染みがあるかもしれませんが、アメリカではLyftも人気があるのです。

Lyftでは左桁バイアスを価格戦略に応用してなかったのですが、こうした戦略を価格設定に活かすことで追加利益が得られることを明らかにした分析事例があります。この分析事例では、6億件を超える乗車履歴データによる分析と、こうした観察データの分析結果を踏まえた上でのフィールド実験による分析という、2つの分析が行われています。

まずは、観察データを利用した分析です。ここでは、「価格が高くなると需要が減る」という経済学における市場分析の基礎である「需要の法則」が成り立つかどうか、その確認を最初に行っています。乗車履歴の一部のデータを確認したのですが、結果、価格が1%高くなると需要が約1%減るという関係がありました。つまり、需要の法則が成り立っていたのです。

次に、「左桁バイアスは存在するか」という、行動経済学におけるバイアスの確認を行っています。Lyftでは、左桁バイアスを活用した.99戦略を採用してなかったのですが、その代わり、どのような価格もランダムに割り当てる価格アルゴリズムを利用して価格設定を行っていました。つまり、13.99ドルや13.98ドルといった左桁バイアスを意識した価格は、14.00ドルや14.01ドルといった価格と同じようにランダムに割り当てられていたので、左桁バイアスの確認が可能です。

340

図9.1.2をご覧ください。これは、8.50ドルから30.50ドルの間で提案されたタクシー料金に対して、その料金を受け入れた乗客の割合を示しています。全体としては、価格が高いと受入率は低いことが見て取れますが、1ドル刻みで引かれている補助線のところで不連続が生じていることもわかります。つまり、左桁バイアスがあったわけですね。このデータから、不注意のパラメータは0.5、つまり1ドルから1セント下げることは、50セント下がったように感じるということが推定されました。

図9.1.2 タクシー運賃における左桁バイアス

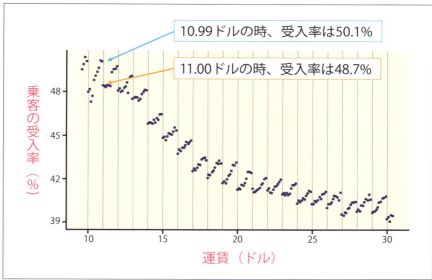

出所：List et al. (2023) のFigure 3を元に筆者作成。

　例えば、運賃が10.98ドル、10.99ドルの時の乗客の受入率は順に、50.2%、50.1%であるのに対して、運賃が11.00ドル、11.01ドルの時の乗客の受入率は順に、48.7%、48.6%というように、.99と.00の間で不連続が生じています。

　観察データを利用した分析からまずわかるのは、価格を下げることで需要が増えるということです。ただし、価格を下げ過ぎると利潤も減ってしまうので、価格の下げ幅の設定が重要です。そこで有用になるのが、左桁バイアスの知見です。1セント下げることは50セント下げたのと同じように感じるので、切りのいい価格からほんの少しの価格を下げるだけでも、需要を大きく増やすことができます。

もう1つは、左桁バイアスを価格戦略に組み込み、実際に利潤を増やせるかどうかを検証するフィールド実験です。これを2ヶ月間実施したところ、やはり左桁バイアスが確認されました。.99のように切りのいい数字から少し下げるだけで、乗客数が増え、利潤が増えたのです。この実験結果をもとに、左桁バイアスを価格戦略に組み込むことで利潤がどれくらい増えるかを試算すると、年間1.6億ドルもの追加利潤が得られることが判明しました。

　このように、A/Bテストのような実験をいきなり行うのではなく、まずはすでにある観察データからエビデンスや事実を確認し、その分析をもとに新たな戦略を考え、実験で検証するというステップを踏むことが重要なのです。

━ AirBnB

　次に取り上げるテック企業は、民泊のオンラインマーケットプレイスであるAirBnBです。AirBnBは、空き部屋を貸したい売り手と宿泊したい買い手を結びつけるサービスを行っています。

　AirBnBでも口コミやレーティングのようなレビューの制度が取り入れられているのですが、宿泊客が貸し手を評価するだけでなく、貸し手も宿泊客を評価するという制度になっています。宿泊客にとっては、貸し手だけの情報だけでなく他の利用者からのレビューがあった方がより信頼できる情報となりますし、貸し手にしてみれば「どのような宿泊客が借りようとしているのか」を知ることができるわけです。

　とはいえ、レビューシステムには互恵的な行動によって評価が過大評価される、上方バイアスが含まれる可能性もあります。特にAirBnBでは、口コミが書き込まれるとすぐに公開される仕組み（即時公開）となっていたので、互恵的な行動が可能でした。

　例えば、貸し手は宿泊客から良いレビューをもらうことを期待して、宿泊客が貸し手に対してレビューをするよりも前に、貸し手が宿泊客に対して良いレビューを残すということができました。宿泊客は良い評価をしてもらったこと

に対して、貸し手に対して良い評価をしてあげようとするというような正の互恵性が働くわけです。

このような互恵的行動を無くす1つの方法として、貸し手と宿泊客の両方がレビューを書かないと公開されないという、両方同時公開の仕組みがあります。また、公開後はレビューを編集できないようにして、悪い評価に対して悪く評価するという負の互恵的な行動を防ぐことも効果的でしょう。

両方同時公開の仕組みによって評価のバイアスを減らすことができるかどうかを検証するため、即時公開の仕組みを対照群、両方同時公開の仕組みを処置群とするフィールド実験がAirBnBで行われました[1]。

実験データを分析した結果、レビューの仕組みを両方同時公開にすることで、宿泊客と貸し手の評価の相関を50%近く下げることができました。これ

図9.1.3 即時公開から両方同時公開への変更が評価に与える処置効果

出所：Fradkin et al. (2021) のFigure 7を元に筆者作成。

1) 実験で用いられた両方同時公開制度では、貸し手と宿泊客の両者がレビューを書いた時点で公開されますが、チェックアウトから2週間経過後には一方が書いていた場合でも公開されるという仕組みでした。

は互恵的な行動が減ったことを示唆します。更に、全体的なレーティングは小さくなる傾向にあり、図9.1.3で示したように、二つ星から四つ星の評価が両者において増えました。五つ星の評価はどちらでも大きな変化はありませんでしたが、一つ星の評価はどちらも大きく減少していたのです。このことは、即時公開の仕組みでは悪い評価が報復として働いていたことを示唆しています。

つまり、レビューシステムの制度設計を変更することで、こうしたバイアスを取り除くことができたわけです。データのバイアスに気をつけて分析するだけでなく、どのような仕組みにすればバイアスを減らしてデータを生成できるのかという視点を持つことは、分析結果の質を高めるだけでなく、サービスの品質向上にもつながります。

⬤ Alibaba

最後に取り上げるのは、オンラインショッピングサイトAlibaba.comを運営するAlibabaです。Alibaba.comではAmazon.comと同じように、「タイムセール」やクーポンを発行するプロモーションが行われています。価格が安くなることで買う人が増えるため、短期的には購買確率や売り上げを高めることはできそうですが、長期的な影響はどのようなものなのでしょうか？

この問いに答えるため、Alibaba.comでは「カートプロモーション」の効果を検証するフィールド実験が行われました。カートプロモーションとは、カートに入っている商品が購入されずに1日以上カートに入ったままであった場合に、限定的な割引プロモーションを行うというものです。このような消費者の中からランダムに選ばれた、半数の消費者に対してのみプロモーションを行いました。結果、プロモーションを受けなかった対照群の消費者と比べて、プロモーションを受けた処置群の消費者は、「プロモーションを受けた商品」を買う確率が116%上昇し、支出額も90%増加したそうです。

ここで注意すべきは、プロモーションを受けた人全てがそのプロモーションを見ているとは限らないことです。プロモーションを受けるかどうかはランダ

ムに割り当てることができたとしても、プロモーションを使うかどうかはランダムとは限りません。先ほどの分析では、実際にプロモーションを使用した消費者と、使用しなかった消費者の両方が含まれた処置群と、プロモーションを受けなかった対照群を比較しているので、実際のプロモーションの効果が過少に推定されている可能性があります。

実際、1/3程度の消費者はクーポンに気づくことなく有効期限が切れてしまい、使用しませんでした。そこで、プロモーションの割当を操作変数とする操作変数法（P67）を用いてプロモーションの効果を推定し直すと、商品の購買確率は173%上昇し、支出額は135%増加するという結果になりました[2]。

図9.1.4　買い物かごプロモーションの実験概要

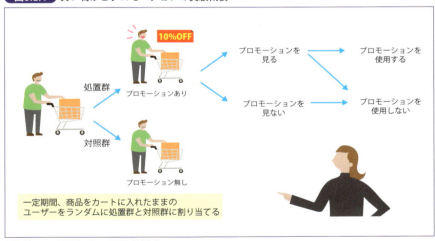

出所：Zhang et al.(2020)のFigure2を元に筆者作成。

プロモーションありの処置群とプロモーション無しの対照群の比較では、実際にはプロモーションを使用していない人が処置群に含まれてしまい、プロモーションの効果を過少に評価してしまっています。操作変数法を利用することで、プロモーションを受けて実際に使用した人たちに着目した、プロモーションの正しい効果の推定が可能となります。

---

[2] プロモーションを受けた処置群の中で、プロモーションを使用した人は2/3なので、最初に求めた対照群と処置群の比較（ITT）の値を2/3で割ることによって、操作変数による処置の効果（LATE）を求めることができます。

このように、ランダム割当を行ったとしても、割当と実際に受ける処置が異なることがあります。だからこそ、処置割当と処置受取が一致しているかどうかを確認することが重要なのです。また、一致しなかった場合は操作変数法を用いるなど分析手法を工夫することで、より正確な因果効果の推定を行うことができます。

さて、プロモーションが終わった後の長期的な効果はどのようなものだったのでしょうか？

プロモーションを受けた消費者は、プロモーション終了後の1ヶ月間、サイトへアクセスして商品を閲覧する回数や購買確率が増加することがわかりました。こうした消費者のエンゲージメントの高まりは、半年間は続いていたようです（1年後には無くなったようですが）。更に、プロモーションを受けることによって、消費者は再びカードプロモーションを受けることを期待してカートに入れる確率が上昇したことや、同じ商品に対して以前よりも低い価格でしか買わなくなったこともわかりました。プロモーションによって価格の参照点が下がったため、通常価格では買いにくくなったというわけです。

なお、プロモーションが行わないような販売者に対しても、一部の販売者がプロモーションを行ったことの**波及効果**（spillover effect）があることが確認されています。カートプロモーションを受けることで商品の検索や購買に生じる影響は、プロモーションを行っていない販売者にも及ぶというポジティブな波及効果です。同時に、「カートには入れるものの、支払っても良いと思う金額（支払意思額）が低下する」という波及効果も観察されています。

以上のように、介入策の効果を評価する際には、短期的な視点だけでなく長期的な視点を持つこと、そして波及効果にも目を向けることなど、多角的に分析する視点が重要なのです。

Point!

- いきなり A/B テストのような実験をするのではなく、まずは既存のデータから現状を分析し、分析結果を踏まえたうえで実験をデザインすることが重要である
- バイアスの存在を意識して分析するだけでなく、どのような仕組みにすればバイアスを減らしたデータが生み出されるかという点にも目を向ける必要がある
- 効果検証において、短期的な効果や単一の指標のみに注視するのではなく、長期的な効果や波及効果にも意識をするような、複眼的な視野を持つことが必要不可欠である

9.2

向社会的行動を行動経済学の視点で応用した分析事例

● 寄付

　次のテーマは、向社会的行動です。標準的な経済学のように、自分の利益だけを最大にする利己的な人間像では、自分以外の他人や社会のためになる行動はしないはずですが、実際には自分のお金や時間を犠牲にしてまで社会のために寄付やボランティアをする人がいます。ここではその理由について、行動経済学の観点から整理してみましょう。

　図9.2.1をご覧ください。この図は第6章で説明した行動経済学的特性を、寄付の文脈に沿ってあらためて整理したものです。それぞれの特性が寄付動機として、どのように作用するのか順に見ていきたいと思います。

　純粋利他性とは、寄付によって相手が喜ぶことから効用、満足度を得るという性質でした。一方、**ウォームグロー**とは、寄付という行為自体から効用を得るという性質でした。ウォームグローを動機として寄付する場合、寄付先に集まっている金額の大小が影響することはありません。ですが、純粋利他性を動機とした場合には影響します。なぜなら、寄付先に十分な額の寄付が集まっていると、相手はすでに十分喜んでいるのでもう寄付をしないという行動に繋がるからです。

　2つの利他性から整理すると、寄付先の情報を伝えない方が寄付を多く集められるように感じるかもしれません。しかし、寄付動機は1つだけではなく、複数の動機が同時に重なり合って働くため、この後に説明するイメージ動機や同調性を考慮すると、寄付先の情報を伝えない方が良いとは言えません。

9.2　向社会的行動を行動経済学の視点で応用した分析事例

図9.2.1　寄付動機の行動経済学的分析

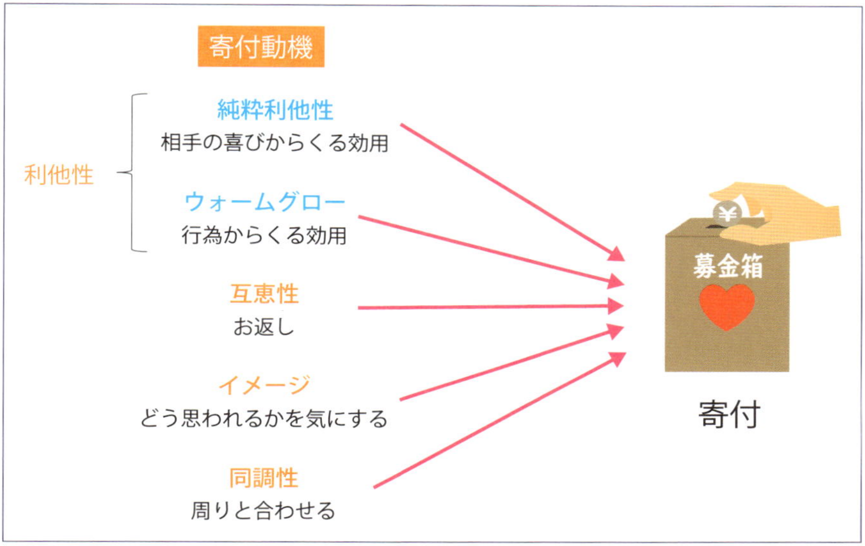

「**互恵性**」**による動機**は、「相手から良い施しを受けたことで、そのお返しとして寄付をする」というものです。例えば、スイスで行われたあるフィールド実験では、潜在的な寄付者にDMを送付する際に、寄付先の子供が書いたポストカードのようなちょっとしたギフトも併せて送付することで、ギフトが無い群よりも寄付確率を大きく上昇させることができたそうです。

　実際、このような互恵性を期待して、寄付者に感謝を伝える電話をするといった戦略が、寄付の実務現場では行われています。しかし、こうした電話は次回の寄付には影響しないことが、アメリカで行われたフィールド実験で確かめられました。電話での感謝は、ちょっとしたギフトとは異なり金銭的・非金銭的な負担が伴っていないため、互恵性が十分に機能しなかったと考えられます。

　このように、同じような効果を期待した策でも、設定の違いで効果が発揮できないことがあるため、注意深く策を設計する必要があるのです。

349

「イメージ」による動機は、「自分は寄付している良い人」というようなイメージを他人に思わせて、良い評判を得たいから寄付する、逆に言うと「寄付しない人」という悪い評判を得ないように寄付するというようなものです。周囲を気にして寄付するかどうかを決めているわけなので、他人に見られているか見られていないかといった周囲の状況が影響するわけですね。

アメリカで行われた戸別訪問型寄付を行うフィールド実験では、事前に寄付訪問の予定日のチラシを配布しておいた群は、予告無しで寄付に訪問する群よりもドアを開ける確率が低くなることを示しました。ドアを開けると寄付をしないといけないプレッシャーを感じるので、事前にチラシが配られた群は外出するなどして、プレッシャーを避けたというわけです。これは「他人から見られない状況を自ら作り、悪い評判を得ないように行動した」とも言えます。

このように、他人からの観察が可能かどうかという状況は、人の行動に大きく影響を及ぼす可能性があります。ですので、意思決定の際の状況を、分析の際には考慮に入れる必要があるかもしれません。

「同調性」による動機は、他の人と同じように寄付をしようとするものです。同調性を考えると、他の人の寄付の有無が重要になってきます。他人の寄付情報は、その寄付先は信頼できるというシグナリング効果と、寄付すべきものだという規範効果の2つの効果によって、寄付を増やす可能性があるのです。

例えば、クラウドファンディングサイトには目標金額の達成率が表示されていることがありますが、こうした同調性を刺激する効果があるわけですね。

JapanGivingと呼ばれるクラウドファンディングサイトのデータを分析すると、直近5件の寄付金額の履歴の内、3件以上の寄付金額が同じ金額であった場合、寄付者はその金額で寄付をする可能性が高くなったそうです。

このように、人の行動は「他人の行動」に大きく影響されます。

━━ 献血

今度は「献血」に着目してみましょう。日本では、献血をしたことのある人は寄付と比べて非常に少ないのが現状です。2020年において、寄付をしたこ

とのある日本人は44.1％であったのに対して、献血をしたことのあるのは6.0％という統計もあります。安定的な血液の確保のためには、献血者を増やすことが絶対に必要なのにも関わらずです。

インセンティブを与えれば人の行動は変わるので、金銭的インセンティブを与えれば良いのではないかと思う人もいるでしょう。しかし、P248で「献血を促進するために金銭的インセンティブを提供すると、かえって献血率が低くなってしまう」というスウェーデンでの事例を紹介しました。これは「お金をもらうために献血に来ている貪欲な人だ」とは思われたくないというように、評判を気にして献血する人が減ってしまっていたわけです。

一方で、金銭的インセンティブが献血を増やすという、アメリカのフィールド実験もあります。この実験では、ギフト券を用意しない献血会場、献血に対して約500円のギフト券を用意する献血会場、約1,000円のギフト券を用意する献血会場、約1,500円のギフト券を用意する献血会場、の4会場をランダムに設定しました。

結果は、「ギフト券がもらえる金額が高くなるほど献血率が高く、ギフト券がもらえる会場で献血をしに行く人が増える」です。また、ギフト券の提供が終わった後に、「特定の会場での献血率が高くなった」といった長期的な影響は無かったそうです。つまり、献血に行こうと思っていた人が「どうせ献血するんだったら、ギフト券がもらえる時に行こう」というように、インセンティブに反応したわけですね。

更には、「宝くじ形式の金銭的インセンティブ」や、コレステロールの検査結果を無料で提供するといった「金銭とは異なるインセンティブ」も、献血を増やす結果に繋がることがスイスで行われたフィールド実験によって示されました。この実験は、以前に献血に参加した人を対象に実施されたものです。DMを送る際に、4つの異なる内容を用意し、それぞれをランダムに送付しました。通常の内容を送った対照群、献血を強く呼びかけるアピール群、献血することでコレステロールの検査を無料で行える検査群、献血することで宝くじ

がもらえる宝くじ群、の4つです。

結果ですが、対照群と比べて、アピール群は献血率が1.3%ポイント上昇しました。ですが、これは有意ではありませんでした。一方で、検査群は2.3%ポイント、宝くじ群は4.0%ポイント、献血確率が上昇しました。特に、宝くじ形式のインセンティブの効果が高かったわけですね。

ここで、図9.2.2をご覧ください。過去に送付したDM4回のうち、3回未満しか献血に来なかった献血頻度の低い人（左パネル）と、3回以上献血に来たことがある献血頻度の高い人（右パネル）に分けで分析し直したものです。たまにしか献血に来ていない献血頻度が低い人にはインセンティブは効果的だったわけですが、献血頻度が高い人にはインセンティブは大きな影響が無かったことがわかります。

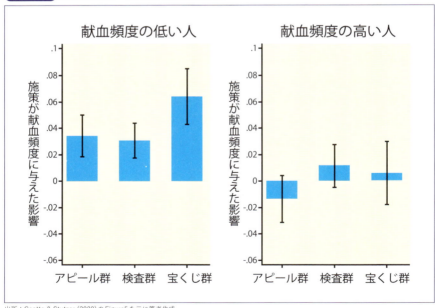

図9.2.2　献血頻度のレベルに応じた効果の違い

出所：Goette & Stutzer (2020) のFigure5を元に筆者作成。

エラーバーは標準誤差を示しています。献血頻度がもともと低かった人には、どの施策も献血頻度を高める効果がありましたが、献血頻度が高かった人には施策が献血頻度に与えた影響はありませんでした。

以上のように、ある事例では効果が無い、もしくは逆効果だといったことが観察されたとしても、別の事例では異なる結果が得られる可能性があります。分析対象となる人の性質が違う、金額の大きさのような条件が違うなど少しの違いだけで、結果が変わる可能性が生じるのです。

口コミ

公共財への自発的な貢献も、向社会的行動の一種です。ここでは口コミ、レビューシステムを例にとってみましょう。

他の人が書いた口コミを参考にして物を買うことがありますが、買ったからといって全ての人が口コミを書くわけではありません。自分が口コミを書かなくても口コミを参考にできるという、フリーライダーの問題があるわけですね。しかし、実際には口コミの書き込みが盛んに行われます。このような背景には、「他人の役に立ちたい」といった利他的な動機が考えられます。

一方で注意しないといけないのは、「口コミは自発的に書かれるものであるため、セレクションバイアスが発生している」という点です。全ての人が口コミを書くわけではなく、書くか書かないかは自己選択されているため、口コミにはセレクションバイアスが生じます。例えば、満足した人ほどレビューに残しやすいといったセレクションが行われた場合、上方バイアスが生じてしまいうわけです。

セレクションバイアスに立ち向かう仕組みとしては、口コミにインセンティブを支払うという方法が考えられます。ポジティブな評価であれネガティブな評価であれ、口コミを書くことに対してインセンティブを与えることで、バイアスの無い評価が期待されるというわけです。更にインセンティブの提供は、口コミのバイアスを減らすといった質の改善だけでなく、口コミの数を増やすといった量の増加も期待できます。

AirBnBでは、口コミにインセンティブを提供することで、口コミの量と質にどのような変化が起こるかを検証するフィールド実験が行われました。レビューが書かれていない宿に泊まった宿泊者の半数に対して、口コミを書くと次回使用できるクーポン券を配布するという実験デザインです。

　結果、クーポンをもらわなかった対照群のレビュー率は24.2%であったのに対して、クーポンによるインセンティブがある処置群のレビュー率は37.1%でした。更に、レビューの絶対量の増加だけではなく、評価の中身も変化しています。対照群の評価の平均が4.48であったのに対して、処置群の評価の平均は4.41となったのです。評価の中身を詳しく見ると、対照群と比べて処置群では、5つ星のレビューの割合が減る代わりに、2つ星から4つ星のレビューの割合が増えていました。インセンティブを提供することで、5つ星のようなポジティブな評価をつける人以外にも、2つ星から4つ星のように中ぐらいからややネガティブな評価をつける人もレビューをするようになったというわけです。

　このような結果は、インセンティブをつけることで上方バイアスが減り、レビューの信頼性が高まったように見えます。であれば、より多くの人がAirBnBを使うようになることが期待されますよね。

　しかし実際は、AirBnB市場全体の需要にはほとんど影響を与えず、宿と宿泊客のマッチングの質が低下するという結果になりました。確かに、インセンティブで書かれたレビューを見ることで、その宿に滞在する人は増えました。ところが、その宿に宿泊する日数が短くなったため、宿泊総日数（＝宿泊者数×宿泊日数）には影響がなく、収益に変化は無かったのです。

　更に、インセンティブで書かれたレビューを見て宿に泊まった宿泊客は、その後のAirBnBの利用を減らすこともわかりました。インセンティブづけされたレビューは、実際の宿泊先の質との相関が低くなっていたことが原因のようです。もしインセンティブつきレビューに上方バイアスが無いなら、5つ星の評価を得た宿は、その後のレビューでも5つ星で評価されやすいはずでしょう。でも、そうはなりませんでした。

以上のように、インセンティブをつけることでレビューの投稿数を増やすことはできますが、質が担保されるわけではないことがわかりました。一見すると、インセンティブはセレクションバイアスを減らし、レビューの上方バイアスを軽減する効果が期待できます。しかし、単にインセンティブを提供するだけでは効果的ではないようです。バイアスを軽減するためには、インセンティブの付け方に工夫が必要なのです。

Point!

・分析対象を行動経済学的に整理することで、より良い分析結果の解釈ができたり、検証すべき仮説が見つかったりする

・分析対象が異なれば結果も異なりうるため、1つの分析結果だけを鵜呑みにするのではなく、都度、実際に分析をして確かめるべき

9.3

向環境行動を後押しする
行動経済学の事例

━━ 環境ナッジ

　最後に取り上げるテーマは、向環境行動です。向環境行動とは、環境になるべく負荷をかけないような行動を取ることで、気候変動をはじめとする様々な環境問題に対処するというものです。

　向環境行動には、省エネ、3R(リサイクル・リユース・リデュース)、食品ロスの削減、エコドライブ、公共交通機関の利用促進、緑化・自然保全活動など、様々な行動が含まれます。そしてその多くは、地球温暖化の原因である二酸化炭素の排出を減らすことを目的とした行動です。

　向環境行動は、「やった方が良いと頭ではわかっていても、なかなか行動には移せない」という類のものでしょう。そこで登場するのが、行動経済学のナッジです。ナッジの中でも、向環境行動の促進を目的としたナッジは**環境ナッジ**（green nudge）と呼ばれ、**純粋ナッジ**（pure nudge）と**道徳的ナッジ**（moral nudge）の2種類に分類されています。

　純粋ナッジは、行動する人にとってより良い選択を後押しすることを目的としており、デフォルトの設定、情報提供・情報の簡素化、物理的環境の変更、リマインダーなどが当てはまります。一方、道徳的ナッジは、社会規範や社会比較、道徳的説得、目標やコミットメントデバイアスの設定などが当てはまり、より良い行動をできるようにすることだけでなく、その行動により心理的な効用が得られることも目的としています。

　本節では、社会比較を用いた環境ナッジにまつわる事例をもとに、より良い分析のためにはどんな点に意識を向けるべきなのかについて説明していきます。

社会比較を用いた環境ナッジ

　社会比較を用いた環境ナッジの代表例は、第1章で説明した「電気料金の明細書に、近隣住民の平均電気使用量も掲載する」というもの（P27）です。

　この事例をもう少し詳しく見てみましょう。

Case!

　Opowerというアメリカのベンチャー企業が電力会社と協力して、約60万世帯を対象にして節電を促すフィールド実験を行いました。近隣住民と自分の電気使用量を比較した内容と、節電ための豆知識が含まれている「ホームエナジーレポート」を送付する処置群、そして送付しない対照群にランダムに割り当てて、その後の電気使用状況を分析したのです。

　結果、処置群の家庭は対照群の家庭よりも、電気使用量が平均して約2.0%減ったことがわかりました。

出所：Allcot(2011)を元に筆者作成。

　「平均して2%減った」というわずかな効果ではありますが、ホームエナジーレポートを印刷して郵送するという比較的低コストで省エネにつながったわけなので、費用対効果はそれなりに高いと考えられます。

　節電を促したホームエナジーレポートには、大きく2つの要素があります。

　1つは、自分の電気使用量だけでなく、近所の人の平均的な電気使用量や、エネルギーを効率的に使っている家庭の電気使用量も掲載するといった、社会比較を活用したナッジです。他の人がどの程度、省エネ行動をしているかという記述的規範を示すことで、そうした規範に合わせるように省エネ行動を促すことを期待するという仕組みです。

　そしてもう1つの要素は、節電豆知識を伝える情報提供ナッジです。節電をするためには、テレビの明るさを下げたり、省エネ家電に買い替えることが効果的だといった情報を伝える内容が含まれていました。

つまり、社会比較と節電豆知識の2つが組み合わさったホームエナジーレポートを見ることで、平均的な電気消費量が減ったという事例だったわけですね。

ですが、ちょっと待ってください。なぜ、このホームエナジーレポートには節電を促す効果があったのでしょうか？ また、節電効果は全ての人に等しく見られたのでしょうか？ ホームエナジーレポートのような介入が節電を促すという結果は、一般化できるのでしょうか？

こうした疑問は、より良い分析を行うためには重要です。1つ目の疑問は、どのようなメカニズムでホームエナジーレポートが節電につながったのかを問うものです。2つ目の疑問は、平均的な効果が見られたとしても全ての個人に当てはまるわけではないという、異質性を問うものです。そして3つ目の疑問は、結果の一般化可能性を問うものです。

以降、これらの疑問に対して順番に見ていきたいと思います。

より良い分析に向けて①：メカニズムの解明

ホームエナジーレポートを送付した処置群と、送付しなかった対照群を比較する実験的手法は、効果があったのか無かったのかという因果関係を明らかにするには最もわかりやすい手法です。両群で電気使用量に違いがあれば、唯一

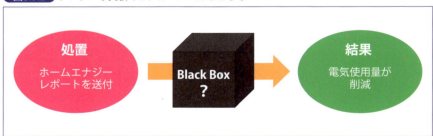

図9.3.1 シンプルな実験ではメカニズムはわからない

「ホームエナジーレポートを送付する」という処置を行うことで、「電気使用量が削減される」という結果が得られるというように、実験では因果関係を明らかにすることができます。しかし、「なぜ、そのような結果になるのか？」というメカニズムはブラックボックスのままです。

の違いはホームエナジーレポートの有無ですので、ホームエナジーレポートが原因で節電をもたらしたと推論することができます。つまり、実験的手法では「何が効果的か（what works?）」ということを明らかにすることができるのです。しかし、「なぜそれが効果的か（why things work?）」はシンプルな実験ではわからず、そのメカニズムはわかりません。

　メカニズムを考える際には、分析対象のドメイン知識や理論的背景が役に立ちます。ホームエナジーレポートには、節電のための豆知識が含まれていました。「省エネ家電に切り替えれば節電できる」といったことを知らなかった人には、こうした情報提供は有効でしょう。また、他人の電気使用量の情報から、どれくらいの電気使用量が社会的に望ましいのかということを学習したり、社会規範から外れることから心理的コストを感じて節電しようとすることも考えられます。

　なお、このようなメカニズムを考えることは、処置効果を高めることにも役立ちます。どのように処置が働くかがわかれば、より効果的に処置を働かせるためにはどんな工夫が必要なのかが明らかになるからです。

　では、メカニズムを明らかにするためには、どのような分析をすれば良いのでしょうか？

　1つは、プロセスデータを収集して分析することです。Opowerが行った別の実験では、エネルギー効率の良い家電に買い替えた際のレシートを提出すると、一定金額を補助金として返金するという制度を導入し、省エネ家電の買い替え情報を入手できるようにしました。そして、ホームエナジーレポートを受け取った群の方が、買い替えをする人がわずかに多かったという結果になっています。ただ、買い替えの効果は、電気消費量の削減効果の2％ほどしか占めないこともわかったため、効果の大部分はその他の要素からの影響ということが考えられます。

　もう1つは、「複数のわずかに異なる処置」を設定した実験を実施して分析することです。ホームエナジーレポートには、節電豆知識による情報提供ナッ

ジと、近隣住民の電気使用量を伝える社会比較ナッジの2つの要素が含まれていましたが、豆知識に効果があったのか、社会比較によって効果があったのか、また両者の複合的な効果であったのかがわかりません。

社会比較を行うには周囲の人のデータを収集して計算する必要がありますが、豆知識だけで効果があるのであれば非常に手軽な処置です。例えば、ある水道会社では節水を促すために、10万世帯を対象に次のような4つの群に分けて節水行動を観察しました。

（1）何も情報提供を行わない対照群
（2）節水豆知識のみ群
（3）節水豆知識＋節水への協力をお願いする道徳的説得群
（4）節水豆知識＋節水への協力をお願いする道徳的説得＋近隣の水道使用
　　量を知らせる社会比較群

対照群（1）と比較して、節水豆知識だけの提供を受けた群（2）は、節水の効果は確認されませんでした。節水豆知識に加えて道徳的説得を受けた群（3）は、2年後まで節水の効果は確認されましたが、社会比較も受けていた群（4）は、3年後まで節水の効果が観察されました。つまり、豆知識だけでは人は動かず、社会規範を刺激するような処置と組み合わさって省エネ行動が行われていたのです。

このように、少しずつ違う処置を組み合わせて行うことで、どういった要素が行動の変化をもたらしたのかがわかるようになります。

ただし、複数の仮説を検証することは多重検定を行うことになります。そのため、統計的な判断を下す際には、p値の修正などを行わなければならない点にも注意してください。

より良い分析に向けて②：異質性

平均的な効果がわかったとしても、それはあくまでも「平均」です。つまり、

平均以上の効果がある人もいれば、平均以下の効果しか無い人もいるわけです。同じ病気であっても、誰にでも同じように効く薬があるわけではないように、何らかの介入策は人によって効果が違う、つまり異質性があるのです。

==効果のある人にターゲットを絞って介入することや、効果が無かった人には新たな介入策を試すことによって、より全体的な効果を高めることができるようになります。==

冒頭のOpowerの事例では、図9.3.2で示したように、元々の電気消費量を10パーセンタイルごとに分けてサブグループ化し、各パーセンタイルでの電気使用量の削減効果も分析しました。その結果、もともとの電気使用量が多いほど、節電効果が大きいという効果の異質性があることがわかりました。最も多くの電気を使用していた人たちは、平均して6.3%の電気使用量が削減されたのに対して、もともと最も省エネ家庭であった人たちの電気使用量は0.3%の削減に止まりました。

図9.3.2 元々の電気使用量ごとの節電効果

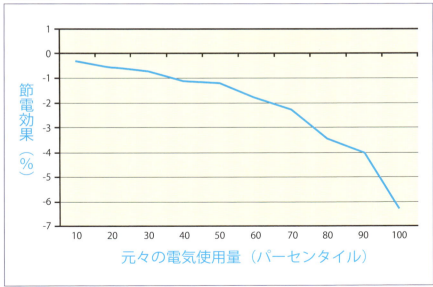

出所：Allcott (2011) のFigure8を元に筆者作成。

ところで近年では、機械学習の手法であるランダムフォレストに因果推論を応用した、**コウザルフォレスト**（causal forest）と呼ばれる手法を用いて異質性を分析することもあります[3]。

　2019年から2020年にかけて行われた、中部電力と契約している約1000世帯を対象にしたフィールド実験を例に見てみましょう。

　この実験では、「ホームエナジーレポートによる社会比較ナッジ」による節電効果と、節電に応じて報酬が与えられるといった金銭的インセンティブによる節電効果の違いを検証しました。結果は、「金銭的インセンティブについては平均的な節電効果が観察されたが、社会比較ナッジでは平均的な節電効果は観察されなかった」です。

　しかし、コウザルフォレストを用いた異質性分析を行うと、興味深い事実が判明しました。図9.3.3をご覧ください。左のパネルは金銭的インセンティブの節電効果の分布を示し、右のパネルは社会比較ナッジの節電効果の分布を示

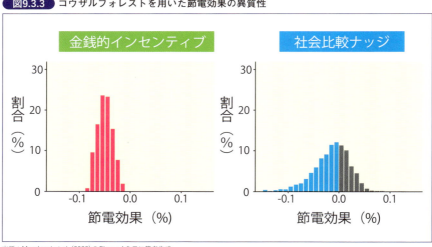

図9.3.3 コウザルフォレストを用いた節電効果の異質性

出所：Murakami et al. (2022) のFigure 4を元に筆者作成。

[3] コウザルフォレスト以外にも、限界介入効果（marginal treatment effect）と呼ばれる手法も異質性を分析する方法として知られています。これらの手法に関する詳しい内容は、依田高典（2023）「データサイエンスの経済学」が参考になります。

しています。金銭的インセンティブと社会比較ナッジのどちらにも、節電効果に大きな異質性があることがわかります。

金銭的インセンティブ群では、介入効果の分布は0よりも左に位置していたため、平均的な節電効果があったことが読み取れます。対して、社会比較ナッジ群の介入効果の分布は左右両側に広がっていたため、平均的な節電効果は観察できなかったことがわかります。更に、36.5%の世帯は節電ではなく電気使用を促す効果があったことが読み取れます。つまり、社会比較ナッジがこのような世帯では逆効果になっていたのです。より効率的な節電の実現を目指すなら、こうした人たちには社会比較ナッジ以外の介入を行う方が良いというわけです。

より良い分析に向けて③：一般化可能性

実験や観察されたデータから分析した結果を解釈する際には、どこまで結果を一般化できるかという点に注意を向ける必要があります。ここでは、「元の分析対象者とは異なる対象者とした時も、同じような結果が得られるのか？」という分析対象者の一般化と、「異なる文脈でも、同じような結果が得られるのか？」という文脈の一般化について見ていきましょう。

（1）分析対象者の一般化

冒頭で紹介した「Opowerがアメリカで行ったフィールド実験」は、当初は10の地域60万世帯を対象に実施されました。その後、対象を111の地域860万世帯をまで拡大し、更に大規模な実験が行われました。この大規模な実験でも節電効果は確認されましたが、図9.3.4で示したように、実験に参加するタイミングが後になるほど、節電効果が小さくなる傾向が見られました。これは、環境意識の高い地域ほど実験への参加の呼びかけに早く応じやすいといった、**サイトセレクションバイアス**（site selection bias）によるものです。

363

図9.3.4 サイトセレクションバイアスにより節電効果は減衰する

出所：Allcott(2015) のFigure 3を元に筆者作成。

各点が111地域それぞれの実験結果を示しており、右下がりの線が示しているように、実験参加日が遅いほど節電効果は小さいことが読み取れます。

このような地域の住民は環境問題への関心が高いため、節電効果が高いと考えられます。一方、実験の後半になって参加する地域の住民は、環境意識があまり高くなく節電効果は小さいと考えられます。

また、もともと電気使用量が高いような「潜在的に節電効果が期待されやすい地域」を対象にするといったことも、初期効果を大きく推定する要因になっていました。

このOpowerの実験のように、一部の集団を分析対象として実験・分析してから、分析対象を広げて実験・分析することはよくあります。その際には、最初の実験が分析対象としたい集団（母集団）をどの程度代表しているかを意識することが重要です。年齢や性別といった観察可能な属性が母集団と分析対象で等しかったとしても、環境意識のような観察不可能な属性が母集団と分析対象で異なることがあるのです。分析対象の特性を意識することで、結果の一般化を慎重に行えるようになります。

なお、これは参加者に対して呼びかけて実施する実験だけでなく、アンケート調査においても起きる問題です。分析対象が母集団そのままではない場合には、意識する必要があるわけです。また、異なる母集団に分析結果を当てはめる時にも、こうした特性の違いに目を向けることは欠かせません。

（2）文脈の一般化

「結果の一般化可能性」を考えた場合、文脈を変えた際にも同様の結果が期待できるとは限らないことを意識しておかなければなりません。

これまで、社会比較を活用したナッジが節電や節水という向環境行動を促すということを確認してきましたが、他の向環境行動にも適用可能かどうかは注意深く検証していく必要があります。例えば、肉の消費や食品ロスを防ぐことにも、社会比較ナッジが効果的だったことを示すフィールド実験があります。その一方で、公共交通機関の利用の促進には、社会比較ナッジは有効ではなかったことを示すフィールド実験もあるのです。

期待していた効果が得られなかった時は、なぜ同様の効果が得られなかったのか、その原因を考察する必要があります。例えば、シャワーの時間を短くすることや、肉ではなく野菜を食べるといったことに比べて、移動手段を変えることは労力や金銭的コストがかかるため、社会比較ナッジぐらいでは人は動かなかったとも考えられるでしょう。実際、公共交通機関の利用の促進を目指したフィールド実験では、社会比較ナッジに加えて、金銭的インセンティブも補助する介入群を設定していて、この群では公共交通機関の利用が促進されることがわかりました。ナッジだけでは、行動を変えるインセンティブが十分ではなかったわけですね。

本節では、社会比較を活用したナッジの事例を通じて、より良い分析を行う視点について解説してきました。メカニズムを意識して分析することで、介入に対する理解が深まりますし、分析結果の説明にも説得力が増します。更に、異質性も意識して分析することで、平均的な傾向だけでは見えてこなかった洞察を得ることもできるようになるでしょう。また、分析結果の一般化可能性を

意識することは、どこまで結果をそのまま適用できるのか、どのような違いが
起こりそうかということにも気づけるようになります。

　分析者はデータを記述したり、データから予測したり、因果関係を明らかに
することが求められます。特に、分析結果をどう解釈するかは分析者次第で
す。その分析者が行動経済学の知識を身につければ、分析結果の説明に深い洞
察を与えることができるようになります。また、行動経済学の知見を使って分
析対象者を整理することで、検証すべき分析仮説が見つかり、人々の行動変容
を後押しするための策を考えることもできるでしょう。

　この先、皆さんが直面するであろう様々な分析シーンにおいて、行動経済学
の知見が役立つことを願います。

Point!

- 実験では「何が効果あるのか」がわかっても、「なぜそれが効果的か」とい
うようなメカニズムまではわからないことがある。メカニズムを明らかにす
るためには、プロセスデータの分析や異なる複数の介入を行う実験設計が有
効である
- 「平均的な」効果だけでなく、異質性にも目を向けて分析することで、分析
対象の理解が更に進む
- 分析結果の一般化には、分析対象の特性や文脈を意識することが必要である

おわりに

　本書は一般的なビジネス書のような読みやすい本ではありませんが、「行動経済学＝分析に活かせる学問」だということが伝わったでしょうか？

　多くの行動経済学の入門書は、オムニバス形式で行動経済学の「面白い知見」を紹介することに留まりがちですが、分析に活かすためには体系的な理解が必要です。そのため、本書では経済学を軸に、行動経済学の様々な知見を体系的に説明してきました。経済学がすべてではありませんが、経済モデルを活用することで分析対象をより深く理解できることに気づけたのではないでしょうか。また、分析における因果推論の重要性も感じていただけたかと思います。
　本書では様々なトピックの分析事例を紹介してきました。経済モデルを通じた理論的な分析は抽象的でわかりにくい部分もあったかもしれませんが、豊富な分析事例を通じて、現実のデータでの分析との結びつけ方を理解し、皆さんの分析に新たな視点を提供できていれば、著者として大変嬉しく思います。

　行動経済学には優れた専門的な教科書（例えば、室岡健志（2023）「行動経済学」）が既に存在しています。ですので、本書は行動経済学を体系的に学ぶ足掛かりとして活用していただければ幸いです。

　本書を専門性を保ちながらも読みやすい一冊に仕上げることができたのは、ソシム株式会社の志水宣晴氏のおかげです。締め切りというコミットメントを有効活用できなかった私に辛抱強く付き合い、丁寧に編集して本書の完成へと導いていただきました。心より深く感謝申し上げます。

　最後に、いつも私を支えてくれた両親、夜や休日にも部屋にこもることを許してくれた妻に、心からの感謝をささげます。

2024 年 10 月

黒川博文

参考文献

第1章

1.2

- Allcott, H. (2011). Social norms and energy conservation. Journal of Public Economics, 95(9-10), 1082-1095.
- Allen, E. J., Dechow, P. M., Pope, D. G., & Wu, G. (2017). Reference-dependent preferences: Evidence from marathon runners. Management Science, 63(6), 1657-1672.
- Busse, M. R., Pope, D. G., Pope, J. C., & Silva-Risso, J. (2015). The psychological effect of weather on car purchases. The Quarterly Journal of Economics, 130(1), 371-414.
- Camerer, C., Babcock, L., Loewenstein, G., & Thaler, R. (1997). Labor supply of New York City cabdrivers: One day at a time. The Quarterly Journal of Economics, 112(2), 407-441.
- Camerer, C. F. (2004). Prospect theory in the wild: Evidence from the field. Advances in behavioral economics, 148-161.
- Chang, T. Y., Huang, W., & Wang, Y. (2018). Something in the air: Pollution and the demand for health insurance. The Review of Economic Studies, 85(3), 1609-1634.
- Conlin, M., O'Donoghue, T., & Vogelsang, T. J. (2007). Projection bias in catalog orders. American Economic Review, 97(4), 1217-1249.
- Della Vigna, S., & Malmendier, U. (2006). Paying not to go to the gym. American Economic Review, 96(3), 694-719.
- Ekström, M. (2018). Seasonal altruism: How Christmas shapes unsolicited charitable giving. Journal of Economic Behavior & Organization, 153, 177-193.
- Gallagher, J. (2014). Learning about an infrequent event: evidence from flood insurance take-up in the United States. American Economic Journal: Applied Economics, 206-233.
- Haggag, K., Pope, D. G., Bryant-Lees, K. B., & Bos, M. W. (2019). Attribution bias in consumer choice. The Review of Economic Studies, 86(5), 2136-2183.
- Homonoff, T. A. (2018). Can small incentives have large effects? The impact of taxes versus bonuses on disposable bag use. American Economic Journal: Economic Policy, 10(4). 177-210.
- Hossain, T., & List, J. A. (2012). The behavioralist visits the factory: Increasing productivity using simple framing manipulations. Management Science, 58(12), 2151-2167.
- Lacetera, N., Pope, D. G., & Sydnor, J. R. (2012). Heuristic thinking and limited attention in the car market. American Economic Review, 102(5), 2206-36.
- Mas, A., & Moretti, E. (2009). Peers at work. American Economic Review, 99(1), 112-145.
- Odean, T. (1998). Are investors reluctant to realize their losses?. Journal of Finance, 53(5), 1775-1798.
- Strulov-Shlain, A. (2023). More than a penny's worth: Left-digit bias and firm pricing. Review of Economic Studies, 90(5), 2612-2645.
- 池田新介. (2012). 自滅する選択: 先延ばしで後悔しないための新しい経済学. 東洋経済新報社.
- 黒川博文, 佐々木周作, & 大竹文雄. (2017). 長時間労働者の特性と働き方改革の効果. 行動経済学, 10, 50-66.

1.3

- Guszcza, J. (2015). The last-mile problem: How data science and behavioral science can work together. Deloitte Review, 16.
- Jachimowicz, J. M., Duncan, S., Weber, E. U., & Johnson, E. J. (2019). When and why defaults influence decisions: A meta-analysis of default effects. Behavioural Public Policy, 3(2), 159-186.
- Johnson, E. J., & Goldstein, D. (2003). Do defaults save lives?. Science, 302(5649), 1338-1339.
- The Behavioral Insights Team (2013). Applying Behavioural Insights to Organ Donation: preliminary results from a randomized controlled trial.
- 内閣府（2021）移植医療に関する世論調査.https://survey.gov-online.go.jp/r03/r03-ishoku/index.html. （最終アクセス：2024年10月5日）

第2章

2.1

- Hernán, M. A., Hsu, J., & Healy, B. (2019). A second chance to get causal inference right: A classification of data science tasks. Chance, 32(1), 42-49.
- 大久保将貴. (2019). 因果推論の道具箱. 理論と方法, 34(1), 20-34.

2.2

- Blake, T., Nosko, C., & Tadelis, S. (2015). Consumer heterogeneity and paid search effectiveness: A large‑scale field experiment. Econometrica, 83(1), 155-174.
- Holland, P. W. (1986). Statistics and causal inference. Journal of the American statistical Association, 81(396), 945-960.
- Lindqvist, E., Östling, R., & Cesarini, D. (2020). Long-run effects of lottery wealth on psychological well-being. The Review of Economic Studies, 87(6), 2703-2726.
- Luca, Michael, and Max H. Bazerman.(2020) The power of experiments: Decision-making in a data-driven world. Cambridge, MA: MIT Press.

2.3

- Al-Ubaydli, O., & List, J. A. (2015). Do natural field experiments afford researchers more or less control than laboratory experiments?. American Economic Review, 105(5), 462-466.
- Bellet, C. S., De Neve, J. E., & Ward, G. (2024). Does employee happiness have an impact on productivity?. Management Science, 70(3), 1656-1679.
- Czibor, E., Jimenez‑Gomez, D., & List, J. A. (2019). The dozen things experimental economists should do (more of). Southern Economic Journal, 86(2), 371-432.
- de Quidt, J., Haushofer, J., & Roth, C. (2018). Measuring and bounding experimenter demand. American Economic Review, 108(11), 3266-3302.
- Degtiar, I., & Rose, S. (2023). A review of generalizability and transportability. Annual Review of Statistics and Its Application, 10, 501-524.
- Ersoy, F. (2021). Returns to effort: Experimental evidence from an online language platform. Experimental Economics, 24(3), 1047-1073.
- Gangadharan, L., Jain, T., Maitra, P., & Vecci, J. (2022). Lab-in-the-field experiments: Perspectives from research on gender. The Japanese Economic Review, 73(1), 31-59.
- Harrison, G. W., & List, J. A. (2004). Field experiments. Journal of Economic Literature, 42(4), 1009-1055.
- Henrich, J., Heine, S. J., & Norenzayan, A. (2010a). Most people are not WEIRD. Nature, 466(7302), 29-29.
- Henrich, J., Heine, S. J., & Norenzayan, A. (2010b). The weirdest people in the world?. Behavioral and Brain Sciences, 33(2-3), 61-83.
- Iizuka, T., & Shigeoka, H. (2022). Is zero a special price? Evidence from child health care. American Economic Journal: Applied Economics, 14(4), 381-410.
- Layard, R., & De Neve, J. (2023). The quality of work. In Wellbeing: Science and policy (pp. 178-201). Cambridge: Cambridge University Press.
- Levitt, S. D., & List, J. A. (2007). On the generalizability of lab behaviour to the field. Canadian Journal of Economics, 40(2), 347-370.
- Oswald, A. J., Proto, E., & Sgroi, D. (2015). Happiness and productivity. Journal of Labor Economics, 33(4), 789-822.
- Shampanier, K., Mazar, N., & Ariely, D. (2007). Zero as a special price: The true value of free products. Marketing Science, 26(6), 742-757.
- Sim, J., Park, J. G., Cho, D., Smith, M. D., & Jung, J. (2022). Bestseller lists and product discovery in the subscription-based market: Evidence from music streaming. Journal of Economic Behavior & Organization, 194, 550-567.
- Slonim, R., Wang, C., Garbarino, E., & Merrett, D. (2013). Opting-in: Participation bias in economic experiments. Journal of Economic Behavior & Organization, 90, 43-70.
- Zhang, D. J., Dai, H., Dong, L., Wu, Q., Guo, L., & Liu, X. (2019). The value of pop-up stores on retailing platforms: Evidence from a field experiment with Alibaba. Management Science, 65(11), 5142-5151.

2.4

- Brodeur, A., Cook, N. M., Hartley, J. S., & Heyes, A. (2024). Do Preregistration and Preanalysis Plans Reduce p-Hacking and Publication Bias? Evidence from 15,992 Test Statistics and Suggestions for Improvement. Journal of Political Economy Microeconomics, 2(3), 527-561.
- Camerer, C. F., Dreber, A., Forsell, E., Ho, T. H., Huber, J., Johannesson, M., Kirchler, M., Almenberg, J., Altmejd, A., Chan, T., Heikensten, E., Holzmeister, F., Imai, T., Isaksson, S., Nave, G., Pfeiffer, T., Razen, M., & Wu, H. (2016). Evaluating replicability of laboratory experiments in economics. Science, 351(6280), 1433-1436.
- Camerer, C. F., Dreber, A., Holzmeister, F., Ho, T. H., Huber, J., Johannesson, M., Kirchler, M., Nave, G., Nosek, B. A., Pfeiffer, T., Altmejd, A., Buttrick, N., Chan, T., Chen, Y., Forsell, E., Gampa, A., Heikensten, E., Hummer, L., Imai, T., Isaksson, S., Manfredi, D., Rose, J., Wagenmakers, E. J., & Wu, H. (2018). Evaluating the replicability of social science

experiments in Nature and Science between 2010 and 2015. Nature Human Behaviour, 2(9), 637-644.
- Hreha, J. (2021). The death of behavioral economics. https://www.thebehavioralscientist.com/articles/the-death-of-behavioral-economics（最終アクセス：2023年6月10日）
- Iizuka, T., & Shigeoka, H. (2022). Is zero a special price? Evidence from child health care. American Economic Journal: Applied Economics, 14(4), 381-410.
- Kristal, A. S., Whillans, A. V., Bazerman, M. H., Gino, F., Shu, L. L., Mazar, N., & Ariely, D. (2020). Signing at the beginning versus at the end does not decrease dishonesty. Proceedings of the National Academy of Sciences, 117(13), 7103-7107.
- National Academies of Sciences, Engineering, and Medicine. (2019). Reproducibility and replicability in science. The National Academies Press.
- Open Science Collaboration. (2015). Estimating the reproducibility of psychological science. Science, 349(6251).
- Page, L., Noussair, C. N., & Slonim, R. (2021). The replication crisis, the rise of new research practices and what it means for experimental economics. Journal of the Economic Science Association, 7, 210-225.
- Ruggeri, K., Alí, S., Berge, M. L., et al. (2020). Replicating patterns of prospect theory for decision under risk. Nature Human Behaviour, 4(6), 622-633.
- Shu, L. L., Mazar, N., Gino, F., Ariely, D., & Bazerman, M. H. (2012). Signing at the beginning makes ethics salient and decreases dishonest self-reports in comparison to signing at the end. Proceedings of the National Academy of Sciences, 109(38), 15197-15200.
- Simonsohn, U., Nelson, L. D., & Simmons, J. P. (2014). P-curve: a key to the file-drawer. Journal of Experimental Psychology: General, 143(2), 534.
- Ye, L. (2022). Multiple comparison: A common pitfall for A/B testing. https://towardsdatascience.com/multiple-comparison-a-common-pitfall-for-a-b-testing-d773f19a4a95（最終アクセス：2023年7月31日）
- 池田功毅, & 平石界. (2016). 心理学における再現可能性危機: 問題の構造と解決策. 心理学評論, 59(1), 3-14.
- 経済セミナー.（2022）. 経済学と再現性問題. 経済セミナー, 726.
- ジョン・リスト.(2023). そのビジネス, 経済学でスケールできます. 東洋経済新報社.

第3章

3.1

- 川越敏司. (2020). 意思決定の科学 なぜ、それを選ぶのか. 講談社ブルーバックス.
- 神取道宏. (2014). ミクロ経済学の力. 日本評論社.
- 清水和巳. (2022). 経済学と合理性. 岩波書店.
- ダロン・アセモグル, デビット・レイブソン, & ジョン・リスト. (2020). アセモグル/レイブソン/リスト ミクロ経済学. 東洋経済新報社.
- 林貴志. (2020). 意思決定理論. 知泉書館.

3.2

- DellaVigna, S. (2009). Psychology and economics: Evidence from the field. Journal of Economic Literature, 47(2), 315-372.
- Einav, L., Klopack, B., & Mahoney, N. (2023). Selling subscriptions. National Bureau of Economic Research. No. w31547.
- Kahneman, D., & Tversky, A. (1979). Prospect theory: An analysis of decision under risk. Econometrica, 47(2), 263-292.
- Kuhn, P., Kooreman, P., Soetevent, A., & Kapteyn, A. (2011). The effects of lottery prizes on winners and their neighbors: Evidence from the Dutch postcode lottery. American Economic Review, 101(5), 2226-2247.
- Wilkinson, N., & Klaes, M. (2017). An introduction to behavioral economics. Bloomsbury Publishing.

第4章

4.1

- Homonoff, T. A. (2018). Can small incentives have large effects? The impact of taxes versus bonuses on disposable bag use. American Economic Journal: Economic Policy, 10(4), 177-210.

4.2

- 川越敏司.（2020）.意思決定の科学 なぜ、それを選ぶのか.講談社ブルーバックス.

4.3

- Brown, A. L., Imai, T., Vieider, F., & Camerer, C. F. (2023). Meta-analysis of empirical estimates of loss aversion. Journal of Economic Literature.62(2), 485-516.
- Kahneman, D., & Tversky, A. (1979). Prospect theory: An analysis of decision under risk. Econometrica, 47(2), 263-291.
- Kőszegi, B., & Rabin, M. (2006). A model of reference-dependent preferences. The Quarterly Journal of Economics, 121(4), 1133-1165.
- Kőszegi, B., & Rabin, M. (2007). Reference-dependent risk attitudes. American Economic Review, 97(4), 1047-1073.
- Tversky, A., & Kahneman, D. (1981). The framing of decisions and the psychology of choice. Science, 211(4481), 453-458.
- Tversky, A., & Kahneman, D. (1992). Advances in prospect theory: Cumulative representation of uncertainty. Journal of Risk and Uncertainty, 5, 297-323.

4.4

- Andersen, S., Badarinza, C., Liu, L., Marx, J., & Ramadorai, T. (2022). Reference dependence in the housing market. American Economic Review, 112(10), 3398-3440.
- Bishop, R. C., Boyle, K. J., Carson, R. T., Chapman, D., Hanemann, W. M., Kanninen, B., Kopp, R. J., Krosnick, J., List, J., Meade, N., Paterson, R., Presser, S., Smith, V. K., Tourangeau, R., Welsh, M., Wooldridge, J. M., De Bell, M., Donovan, C., Konopka, M., & Scherer, N. (2017). Contingent valuation: Flawed logic?-Response. Science, 357(6349), 363–364.
- Camerer, C. (2004). Prospect theory in the wild: Evidence from the field. Advances in Behavioral Economics, 148-161.
- Camerer, C., Babcock, L., Loewenstein, G., & Thaler, R. (1997). Labor supply of New York City cabdrivers: One day at a time. The Quarterly Journal of Economics, 112(2), 407-441.
- Crawford, V. P., & Meng, J. (2011). New York City cab drivers' labor supply revisited: Reference-dependent preferences with rational-expectations targets for hours and income. American Economic Review, 101(5), 1912-1932.
- Ellsberg, D. (1961). Risk, ambiguity, and the Savage axioms. The Quarterly Journal of Economics, 75(4), 643-669.
- French, K. R., & Poterba, J. M. (1991). Investor diversification and international equity markets. American Economic Review, 81(2), 222.
- Genesove, D., & Mayer, C. (2001). Loss aversion and seller behavior: Evidence from the housing market. The Quarterly Journal of Economics, 116(4), 1233-1260.
- Gilboa, I., & Schmeidler, D. (1989). Maxmin expected utility with non-unique prior. Journal of Mathematical Economics, 18(2), 141-153.
- Kahneman, D., Knetsch, J. L., & Thaler, R. H. (1990). Experimental tests of the endowment effect and the Coase theorem. Journal of Political Economy, 98(6), 1325-1348.
- List, J. A. (2003). Does market experience eliminate market anomalies?. Quarterly Journal of Economics, 118(1), 41-71.
- Odean, T. (1998). Are investors reluctant to realize their losses?. Journal of Finance, 53(5), 1775-1798.
- Pope, D. G., & Schweitzer, M. E. (2011). Is Tiger Woods loss averse? Persistent bias in the face of experience, competition, and high stakes. American Economic Review, 101(1), 129-157.
- Pope, D., & Simonsohn, U. (2011). Round numbers as goals: Evidence from baseball, SAT takers, and the lab. Psychological Science, 22(1), 71-79.
- Snowberg, E., & Wolfers, J. (2010). Explaining the favorite–long shot bias: Is it risk-love or misperceptions?. Journal of Political Economy, 118(4), 723-746.
- Sydnor, J. (2010). (Over) insuring modest risks. American Economic Journal: Applied Economics, 2(4), 177-199.
- Tanji, R. (2021). Reference dependence and monetary incentives: Evidence from Major League Baseball. Osaka University, Graduate School of Economics, 20-23.

第5章

5.1

- Milkman, K. L., Rogers, T., & Bazerman, M. H. (2009). Highbrow films gather dust: Time-inconsistent preferences and online DVD rentals. Management Science, 55(6), 1047-1059.
- Samuelson, P. A. (1937). A note on measurement of utility. The Review of Economic Studies, 4(2), 155-161.

5.2

- Cohen, J., Ericson, K. M., Laibson, D., & White, J. M. (2020). Measuring time preferences. Journal of Economic

Literature, 58(2), 299-347.
- Imai, T., Rutter, T. A., & Camerer, C. F. (2021). Meta-analysis of present-bias estimation using convex time budgets. The Economic Journal, 131(636), 1788-1814.
- Laibson, D. (1997). Golden eggs and hyperbolic discounting. The Quarterly Journal of Economics, 112(2), 443-478.
- Phelps, E. S., & Pollak, R. A. (1968). On second-best national saving and game-equilibrium growth. The Review of Economic Studies, 35(2), 185-199.
- Sadoff, S., Samek, A., & Sprenger, C. (2020). Dynamic inconsistency in food choice: Experimental evidence from two food deserts. The Review of Economic Studies, 87(4), 1954-1988.
- Strotz, R. H. (1973). Myopia and inconsistency in dynamic utility maximization (pp. 128-143). Macmillan Education UK.
- Takeuchi, K. (2011). Non-parametric test of time consistency: Present bias and future bias. Games and Economic Behavior, 71(2), 456-478.

5.3
- Ariely, D., & Wertenbroch, K. (2002). Procrastination, deadlines, and performance: Self-control by precommitment. Psychological Science, 13(3), 219-224.
- Bisin, A., & Hyndman, K. (2020). Present-bias, procrastination and deadlines in a field experiment. Games and Economic Behavior, 119, 339-357.
- Bryan, G., Karlan, D., & Nelson, S. (2010). Commitment devices. Annual Review of Economics, 2(1), 671-698.
- Burger, N., Charness, G., & Lynham, J. (2011). Field and online experiments on self-control. Journal of Economic Behavior & Organization, 77(3), 393-404.
- O'Donoghue, T., & Rabin, M. (1999). Doing it now or later. American Economic Review, 89(1), 103-124.

5.4
- Ashraf, N., Karlan, D., & Yin, W. (2006). Tying Odysseus to the mast: Evidence from a commitment savings product in the Philippines. The Quarterly Journal of Economics, 121(2), 635-672.
- Frakes, M. D., & Wasserman, M. F. (2020). Procrastination at the patent office?. Journal of Public Economics, 183, 104140.
- Giné, X., Karlan, D., & Zinman, J. (2010). Put your money where your butt is: A commitment contract for smoking cessation. American Economic Journal: Applied Economics, 2(4), 213-235.
- Kast, F., Meier, S., & Pomeranz, D. (2018). Saving more in groups: Field experimental evidence from Chile. Journal of Development Economics, 133, 275-294.
- Kaur, S., Kremer, M., & Mullainathan, S. (2015). Self-control at work. Journal of Political Economy, 123(6), 1227-1277.
- Kuchler, T., & Pagel, M. (2021). Sticking to your plan: The role of present bias for credit card paydown. Journal of Financial Economics, 139(2), 359-388.
- Meier, S., & Sprenger, C. (2010). Present-biased preferences and credit card borrowing. American Economic Journal: Applied Economics, 2(1), 193-210.
- Milkman, K. L., Minson, J. A., & Volpp, K. G. (2013). Holding the hunger games hostage at the gym: An evaluation of temptation bundling. Management Science, 60(2), 283-299.
- Royer, H., Stehr, M., & Sydnor, J. (2015). Incentives, commitments, and habit formation in exercise: Evidence from a field experiment with workers at a fortune-500 company. American Economic Journal: Applied Economics, 7(3), 51-84.
- Schilbach, F. (2019). Alcohol and self-control: A field experiment in India. American Economic Review, 109(4), 1290-1322.
- Thaler, R. H., & Benartzi, S. (2004). Save more tomorrow™: Using behavioral economics to increase employee saving. Journal of Political Economy, 112(S1), S164-S187.
- 黒川博文, 佐々木周作, & 大竹文雄. (2017). 長時間労働者の特性と働き方改革の効果. 行動経済学, 10, 50-66.

第6章

6.1
- Andreoni, J. (1989). Giving with impure altruism: Applications to charity and Ricardian equivalence. Journal of Political Economy, 97(6), 1447-1458.
- Andreoni, J. (1990). Impure altruism and donations to public goods: A theory of warm-glow giving. The Economic Journal, 100(401), 464-477.

- Croson, R., & Gneezy, U. (2009). Gender differences in preferences. Journal of Economic Literature, 47(2), 448-474.
- Eckel, C. C., & Grossman, P. J. (2003). Rebate versus matching: does how we subsidize charitable contributions matter?. Journal of Public Economics, 87(3-4), 681-701.
- Engel, C. (2011). Dictator games: A meta study. Experimental Economics, 14(4), 583-610.
- Fehr, E., & Schmidt, K. M. (1999). A theory of fairness, competition, and cooperation. The Quarterly Journal of Economics, 114(3), 817-868.
- Forsythe, R., Horowitz, J. L., Savin, N. E., & Sefton, M. (1994). Fairness in simple bargaining experiments. Games and Economic Behavior, 6(3), 347-369.
- Shang, J., & Croson, R. (2009). A field experiment in charitable contribution: The impact of social information on the voluntary provision of public goods. The Economic Journal, 119(540), 1422-1439.

6.2

- Andersen, S., Ertaç, S., Gneezy, U., Hoffman, M., & List, J. A. (2011). Stakes matter in ultimatum games. American Economic Review, 101(7), 3427-3439.
- Backus, M., Blake, T., Larsen, B., & Tadelis, S. (2020). Sequential bargaining in the field: Evidence from millions of online bargaining interactions. The Quarterly Journal of Economics, 135(3), 1319-1361.
- Berg, J., Dickhaut, J., & McCabe, K. (1995). Trust, reciprocity, and social history. Games and Economic Behavior, 10(1), 122-142.
- Charness, G., & Rabin, M. (2002). Understanding social preferences with simple tests. The Quarterly Journal of Economics, 117(3), 817-869.
- Falk, A., Fehr, E., & Fischbacher, U. (2003). On the nature of fair behavior. Economic Inquiry, 41(1), 20-26.
- Fehr, E., & Schmidt, K. M. (1999). A theory of fairness, competition, and cooperation. The Quarterly Journal of Economics, 114(3), 817-868.
- Gizatulina, A., & Gorelkina, O. (2021). Selling "Money" on eBay: A field study of surplus division. Journal of Economic Behavior & Organization, 181, 19-38.
- Güth, W., Schmittberger, R., & Schwarze, B. (1982). An experimental analysis of ultimatum bargaining. Journal of Economic Behavior & Organization, 3(4), 367-388.
- Lehr, B. (2021). Behavioral economics: evidence, theory, and welfare. Routledge.
- Oosterbeek, H., Sloof, R., & Van De Kuilen, G. (2004). Cultural differences in ultimatum game experiments: Evidence from a meta-analysis. Experimental Economics, 7(2), 171-188.
- Rubinstein, A. (1982). Perfect equilibrium in a bargaining model. Econometrica: Journal of the Econometric Society, 97-109.

6.3

- Andreoni, J. (1988). Why free ride?: Strategies and learning in public goods experiments. Journal of Public Economics, 37(3), 291-304.
- Bochet, O., Page, T., & Putterman, L. (2006). Communication and punishment in voluntary contribution experiments. Journal of Economic Behavior & Organization, 60(1), 11-26.
- Chaudhuri, A. (2008). Experiments in economics: Playing fair with money. Routledge.
- Fehr, E., & Gächter, S. (2000). Cooperation and punishment in public goods experiments. American Economic Review, 90(4), 980-994.
- Fischbacher, U., Gächter, S., & Fehr, E. (2001). Are people conditionally cooperative? Evidence from a public goods experiment. Economics Letters, 71(3), 397-404.
- Ledyard, J. O. (1995). Is there a problem with public goods provision. In The Handbook of Experimental Economics (pp. 111-194).
- Reuben, E., & Tyran, J. R. (2010). Everyone is a winner: Promoting cooperation through all-can-win intergroup competition. European Journal of Political Economy, 26(1), 25-35.
- Sutter, M., Haigner, S., & Kocher, M. G. (2010). Choosing the carrot or the stick? Endogenous institutional choice in social dilemma situations. The Review of Economic Studies, 77(4), 1540-1566.
- Zelmer, J. (2003). Linear public goods experiments: A meta-analysis. Experimental Economics, 6(3), 299-310.
- Zhang, X. M., & Zhu, F. (2011). Group size and incentives to contribute: A natural experiment at Chinese Wikipedia. American Economic Review, 101(4), 1601-1615.
- Zachte E. (2019). Page Views for Wikipedia, Both sites, Normalized. https://stats.wikimedia.org/EN/TablesPageViewsMonthlyCombined.htm（最終アクセス：2024年10月5日）

- Zachte E. (2019). Wikipedia Statistics. https://stats.wikimedia.org/EN/TablesWikipediansEditsGt5.htm（最終アクセス：2024年10月5日）

6.4

- Bertrand, M., Kamenica, E., & Pan, J. (2015). Gender identity and relative income within households. The Quarterly Journal of Economics, 130(2), 571-614.
- Bursztyn, L., González, A. L., & Yanagizawa-Drott, D. (2020). Misperceived social norms: Women working outside the home in Saudi Arabia. American Economic Review, 110(10), 2997-3029.
- Bursztyn, L., & Jensen, R. (2015). How does peer pressure affect educational investments?. The Quarterly Journal of Economics, 130(3), 1329-1367.
- Bursztyn, L., & Jensen, R. (2017). Social image and economic behavior in the field: Identifying, understanding, and shaping social pressure. Annual Review of Economics, 9, 131-153.
- Collewet, M., de Grip, A., & de Koning, J. (2017). Conspicuous work: Peer working time, labour supply, and happiness. Journal of Behavioral and Experimental Economics, 68, 79-90.
- Funk, P. (2010). Social incentives and voter turnout: Evidence from the Swiss mail ballot system. Journal of the European Economic Association, 8(5), 1077-1103.
- Hallsworth, M., List, J. A., Metcalfe, R. D., & Vlaev, I. (2017). The behavioralist as tax collector: Using natural field experiments to enhance tax compliance. Journal of Public Economics, 148, 14-31.
- Manski, C. F. (1993). Identification of endogenous social effects: The reflection problem. Review of Economic Studies, 60(3), 531-542.
- Mas, A., & Moretti, E. (2009). Peers at work. American Economic Review, 99(1), 112-145.
- Yamane, S., & Hayashi, R. (2015). Peer effects among swimmers. The Scandinavian Journal of Economics, 117(4), 1230-1255.

6.5

- Ariely, D., Gneezy, U., Loewenstein, G., & Mazar, N. (2009). Large stakes and big mistakes. The Review of Economic Studies, 76(2), 451-469.
- Bandura, A. (1991). Social cognitive theory of moral thought and action. In W. M. Kurtines & J. L. Gewirtz (Eds.), Handbook of moral behavior and development, Volume 1: Theory (pp. 45–103). Hillsdale, NJ: Erlbaum.
- Bénabou, R., & Tirole, J. (2003). Intrinsic and extrinsic motivation. The Review of Economic Studies, 70(3), 489-520.
- Bénabou, R., & Tirole, J. (2006). Incentives and prosocial behavior. American Economic Review, 96(5), 1652-1678.
- Bowles, S., & Polania-Reyes, S. (2012). Economic incentives and social preferences: Substitutes or complements?. Journal of Economic Literature, 50(2), 368-425.
- Deci, E. L., & Ryan, R. M. (1985). Intrinsic motivation and self-determination in human behavior. New York: Plenum Press.
- Deci, E. L., Koestner, R., & Ryan, R. M. (1999). A meta-analytic review of experiments examining the effects of extrinsic rewards on intrinsic motivation. Psychological Bulletin, 125(6), 627.
- Deserranno, E. (2019). Financial incentives as signals: Experimental evidence from the recruitment of village promoters in Uganda. American Economic Journal: Applied Economics, 11(1), 277-317.
- Gneezy, U., & Rustichini, A. (2000). A fine is a price. The Journal of Legal Studies, 29(1), 1-17.
- Gneezy, U., & Rustichini, A. (2000). Pay enough or don't pay at all. The Quarterly Journal of Economics, 115(3), 791-810.
- Mellström, C., & Johannesson, M. (2008). Crowding out in blood donation: Was Titmuss right?. Journal of the European Economic Association, 6(4), 845-863.
- Teeselink, B. K., van Loon, R. J. P., van den Assem, M. J., & van Dolder, D. (2020). Incentives, performance and choking in darts. Journal of Economic Behavior & Organization, 169, 38-52.
- Titmuss, R. (1971). The gift relationship: From human blood to social policy. Random House, New York.

第7章

7.1

- Brañas-Garza, P., Kujal, P., & Lenkei, B. (2019). Cognitive reflection test: Whom, how, when. Journal of Behavioral and Experimental Economics, 82, 101455.
- Frederick, S. (2005). Cognitive reflection and decision making. Journal of Economic Perspectives, 19(4), 25-42.
- Gallagher, J. (2014). Learning about an infrequent event: Evidence from flood insurance take-up in the United States.

American Economic Journal: Applied Economics, 206-233.

- Jacowitz, K. E., & Kahneman, D. (1995). Measures of anchoring in estimation tasks. Personality and Social Psychology Bulletin, 21(11), 1161-1166.
- Simon, H. A. (1947). Administrative behavior. Simon and Schuster.
- Tversky, A., & Kahneman, D. (1973). Availability: A heuristic for judging frequency and probability. Cognitive Psychology, 5(2), 207-232.
- Tversky, A., & Kahneman, D. (1980). Causal schemas in judgments under uncertainty. In M. Fishbein (Ed.), Progress in Social Psychology (pp. 49-72). Hillsdale, NJ: Erlbaum.
- Tversky, A., & Kahneman, D. (1983). Extensional versus intuitive reasoning: The conjunction fallacy in probability judgment. Psychological Review, 90(4), 293.
- ダニエル・カーネマン.（2013）.ファースト＆スロー.早川書房.

7.2

- Chen, D. L., Moskowitz, T. J., & Shue, K. (2016). Decision making under the gambler's fallacy: Evidence from asylum judges, loan officers, and baseball umpires. The Quarterly Journal of Economics, 131(3), 1181-1242.
- Girotto, V., & Gonzalez, M. (2001). Solving probabilistic and statistical problems: A matter of information structure and question form. Cognition, 78(3), 247-276.
- Mike, K., & Hazzan, O. (2022). Base rate neglect in computer science education. arXiv preprint arXiv:2209.08312.
- Suetens, S., Galbo-Jørgensen, C. B., & Tyran, J. R. (2016). Predicting lotto numbers: a natural experiment on the gambler's fallacy and the hot-hand fallacy. Journal of the European Economic Association, 14(3), 584-607.
- Wason, P. C. (1966). Reasoning. In B. M. Foss (Ed.), New horizons in psychology (Vol. 1). Harmondsworth: Penguin.

7.3

- Alpert, Marc & Raiffa, Howard (1982). A progress report on the training of probability assessors. In Daniel Kahneman, Paul Slovic & Amos Tversky (eds.), Judgment under uncertainty: Heuristics and biases (pp. 294-305). Cambridge University Press.
- Busse, M. R., Pope, D. G., Pope, J. C., & Silva-Risso, J. (2015). The psychological effect of weather on car purchases. The Quarterly Journal of Economics, 130(1), 371-414.
- Conlin, M., O'Donoghue, T., & Vogelsang, T. J. (2007). Projection bias in catalog orders. American Economic Review, 97(4), 1217-1249.
- Haggag, K., Pope, D. G., Bryant-Lees, K. B., & Bos, M. W. (2019). Attribution bias in consumer choice. The Review of Economic Studies, 86(5), 2136-2183.
- Loewenstein, G., O'Donoghue, T., & Rabin, M. (2003). Projection bias in predicting future utility. The Quarterly Journal of Economics, 118(4), 1209-1248.
- Madarász, K. (2012). Information projection: Model and applications. The Review of Economic Studies, 79(3), 961-985.
- Miller, D. T., & Ross, M. (1975). Self-serving biases in the attribution of causality: Fact or fiction?. Psychological Bulletin, 82(2), 213.
- Moore, D. A., & Healy, P. J. (2008). The trouble with overconfidence. Psychological Review, 115(2), 502.
- Read, D., & Van Leeuwen, B. (1998). Predicting hunger: The effects of appetite and delay on choice. Organizational Behavior and Human Decision Processes, 76(2), 189-205.
- Svenson, O. (1981). Are we all less risky and more skillful than our fellow drivers?. Acta Psychologica, 47(2), 143-148.
- Tasoff, J., & Letzler, R. (2014). Everyone believes in redemption: Nudges and overoptimism in costly task completion. Journal of Economic Behavior & Organization, 107, 107-122.
- Weinstein, N. D. (1980). Unrealistic optimism about future life events. Journal of Personality and Social Psychology, 39(5), 806.
- 三浦貴弘.（2022）プログラマーのための行動経済学 (自信過剰とリーダブルコード). https://techtekt.persol-career. co.jp/entry/tech/220726_01 (最終アクセス2024年10月5日).

7.4

- Chetty, R., Looney, A., & Kroft, K. (2009). Salience and taxation: Theory and evidence. American Economic Review, 99(4), 1145-1177.
- Flepp, R., & Rüdisser, M. (2019). Revisiting the house money effect in the field: Evidence from casino jackpots. Economics Letters, 181, 146-148.
- Gabaix, X. (2019). Behavioral inattention. In Handbook of Behavioral Economics: Applications and Foundations 1 (Vol.

2, pp. 261-343). North-Holland.

- Hastings, J., & Shapiro, J. M. (2018). How are SNAP benefits spent? Evidence from a retail panel. American Economic Review, 108(12), 3493-3540.
- Hossain, T., & Morgan, J. (2006). ... plus shipping and handling: Revenue (non) equivalence in field experiments on eBay. The BE Journal of Economic Analysis & Policy, 6(2), 0000102202153806371429.
- Kahneman, D., & Tversky, A. (1984). Choices, values, and frames. American Psychologist, 39(4), 341-350.
- Milkman, K. L., & Beshears, J. (2009). Mental accounting and small windfalls: Evidence from an online grocer. Journal of Economic Behavior & Organization, 71(2), 384-394.
- Strulov-Shlain, A. (2023). More than a penny's worth: Left-digit bias and firm pricing. Review of Economic Studies, 90(5), 2612-2645.
- Suhonen, N., & Saastamoinen, J. (2018). How do prior gains and losses affect subsequent risk taking? New evidence from individual-level horse race bets. Management Science, 64(6), 2797-2808.
- Thaler, R. H. (1999). Mental accounting matters. Journal of Behavioral Decision Making, 12(3), 183-206.
- Thaler, R. H., & Johnson, E. J. (1990). Gambling with the house money and trying to break even: The effects of prior outcomes on risky choice. Management Science, 36(6), 643-660.

第8章

8.1

- Alpert, Marc & Raiffa, Howard (1982). A progress report on the training of probability assessors. In Daniel Kahneman, Paul Slovic & Amos Tversky (eds.), Judgment under uncertainty: Heuristics and biases. Cambridge University Press. pp. 294–305.
- Beshears, J., Choi, J. J., Laibson, D., Madrian, B. C., & Milkman, K. L. (2015). The effect of providing peer information on retirement savings decisions. The Journal of Finance, 70(3), 1161-1201.
- BI Units Archive - Observatory of Public Sector Innovation. https://oecd-opsi.org/bi-units/ (最終アクセス：2024年10月5日)
- Carroll, G. D., Choi, J. J., Laibson, D., Madrian, B. C., & Metrick, A. (2009). Optimal defaults and active decisions. The Quarterly Journal of Economics, 124(4), 1639-1674.
- Gollwitzer, P. M. (1999). Implementation intentions: strong effects of simple plans. American Psychologist, 54(7), 493.
- Hossain, T., & List, J. A. (2012). The behavioralist visits the factory: Increasing productivity using simple framing manipulations. Management Science, 58(12), 2151-2167.
- Jachimowicz, J. M., Duncan, S., Weber, E. U., & Johnson. E. J. (2019). When and why defaults influence decisions: A meta-analysis of default effects. Behavioural Public Policy, 3(2), 159-186.
- Madrian, B. C., & Shea, D. F. (2001). The power of suggestion: Inertia in 401(k) participation and savings behavior. The Quarterly Journal of Economics, 116(4), 1149-1187.
- Moffitt, R., Buttenheim, A., Beatty, A., & National Academies of Sciences, Engineering, and Medicine. (2023). Behavioral Economics: Policy impact and future directions.
- Milkman, K. L., Beshears, J., Choi, J. J., Laibson, D., & Madrian, B. C. (2011). Using implementation intentions prompts to enhance influenza vaccination rates. Proceedings of the National Academy of Sciences, 108(26), 10415-10420.
- Nazaret, A., & Sapiro, G. (2023). A large-scale observational study of the causal effects of a behavioral health nudge. Science Advances, 9(38), eadi1752.
- Osbaldiston, R., & Schott, J. P. (2012). Environmental sustainability and behavioral science: Meta-analysis of pro-environmental behavior experiments. Environment and Behavior, 44(2), 257-299.
- Pierce, L., Rees-Jones, A., & Blank, C. (2020). The negative consequences of loss-framed performance incentives. National Bureau of Economic Research. No. w26619.
- Sanders, M., Stockdale, E., Hume, S., & John, P. (2021). Loss aversion fails to replicate in the coronavirus pandemic: Evidence from an online experiment. Economics Letters, 199, 109433.
- Sasaki, S., Kurokawa, H., & Ohtake, F. (2021). Effective but fragile? Responses to repeated nudge-based messages for preventing the spread of COVID-19 infection. The Japanese Economic Review, 72, 371-408.
- Soman, D. (2015). The last mile: Creating social and economic value from behavioral insights. University of Toronto Press.
- マイケル・ホールズワース, エルスペス・カークマン. (2021). 行動インサイト. ニュートンプレス.
- リチャード・セイラー, キャス・サンスティーン. (2022). NUDGE実践 行動経済学 完全版. 日経BP.

8.2

- Behavioural Insights Team. (2014). Four Simple Ways to Apply EAST Framework to Behavioural Insights.
- Callen, M., Isaqzadeh, M., Long, J. D., & Sprenger, C. (2014). Violence and risk preference: Experimental evidence from Afghanistan. American Economic Review, 104(1), 123-148.
- Cialdini, R. B., Vincent, J. E., Lewis, S. K., Catalan, J., Wheeler, D., & Darby, B. L. (1975). Reciprocal concessions procedure for inducing compliance: The door-in-the-face technique. Journal of Personality and Social Psychology, 31(2), 206-215.
- Dolan, P., Hallsworth, M., Halpern, D., King, D., & Vlaev, I. (2010). MINDSPACE: Influencing behaviour through public policy. Institute for Government.
- Freedman, J. L., & Fraser, S. C. (1966). Compliance without pressure: the foot-in-the-door technique. Journal of Personality and Social Psychology, 4(2), 195-202.
- Kettle, S., & Persian, R. (2023). Target, Explore, Solution, Trial, Scale: An introduction to running simple behavioural insights project.
- Mertens, S., Herberz, M., Hahnel, U. J., & Brosch, T. (2022). The effectiveness of nudging: A meta-analysis of choice architecture interventions across behavioral domains. Proceedings of the National Academy of Sciences, 119(1), e2107346118.
- Münscher, R., Vetter, M., & Scheuerle, T. (2016). A review and taxonomy of choice architecture techniques. Journal of Behavioral Decision Making, 29(5), 511-524.
- Pascual, A., & Guéguen, N. (2005). Foot-in-the-door and door-in-the-face: A comparative meta-analytic study. Psychological Reports, 96(1), 122-128.
- Ponzo, M., & Scoppa, V. (2023). Famous after death: The effect of a writer's death on book sales. Journal of Economic Behavior & Organization, 210, 210-225.
- Slovic, P., Finucane, M. L., Peters, E., & MacGregor, D. G. (2007). The affect heuristic. European Journal of Operational Research, 177(3), 1333-1352.
- Volpp, K. G., John, L. K., Troxel, A. B., Norton, L., Fassbender, J., & Loewenstein, G. (2008). Financial incentive–based approaches for weight loss: a randomized trial. JAMA, 300(22), 2631-2637.
- Choudhary, V., Shunko, M., Netessine, S., & Koo, S. (2022). Nudging drivers to safety: Evidence from a field experiment. Management Science, 68(6), 4196-4214.
- 経済協力開発機構（OECD）編. (2021). 行動インサイト BASICツールキット-ツール・手法・倫理ガイドライン. 明石書店.

8.3

- Brandon, A., Ferraro, P. J., List, J. A., Metcalfe, R. D., Price, M. K., & Rundhammer, F. (2017). Do the effects of nudges persist? Theory and evidence from 38 natural field experiments. National Bureau of Economic Research. No. w23277.
- Cohen, J. (2013). Statistical power analysis for the behavioral sciences. Routledge.
- DellaVigna, S., & Linos, E. (2022). RCTs to scale: Comprehensive evidence from two nudge units. Econometrica, 90(1), 81-116.
- Hall, J. D., & Madsen, J. M. (2022). Can behavioral interventions be too salient? Evidence from traffic safety messages. Science, 376(6591), eabm3427.
- Hummel, D., & Maedche, A. (2019). How effective is nudging? A quantitative review on the effect sizes and limits of empirical nudging studies. Journal of Behavioral and Experimental Economics, 80, 47-58.
- Ito, K., Ida, T., & Tanaka, M. (2018). Moral suasion and economic incentives: Field experimental evidence from energy demand. American Economic Journal: Economic Policy, 10(1), 240-267.
- Lades, L. K., & Delaney, L. (2022). Nudge FORGOOD. Behavioural Public Policy, 6(1), 75-94.
- Maier, M., Bartoš, F., Stanley, T. D., Shanks, D. R., Harris, A. J., & Wagenmakers, E. J. (2022). No evidence for nudging after adjusting for publication bias. Proceedings of the National Academy of Sciences, 119(31).
- Mathur, A., Acar, G., Friedman, M. J., Lucherini, E., Mayer, J., Chetty, M., & Narayanan, A. (2019). Dark patterns at scale: Findings from a crawl of 11K shopping websites. Proceedings of the ACM on Human-Computer Interaction, 3(CSCW), 1-32.
- Oreopoulos, P., Petronijevic, U., Logel, C., & Beattie, G. (2020). Improving non-academic student outcomes using online and text-message coaching. Journal of Economic Behavior & Organization, 171, 342-360.
- Thaler, R. H. (2018). Nudge, not sludge. Science, 361(6401), 431-431.

第9章

9.1

- Athey, S., & Luca, M. (2019). Economists (and economics) in tech companies. Journal of Economic Perspectives, 33(1), 209-230.
- Fradkin, A., Grewal, E., & Holtz, D. (2021). Reciprocity and unveiling in two-sided reputation systems: Evidence from an experiment on Airbnb. Marketing Science, 40(6), 1013-1029.
- List, J. A., Muir, I., Pope, D., & Sun, G. (2023). Left-digit bias at Lyft. Review of Economic Studies, 90(6), 3186-3237.
- Zhang, D. J., Dai, H., Dong, L., Qi, F., Zhang, N., Liu, X.,Liu, Z., & Yang, J. (2020). The long-term and spillover effects of price promotions on retailing platforms: Evidence from a large randomized experiment on Alibaba. Management Science, 66(6), 2589-2609.

9.2

- DellaVigna, S., List, J. A., & Malmendier, U. (2012). Testing for altruism and social pressure in charitable giving. The Quarterly Journal of Economics, 127(1), 1-56.
- Falk, A. (2007). Gift exchange in the field. Econometrica, 75(5), 1501-1511.
- Filippas, A., Horton, J. J., & Golden, J. M. (2022). Reputation Inflation. Marketing Science, 41(4), 733-745.
- Fradkin, A., & Holtz, D. (2023). Do incentives to review help the market? Evidence from a field experiment on AirBnB. Marketing Science.
- Goette, L., & Stutzer, A. (2020). Blood donations and incentives: Evidence from a field experiment. Journal of Economic Behavior & Organization, 170, 52-74.
- Lacetera, N., Macis, M., & Slonim, R. (2014). Rewarding volunteers: A field experiment. Management Science, 60(5), 1107-1129.
- Samek, A., & Longfield, C. (2023). Do thank-you calls increase charitable giving? Expert forecasts and field experimental evidence. American Economic Journal: Applied Economics, 15(2), 103-124.
- Sasaki, Shusaku. (2019). Majority size and conformity behavior in charitable giving: Field evidence from a donation-based crowdfunding platform in Japan. Journal of Economic Psychology, 70, 36-51.
- 寄付白書発行研究会（2021）寄付白書2021. 日本ファンドレイジング協会.
- 日本赤十字社（2021）令和2年　血液事業統計資料 ～血液事業の現状～ https://www.jrc.or.jp/donation/pdf/20210414_R2ketsuekijigyonogenjyo.pdf（最終アクセス：2024年10月5日）

9.3

- Allcott, H. (2011). Social norms and energy conservation. Journal of Public Economics, 95(9-10), 1082-1095.
- Allcott, H. (2015). Site selection bias in program evaluation. The Quarterly Journal of Economics, 130(3), 1117-1165.
- Allcott, H., & Rogers, T. (2014). The short-run and long-run effects of behavioral interventions: Experimental evidence from energy conservation. American Economic Review, 104(10), 3003-3037.
- Carlsson, F., Gravert, C., Johansson-Stenman, O., & Kurz, V. (2021). The use of green nudges as an environmental policy instrument. Review of Environmental Economics and Policy, 15(2), 216-237.
- Deaton, A., & Cartwright, N. (2018). Understanding and misunderstanding randomized controlled trials. Social Science & Medicine, 210, 2-21.
- Ferraro, P. J., Miranda, J. J., & Price, M. K. (2011). The persistence of treatment effects with norm-based policy instruments: Evidence from a randomized environmental policy experiment. American Economic Review, 101(3), 318-322.
- Gravert, C., & Collentine, L. O. (2021). When nudges aren't enough: Norms, incentives and habit formation in public transport usage. Journal of Economic Behavior & Organization, 190, 1-14.
- Kallbekken, S., & Sælen, H. (2013). 'Nudging' hotel guests to reduce food waste as a win–win environmental measure. Economics Letters, 119(3), 325-327.
- Kurz, V. (2018). Nudging to reduce meat consumption: Immediate and persistent effects of an intervention at a university restaurant. Journal of Environmental Economics and Management, 90, 317-341.
- Murakami, K., Shimada, H., Ushifusa, Y., & Ida, T. (2022). Heterogeneous treatment effects of nudge and rebate: Causal machine learning in a field experiment on electricity conservation. International Economic Review, 63(4), 1779-1803.
- 依田高典．（2023）．データサイエンスの経済学. 岩波書店.
- マシュー・J.サルガニック．（2019）.ビット・バイ・ビット—デジタル社会調査入門. 有斐閣.

索引

■アルファベット

A/B テスト 040,051
BASIC 322
Duolingo 061
EAST 320
HARKing 080
LATE 066
MINDSPACE 318
Nudge FORGOOD 334
p ハッキング 079
SMarT プログラム 201
SUTVA 051
WERID 060

■あ行

曖昧性回避 154
後知恵バイアス 278
アレのパラドックス 129,136
アンカリング 264
異時点間選択 022,192
移設可能性 057
意図に基づく社会選好 225
因果関係 031,043,
因果効果 050
因果推論 031,036,041
因果分析 037,040
インセンティブ 248
ウォームグロー 212,348
後ろ向き帰納法 220
エルスバーグのパラドックス 154
お蔵入り効果 082

■か行

回帰不連続デザイン 066
回帰分析 039
外的妥当性 056,061
外発的動機 249
確実性効果 133
確実性等価 123
確証的な方法 080
確証バイアス 277
確率加重関数 131,135
仮説検証 080
過大絶対評価 281
過大相対評価 282
価値関数 131
可能性効果 134
環境ナッジ 356
観察データ 053
感応度逓減 142
完備性 091
偽陰性 273
気質効果 152
記述分析 037
基準率の無視 269
帰属バイアス 284
期待効用 100,108
期待値 116
帰無仮説 079,082
逆の因果関係 048
客観確率 132
ギャンブラーの誤謬 276,279
偽陽性 273
共通ショック 070
局所平均処置効果 066
クラウディングアウト 213
傾向スコアマッチング 066
経済モデル 036,088,093,108
ゲーム理論 217
結果に基づく社会選好 225

限界効用	094	参加者バイアス	062,072
限界効用逓減	094	サンクコストの誤謬	287
現在価値	161	サンクトペテルブルクのパラドックス
現在バイアス	104,174,309		117
現状維持バイアス	201,314	参照点依存	138
顕著性	263	時間整合的	167
顕著性プライミング	315	時間選好	102
限定合理性	026	時間非整合的	169
交換性	051	事後確率	270
公共財ゲーム	229	自信過剰	281
コウザルフォレスト	362	指数割引	165,188
合成統制法	066	事前確率	270
行動インサイト	027,300	自然実験	064,099
行動ファイナンス	152	事前登録	084
行動プロセスマップ	323	自然フィールド実験	063,071
行動変容	301	実験者要求効果	062
公平性	211	実験データ	053
交絡因子	047	社会規範	244
効用関数	092,108,132	社会的イメージへの関心	238
互恵性	032	社会的イメージへの関心モデル	239
互恵的行動	343	社会的ジレンマ	233
コミットメント	181	社会的プレッシャー	238
コミットメントデバイス	187	社会比較	357
コントロール嫌悪	253	周辺尤度	270
		主観確率	132
■さ行		出版バイアス	082
再現実験	084	需要予測	012,031
再現性	075,078	準実験	065
再現性の危機	077	純粋ナッジ	356
最後通牒ゲーム	218	純粋利他性	212,348
再生性	076	準双曲割引モデル	173
サイトセレクションバイアス	363	ジョンヘンリー効果	062
差異利他性	224	条件つき確率	270
先延ばし	176,197	条件つき協力	234
査読付き事前登録	084	少数の法則	274
差の差	069	将来価値	161

将来バイアス ⋯⋯⋯⋯⋯⋯ 174	探索的な方法 ⋯⋯⋯⋯⋯⋯ 080
処置群 ⋯⋯⋯⋯⋯⋯⋯⋯⋯ 051	チェリーピッキング ⋯⋯⋯ 082
処置割当効果 ⋯⋯⋯⋯⋯⋯ 068	逐次手番ゲーム ⋯⋯⋯⋯⋯ 220
真陰性 ⋯⋯⋯⋯⋯⋯⋯⋯⋯ 273	デフォルト ⋯⋯⋯⋯⋯⋯⋯ 313
親近性への選好 ⋯⋯⋯⋯⋯ 154	ドア・イン・ザ・フェイス ⋯ 320
人工フィールド実験 ⋯⋯⋯ 061	投影バイアス ⋯⋯⋯⋯⋯⋯ 282
真陽性 ⋯⋯⋯⋯⋯⋯⋯⋯⋯ 273	投資財 ⋯⋯⋯⋯⋯⋯⋯⋯⋯ 159
推移性 ⋯⋯⋯⋯⋯⋯⋯⋯⋯ 091	同時手番ゲーム ⋯⋯⋯⋯⋯ 229
スラッジ ⋯⋯⋯⋯⋯⋯⋯⋯ 332	道徳的ナッジ ⋯⋯⋯⋯⋯⋯ 356
生態学的妥当性 ⋯⋯⋯⋯⋯ 060	独裁者ゲーム ⋯⋯⋯⋯⋯⋯ 208
精度過剰 ⋯⋯⋯⋯⋯⋯⋯⋯ 282	独立性 ⋯⋯⋯⋯⋯⋯⋯⋯⋯ 120
正の互恵性 ⋯⋯⋯⋯⋯⋯⋯ 225	
正の相関 ⋯⋯⋯⋯⋯⋯ 039,044	**■な行**
セルフセレクションバイアス ⋯ 064	内的妥当性 ⋯⋯⋯ 056,061,072
セレクションバイアス ⋯ 053,064,353	内発的動機 ⋯⋯⋯⋯⋯⋯⋯ 250
ゼロ価格効果 ⋯⋯⋯⋯⋯⋯ 070	ナッジ ⋯⋯⋯⋯⋯ 027,078,300
線形の効用関数 ⋯⋯⋯ 094,119	ナッシュ均衡 ⋯⋯⋯⋯⋯⋯ 220
選好の逆転 ⋯⋯⋯⋯⋯⋯⋯ 172	ナッジユニット ⋯⋯⋯ 306,326
選択アーキテクチャー ⋯ 106,304	認知熟考テスト ⋯⋯⋯⋯⋯ 259
戦略的状況 ⋯⋯⋯⋯⋯⋯⋯ 217	認知バイアス ⋯⋯⋯⋯⋯⋯ 258
相関関係 ⋯⋯⋯⋯⋯⋯ 039,043	能動的選択 ⋯⋯⋯⋯⋯⋯⋯ 314
操作変数法 ⋯⋯⋯⋯⋯ 067,345	配分選好 ⋯⋯⋯⋯⋯⋯⋯⋯ 223
ソフィスティケート ⋯⋯⋯ 188	
損失回避 ⋯ 017,032,078,115,306	**■は行**
損失局面 ⋯⋯⋯⋯⋯⋯⋯⋯ 139	ハウスマネー効果 ⋯⋯⋯⋯ 294
	波及効果 ⋯⋯⋯⋯⋯⋯⋯⋯ 346
■た行	反事実 ⋯⋯⋯⋯⋯⋯⋯⋯⋯ 049
ダークパターン ⋯⋯⋯⋯⋯ 332	反射効果 ⋯⋯⋯⋯⋯⋯⋯⋯ 140
第一種の過誤 ⋯⋯⋯⋯⋯⋯ 079	ピア効果 ⋯⋯⋯⋯⋯⋯⋯⋯ 243
対照群 ⋯⋯⋯⋯⋯⋯⋯⋯⋯ 051	比較可能な集団 ⋯⋯ 052,055,064
大数の法則 ⋯⋯⋯⋯⋯⋯⋯ 275	非整合的 ⋯⋯⋯⋯⋯⋯⋯⋯ 021
ダイナミックプライシング ⋯ 012	ヒューリスティックス ⋯⋯ 260
第二種の過誤 ⋯⋯⋯⋯⋯⋯ 080	評判への関心モデル ⋯⋯⋯ 249
代表性ヒューリスティックス ⋯ 260	費用便益モデル ⋯⋯⋯⋯⋯ 239
他者配慮選好 ⋯⋯⋯⋯⋯⋯ 023	フィールド実験 ⋯⋯⋯⋯⋯ 061
多重検定 ⋯⋯⋯⋯⋯⋯⋯⋯ 081	不確実性下の意思決定 ⋯⋯ 114

フット・イン・ザ・ドア	320
負の互恵性	225
負の相関	044
不平等回避	224
不平等回避モデル	214
部分ナイーブ	183,189
プライミング	312
フリーライダー	230,234
フレーミング効果	141,306
プロスペクト理論	019,102,114,131
分断点	066
平均処置効果	051
平行トレンド	070
ベイズ更新	108
ベイズの定理	269
ホーソン効果	062
ホームエナジーレポート	027,329
ホームバイアス	154
ホットハンドの誤謬	276
ホモエコノミカス	013
保有効果	145
ボンフェローニの補正	082
本命大穴バイアス	151

■ま～や行

マッチング寄付ゲーム	212
見せかけの相関	046
無差別	090
無相関	044
メンタルアカウンティング	290
モチベーションクラウディングアウト	
	250
モラルの不活性化	252
有意水準	079
誘惑バンドリング	195
要約統計量	030

要約統計	038
余暇財	160
予測可能なズレ	105,108
予測分析	037,039

■ら～わ行

ラボ実験	058
ランダム化奨励設計	069
ランダム化比較試験	051
利己的	209
リスク愛好的	123,127
リスク回避的	123,126
リスク選好	101
リスク中立的	124,127
利他性	210
利他的モデル	210
利得局面	139
利用可能性ヒューリスティックス	262
リンダ問題	261
累積プロスペクト理論	131
劣確実性	136
劣比率性	137
連続性	120
枠組みフィールド実験	061,071
割当変数	066
割引因子	108
割引関数	165
割引効用モデル	158

◎著者紹介

黒川博文（くろかわ ひろふみ）

関西学院大学経済学部准教授。博士（経済学）。労働や健康などの様々な人間行動に対して、実験データならびに観察データを用いた行動経済学的な研究を行っている。行動経済学会奨励賞、兵庫県立大学研究活動特別賞など受賞。行動経済学会理事。著書に「今日から使える行動経済学」（ナツメ社、山根承子、佐々木周作、高阪勇毅との共著）、翻訳書に「傾向スコア」（共立出版、大久保将貴との共著）がある。

学歴

2011.3　関西学院大学 経済学部 卒業

2011.3　関西学院大学 文学部総合心理科学科 MDS 修了

2013.3　大阪大学大学院 経済学研究科博士前期課程 修了

2017.3　大阪大学大学院 経済学研究科博士後期課程 修了

職歴

2013.4-2016.3　日本学術振興会 特別研究員（DC1）

2016.4-2017.3　サントリー文化財団 鳥井フェロー

2017.4-2019.3　日本学術振興会 特別研究員（PD）

2019.4-2022.3　兵庫県立大学国際商経学部 講師

2022.4-2023.3　兵庫県立大学国際商経学部 准教授

2023.4- 現在　関西学院大学経済学部 准教授

カバーデザイン：植竹裕（UeDESIGN）

本文デザイン・DTP：有限会社 中央制作社

■注意

(1) 本書は著者が独自に調査した結果を出版したものです。

(2) 本書の一部または全部について、個人で使用する他は、著作権上、著者およびソシム株式会社の承諾を得ずに無断で複写／複製することは禁じられております。

(3) 本書の内容の運用によっていかなる障害が生じても、ソシム株式会社、著者のいずれも責任を負いかねますのであらかじめご了承ください。

(4) 本書に掲載されている画面イメージ等は、特定の設定に基づいた環境にて再現される一例です。また、サービスのリニューアル等により、操作方法や画面が記載内容と異なる場合があります。

(5) 本書の内容についてのお問い合わせは、弊社ホームページ内のお問い合わせフォーム経由でのみ受け付けております。電話でのお問い合わせは受け付けておりませんので、あらかじめご了承ください。

(6) 商標

本書に記載されている会社名、商品名等は、一般に各社の商標または登録商標です。

分析者のための行動経済学入門

プロスペクト理論からナッジまで、人間行動を深く網羅的に解明する

2024 年 12 月 9 日　初版第 1 刷発行

著者　　黒川 博文

発行人　片柳 秀夫

編集人　志水 宣晴

発行　　ソシム株式会社

　　　　https://www.socym.co.jp/

　　　　〒 101-0064　東京都千代田区神田猿楽町 1-5-15 猿楽町 SS ビル

　　　　TEL：(03)5217-2400（代表）

　　　　FAX：(03)5217-2420

印刷・製本　　シナノ印刷株式会社

定価はカバーに表示してあります。

落丁・乱丁本は弊社編集部までお送りください。送料弊社負担にてお取替えいたします。

ISBN 978-4-8026-1492-4　　©2024 Hirofumi Kurokawa　Printed in Japan